供用电合同实务及纠纷处理

GONGYONGDIAN HETONG SHIWU
JI JIUFEN CHULI

姜力维　编著

毛青原　主审

中国电力出版社
CHINA ELECTRIC POWER PRESS

内 容 提 要

供用电合同既是供用电管理的主要基础资料，又是处理供用电纠纷最重要的依据。本书分三篇：以合同法为基础，浅述了供用电合同的理论基础、存在问题和现代管理方法；论述了供用电合同的签订、履行、担保的实务操作方法步骤和注意事项；最后，从电费电价、电能计量、停限电和其他方面对电力营销热点纠纷在理论上进行了剖析，并从各个方面解剖了大量翔实的案例，帮助读者在电力营销实践中，做好供用电合同的签订、履行、担保、管理等工作，并能够以供用电合同为依据，依法处理好供用电过程中形形色色的纠纷。

本书适合供电企业营销人员和电力营销法律工作人员阅读并实践，也是执业律师和社会法律工作者不可或缺的一本案例翔实、理论与实务操作相结合的解决供用电纠纷的参考书，还可作为供用电合同实用培训教材。

图书在版编目（CIP）数据

供用电合同实务及纠纷处理/姜力维编著. —北京：中国电力出版社，2011.3（2019.9 重印）
（供电企业常见法律风险防范与处理丛书）
ISBN 978-7-5123-1463-4

Ⅰ.①供… Ⅱ.①姜… Ⅲ.①供电－经济合同－基本知识－中国②用电管理－经济合同－基本知识－中国 Ⅳ.①D923.6

中国版本图书馆 CIP 数据核字（2011）第 033842 号

中国电力出版社出版、发行
（北京市东城区北京站西街 19 号 100005 http://www.cepp.sgcc.com.cn）
北京雁林吉兆印刷有限公司印刷
各地新华书店经售
*
2011 年 8 月第一版 2019 年 9 月北京第四次印刷
710 毫米×980 毫米 16 开本 18.125 印张 306 千字
印数 6001—7000 册 定价 **39.00** 元

◎ 从书序

自《电力法》实施以来，特别是电力体制改革以来，从供电局到供电公司，由行政执法官到行政相对人，从政企合一的单位到自主经营、自负盈亏的市场主体。角色变了，身份变了，权利和义务变了。打破垄断，引入竞争，依法治企，这是电力改革的大趋势。供电企业面对着——

（1）发改、工商、物价、林木、土地、环保和国资、电监等政府部门和行政事业机构的监管和行政措施，如何加强应对？

（2）客户投诉、天价的触电人身伤亡索赔，怎样应对处理？

（3）电能被窃、设施被毁、巨额电费拖欠，如何主动出击、全力保护？

（4）《合同法》、《物权法》、《反垄断法》、《侵权责任法》、《电力监管条例》、《供电监管办法》等法律法规规章的出台，应如何贯彻执行？

在市场经济的大潮中，供电企业的任何决策和经营行为都蕴藏着风险，每个员工都肩负着防范法律风险、保护企业合法权益的责任。为了强化供电企业员工的法律风险防范意识，提高处理各种供电营销纠纷的能力，本套《供电企业常见法律风险防范与处理丛书》将供电企业常见法律风险划分为五大模块，即《电费风险防范与清欠》、《供用电合同实务及纠纷处理》、《人身触电事故防范与处理》、《电力设施保护与纠纷处理》、《违约用电和窃电防治与查处》，以法律风险防范和纠纷处理为主干，辅之以管理和技术措施，在各个模块上展开了供电企业常见法律风险防范与处理的分析研讨，并解读了大量实际案例，力求给供电企业营销人员以依法合规、实事求是、思维创新、措施领先的世界观和方法论。

供电营销纷争繁，依法治企方向明。期望本套丛书既是您主动出击解决纠纷的锐利之剑，又是您保护企业合法权益的坚强盾牌！哈哈！看官万勿问我“以子之矛，陷子之楯，如何？”我非新世纪鬻楯与矛者，乃是将法律、管理和技术分拆为攻守两面罢了。

本套丛书的编著过程中，认同并参考了专家和同仁的一些观点或理论。同时，得到了中国电力出版社编辑的指导和帮助。借本套丛书出版之际，对给我启迪、指导和帮助的各位专家、同仁以及编辑表示由衷的钦佩和诚挚的感谢，并殷切期待各位专家和同仁不吝赐教，多多批评与指正。

作者邮箱：jzishan@163.com；电话：0532-80810956。

姜力维

◎ 前　言

供电合同纠纷多

合同合同意志同，各方自愿协商定。
平等互利遵良俗，诚实公平讲信用。
供电合同种类多，各式范本熟掌握。
高压低压临时供，委托转供三方定。
确保用户用电权，优质服务要体现。
供电合同有不同，约定法定都要用。
标的价款为首要，基本信息要载明。
质量数量履行点，违约责任要约定。
供电方式和性质，容量地址莫忽视。
产权分解要搞清，设备维护责任明。
有些合同少内容，出了乱子手无凭。
语义不清生歧义，权利义务不清晰。
一旦纷争法庭见，唇枪舌剑亦难辩。
签订合同要担保，预付电费启用早。
客户信息准又全，以免逃费人不见。
合同管理紧跟上，束之高阁是摆样。
用电变更业务多，影响收费出差错。
管理人员勤管理，信息改变及时记。
电子纸质两种版，修改存档都方便。

＊　＊　＊

合同履行求全面，实现债权是关键。
客户拖延交电费，依法催费莫推诿。
协商约定违约金，莫图省事引条文。
看准电费遇风险，行使不安抗辩权。
转让财产逃电费，撤销时效一年内。
怠行债权拖电费，供电企业可代位。
担保意识须加强，选择方式要适当。
定金担保很方便，欠费就用定金还。
保证抵押任你选，签字登记手续严。
质押担保亦可行，只需交付票单证。
担保工作做得好，一劳永逸免辛劳。
客户欠费不着急，担保手段救济你。

＊　＊　＊

供电环节繁又长，报装抄收服务忙。
管理技能要求高，电力法规要遵照。
即使层层严把关，供电纠纷亦难免。
电费电价乃法定，供电企业须严控。
遇有非法收费者，晓以法理快纠正。
客户欠费有责任，合同约定违约金。
莫看法规有明文，无约法院不确认。
善意违约要分清，高抬贵手扶一程。
优质服务要紧跟，客户降耗节成本。
恶意欠费须紧盯，依法催费不放松。
停电催费要通知，程序规定莫偏离。
计量装置安装好，正确接线很重要。
一旦计量出了错，电费计收乱如麻。
供电一方错在先，说明原委再道歉。
客户据此拒交费，不当得利追索累。
停电纠纷连连起，诉到法院赔损失。
停电纠纷两大类，约定法定有差异。

停电催费有时限，一月之后才实现。
报批通知程序严，稍有差错法庭见。
合同法上有规定，约定停电亦可行。
只要双方协商好，停电催费可提早。
欠费一月可突破，以免追费成蹉跎。
故障停电快抢修，火速到场莫停留。
《三个十条》有承诺，《监管办法》须遵守。
抢修迟到属违约，客户损失要兜着，
签约主体不合格，合同无效麻烦多。
企业改制主体变，紧盯资产如何转。
新旧客户谁缴费？就看资产归属谁。
电能质量要达标，安全连续又可靠。
《十条》《办法》有量化，力争做到莫出错。
客户电压要合格，停电时数勿超过。
谐波污染勤检测，安全用电客户乐。
电能质量不抓紧，客户企业出废品。
不但损失要赔偿，供电形象黯无光。

* * *

供电合同纠纷繁，我劝各位莫犯难。
法不离口不离手，锦囊妙计本书有。
细细阅读慢咀嚼，各种纠纷迎刃过。
供用双方都守约，皆大欢喜保和谐。

目录

第一篇　合同法与供用电合同

在自然人、组织、政府之间的关系中，各方需要合写一个大“同”字，这就是合同，这才是和谐。

契约是当事人之间的法律。

合同范本是合同规范统一的框架，不是格式合同。

管理状态的合同是活的合同。

第二篇　供用电合同实务

毛主席说过，从战争中学习战争。学习供用电合同也须如此。

良好的开端乃是成功之半。与客户签订供用电合同就是客户管理之始。

合同是诺言，践诺的“践”字有足字，说明践诺需要脚踏实地去履行。

担保人与债务人是连体双头人。

第三篇 供用电合同纠纷处理

纠纷是一团乱麻，法律是一把利刀。

一般买卖合同的价格是协商确定的，供用电合同的价格是法定的。

公平的计量需要准确的秤。

电流是连续流进各行各业的血脉，停电意味着停止用电客户的生命。

形形色色的客户，千变万化的纠纷。任尔错综复杂，我自依法处理。

第一篇

在自然人、组织、政府之间的关系中，各方需要合写一个大“同”字，这就是合同，这才是和谐。

合同法与供用电合同

《合同法》颁行已有十一年了。电力企业历经十年风雨、十年历程、十年拼搏、十年发展，在体制改革、经济竞争的大风大浪中，奋勇向前。供用电合同范本是 1997 年电力部制定的，到现在已经 13 年了，有的内容早已不合时宜，诸多内容有待更新完善。譬如，电力部 1997 年供用电合同范本，指出是“为了明确电力企业和用电单位”之间的权利义务而制定的，而《合同法》第 176 条规定，“供用电合同是供电人向用电人供电，用电人支付电费的合同。”这就明显地拓宽了供用电合同的主体。如供电企业与城镇居民户、农村动力户等都应该签订供用电合同。在《电力法》颁布以前通过行政管理来实施的行为，现在需要站在平等的民事主体地位上来解决，用电检查、违章用电与窃电查处等供用电活动，都要写进供用电合同中。

本篇对合同法总则，供用电合同的概念、特征、签订、内容及相关问题，供用电合同管理做了概括介绍，并给出了各种供用电合同的范本，以资参考，以便读者把握合同的大概。

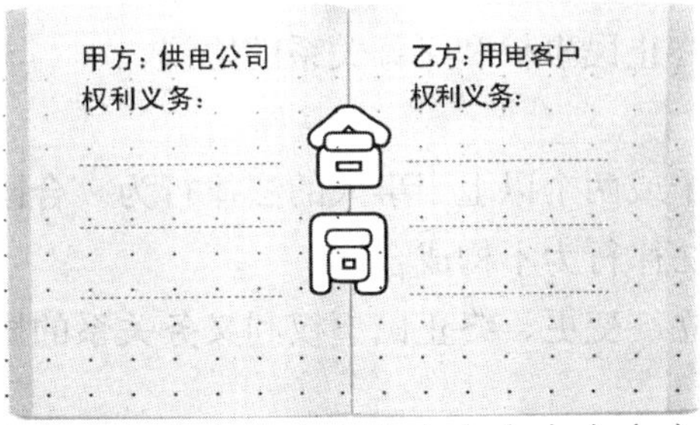

名人名言

契约是当事人之间的法律。

第一章

合同法与供用电合同概述

供用电合同是供用电双方权利和义务关系的载体，规范供用电行为的尺度。供用电合同应该涵盖双方供用电关系的所有内容，包括在供电营销等环节上的权利和义务，在安全生产运行中的权利义务，在电力设施保护等方面的权利和义务，依法约定电费收取和支付、用电检查等内容。当前电力市场的主题是竞争与合作，竞争的手段是服务，合作的依据是法律。

本章以《中华人民共和国合同法》（以下简称《合同法》）为依据，结合电力法律法规，对供用电合同的概念、特征、签订、内容做概括介绍，并对相关问题加以讨论。

第一节　合同法与供用电合同

1999 年 3 月 15 日《合同法》的颁布，对国家的经济贸易领域产生深远的影响，电力企业的供用电合同也必须据以改变。本节将介绍合同法及供用电合同的基本概念和作用。

一、合同的概念与特征

1. 合同的概念

我国《合同法》第二条规定，合同是平等主体的自然人、法人及其他组织之间设立、变更、终止民事权利义务关系的协议。

2. 合同的特征

（1）合同是两个或两个以上当事人的法律行为。合同的主体必须是两个或两个以上，单方的法律行为不构成合同。

（2）合同是设立、变更、终止民事权利义务关系的协议，这是合同的目的所在。

（3）合同是当事人在平等自愿基础上意思表示一致的协议。

（4）合同的内容具有合法性。

二、合同法及其调整对象

1. 合同法

合同法是调整平等主体的自然人、法人、其他组织之间设立、变更、终止民事权利、义务关系的法律规范，是民法的重要组成部分。中华人民共和国第九届全国人民代表大会第二次会议于1999年3月15日审议通过了《中华人民共和国合同法》。该法分为总则、分则和附则，共23章428条，自1999年10月1日起施行。这就是狭义的合同法。广义的合同法是指，从合同法规范的对象即交易关系出发，将合同法定义为“涉及财产或劳务的私人转让的法律”。在我国，合同法是非独立法律部分，只是民法的重要组成部分。

2. 合同法调整对象

（1）合同法适用范围。合同法的适用范围应该为各类由平等主体的自然人、法人和其他组织之间设立、变更和终止民事权利义务关系的协议。合同法调整的是平等主体之间的民事关系。

（2）合同法调整对象。合同法调整平等主体的自然人、法人、其他组织之间的合同关系，即民事权利义务关系。民事权利义务关系可以分为财产关系和人身关系。

财产关系是指因财产的所有和财产的流转而形成的具有直接财产内容的民事关系。在人身关系中，根据《合同法》第二条的规定，“婚姻、收养、监护等有关身份关系的协议，适用其他法律的规定。”即婚姻、收养、监护等有关身份关系的协议，不属于合同法的调整范围。根据双方当事人协商一致产生的债权债务关系属于合同法的调整范围，因单方民事法律行为、侵权行为、不当得利、无因管理和其他法律事实产生的债权债务关系，不属于合同法的调整范围。当然，《合同法》也不调整政府依法维护经济秩序的管理活动和法人、其他组织的内部管理关系。

案例1-1　许某与程某为恋人，均已到婚龄，许某请求程某结婚，程某要求的条件是，许某在一年内买好一套房子，就与他结婚，许某允诺保证兑现，二人写下协议。6个月后许某买了一套房子，遂要求与程某结婚。程某因感情有变，不同意结婚。许某多次要求结婚无果，2008年4月，将程某告上法庭，要求程某履行约定。

法院审理后认为，许某和程某的约定是平等主体之间身份关系协议，不适用《合同法》，许某的诉讼请求无法律依据，二者之间的约定无效，不受法律保护。

启示

本案涉及平等主体的自然人之间的身份关系是否适用《合同法》问题。婚姻、收养、监护等有关身份关系的协议，也不属于合同法的调整范围。婚姻自由是婚姻法的基本原则，任何违反婚姻自由的协议都是无效的，对当事人没有法律约束力，不受法律保护。许某请求程某结婚必须尊重程某的意思，不得以合同成立为由要求与程某结婚。

三、合同法的基本原则

合同法的基本原则，是指合同法立法的指导思想以及调整合同主体间合同关系所必须遵循的基本方针、准则，其贯通于合同法律规范之中。合同法的基本原则也是制定、解释、执行和研究合同法的基本依据和出发点。

1. 平等原则

平等原则是指民法赋予民事主体平等的民事权利能力，并要求所有民事主体共同受法律的约束。

2. 公平原则

公平原则要求民事主体本着公正的观念从事活动，正当行使权利和履行义务，在民事活动中兼顾他人利益和社会公共利益。

3. 自愿原则（意思自治原则）

（1）概念：自愿原则指合同当事人取得权利义务或从事民事活动时应基于其意志的自由，不受国家权力和其他当事人的非法干预。我国《合同法》第四条明确规定，“当事人依法享有自愿订立合同的权利，任何单位和个人不得非法干预。”

（2）自愿原则的表现：合同当事人依法享有在缔结合同、选择相对人、决定合同内容以及在变更和解除合同、选择合同补救方式等方面的自由。

4. 诚实信用原则

（1）概念：诚实信用原则是指当事人在从事民事活动时，应诚实守信，以善意的方式履行其义务，不得滥用权利及规避法律或合同规定的义务。

（2）诚实信用原则具体体现：①合同订立阶段应依循诚信原则；②合同订立后至履行前应依循诚信原则；③合同的履行应依循诚信原则；④合同终止以

后应遵循保密和忠实的义务。

5. 尊重公序良俗与合法原则

《合同法》第七条规定，“当事人订立、履行合同，应当遵守法律、行政法规，尊重社会公德，不得扰乱社会经济秩序，损害社会公共利益。”尊重公序良俗与合法原则具体内容包括如下几点：第一、合法原则首先要求当事人在订约和履行中必须遵守全国性的法律和行政法规；第二、合法原则还包括当事人必须遵守社会公德，不得违背社会公共利益。

四、供用电合同及其作用

《电力供应与使用条例》第三十二条规定，“供电企业和用户应当在供电前根据用户需要和供电企业的供电能力签订供用电合同。”《合同法》规定，供用电合同是指供电人向用电人供电，用电人支付价款（电费）的合同。供用电合同的供电人是全国各地持有《供电营业许可证》并向工商部门领取了营业执照的供电企业。用电人则十分广泛，包括国家机关、企业、事业单位、各类社团法人、个体工商户、农村承包经营户和广大城乡居民。供用电合同的标的是电力。

供用电合同是电力法律法规在供用电关系中的具体体现，是供用电双方从事电力行为的具体指南，它与其他经济合同一样，成为企业管理的一项重要手段。正式用电客户、临时用电客户、政府客户、企业客户、居民用户都要签订供用电合同。具体说来，供用电合同有以下作用：

（1）供用电合同是供用电双方当事人基本信息的详细载体，便于供电公司查询、管理客户。

（2）供用电合同是供用电双方当事人约定权利义务条款的载体，是双方相互约束、督促、履行合同的依据。

（3）供用电合同是电费收取、违约责任承担的依据。

（4）供用电合同是变更用电的信息记录。

（5）供用电合同是处理电能质量纠纷的依据。

（6）供用电合同约定了供用电设备维护责任的分担和安全供用电的义务。

（7）供用电合同约定了供电方用电检查的程序和用电方配合协作的义务。

（8）供用电合同约定了违章用电和窃电的处理程序与方法。

（9）供用电合同是解决供用电双方纠纷的最重要的证据之一，不管是协商解决还是仲裁或诉讼，供用电合同都是重要的证据之一。

第二节 供用电合同的内容与订立

供电企业是具有自然垄断属性的公用企业，由于电能的生产、输送、供应、使用的过程和特点决定了供用电合同与一般买卖合同不同，它既要保证标的（电能）的交付、价款（电费）的支付，还要保证供电网络平衡和供用电安全。因此其内容和订立程序大大地不同于一般的交易合同。

一、合同的双方当事人

合同双方当事人仅限于平等主体的自然人、法人和其他组织。当事人订立合同，应当具有民事权利能力和民事行为能力。

自然人订立合同，应当具有完全民事行为能力。限制民事行为能力人订立的合同，经法定代理人追认后，该合同有效；法人和其他社会组织应当是依法成立，并具有民事权利能力和民事行为能力。合同双方当事人就是合同关系主体，在双务合同关系中，当事人双方互负对等给付义务，即一方所享有的权利，就是另一方所负的义务，反之亦然。

在供用电合同中，由于供电企业是具有自然垄断属性的公用企业，合同中负有供电义务的一方只能是持有《供电营业许可证》并向工商管理部门申请领取了营业执照的供电企业。《电力法》第二十五条规定，“供电企业在批准的供电营业区内向用户供电。供电营业区的划分，应当考虑电网的结构和供电合理性等因素。一个供电营业区内只设立一个供电营业机构……供电营业机构持《供电营业许可证》向工商行政管理部门申请领取营业执照，方可营业。”供用电合同的另一方是国家机关、企事业单位、国防科技、文教卫生等各行各业以及城乡千家万户的居民和个体工商户。

案例 1-2　某年 4 月林某以装修公司名义与万某签订房屋装修协议，林某负责装修万某的三居室住房，装修价款为 6 万元，工期 3 个月。万某付款后林某开始施工。到 8 月尚未完工，万某不得不拖延租房期限；又因林某施工给楼下房主造成漏水，万某支付修复费用 2000 元，随后发现已经完工的工程部分质量严重不合格。万某遂向法院起诉，要求林某退还全部工程款，赔偿因工期延误形成的租房费和修复楼下住户漏水的费用。法院委托建设监理公司对林某的装修工程进行鉴定，认定已装修工程价值 40 000 元，不合格部分修复费用 13 000 元。同时查明，林某没有营业执照，不具备家居装修资质。法院认定，该协议无效，并判决如下：林某返还工程款20 000元；支付修复费13 000元；赔偿租房费和楼下住户漏水修复费共3000元。

评 析

对外从事经营活动，应持有工商行政管理部门核发的执照，本案林某没有营业执照，不具备家居装修经营主体资格而擅自承揽工程，林某与万某签订的合同属于无效合同。因林某不具备相应的民事行为能力。

启 示

在供电企业不乏供电公司的分支经营机构，如乡镇供电所未经持有供电营业许可证并具有法人资格的供电公司的授权，与客户签订供用电合同的现象。一旦纠纷发生，也会面临合同无效而导致经济损失的后果。因为一个供电营业区内只设立一个供电营业机构，即县市级供电公司，下设的供电所不具备法人资格，没有民事权利能力，不能直接与客户签订供用电合同。

二、合同订立的方式与程序

1. 一般方式与程序

（1）要约。要约是希望和他人订立合同的意思表示。提出要约的一方为要约人，接受要约的一方为受要约人。要约应当符合如下要件：①内容具体确定；②表明经受要约人承诺，要约人即受该意思表示约束。也就是说，要约必须是特定合同当事人的意思表示，必须是以缔结合同为目的，必须向与之缔结合同的相对人发出，内容确定具体或至少具备合同的主要条款。在供用电合同订立过程中，要约一般是用电人提出，供电方经过对用电人的条件和自身的能力审查并权衡，或者经过反复磋商后，决定是否做出承诺。

1）要约邀请。要约邀请是希望他人向自己发出要约的意思表示。寄送的价目表、拍卖公告、招标公告、招股说明书、商业广告等为要约邀请。但商业广告的内容符合要约规定的，视为要约。供电企业对电力环保等广告宣传，就是电力促销手段，希望客户向自己提出用电要约。

案例1-3 某供电公司新建办公大楼与锦绣花苑小区和某重点中学相距较近。于是，部分供电公司员工考虑到以后工作和孩子上学问题，于2008年11月13日与被告签订商品房团购买卖合同，约定原告购买被告开发的某小区商品房12套，交付时间为2009年10月31日以前。合同签订后，原告按约支付了房款。但在收房时发现房屋内3处与宣传画册上的户型结构不一样，遂拒绝收房。双方协商未果，原告诉至法院要求被告承担违约责任，并支付逾期交房违约金。本案的争议焦点在于开发商印制的宣传画册能否认定为购房合同的组成部分。

根据我国《合同法》第十五条，商业广告是要约邀请。所谓要约邀请，又称引诱要约，是指希望他人向自己发出要约的意思表示。宣传画册作为一种广而告之的工具，应当认定为商业广告无疑。但是，是否认定为要约邀请还必须依据具体个案分析。因为我国《合同法》第十五条还规定，商业广告的内容符合要约规定的，视为要约。最高人民法院《关于审理商品房买卖合同纠纷案件适用法律若干问题的解释》第三条规定，“商品房的销售广告和宣传资料为要约邀请，但是出卖人就商品房开发规划范围内的房屋及相关设施所作的说明和允诺有具体确定，并对商品房买卖合同的订立以及房屋价格的确定有重大影响的，应视为要约。”具体而言，如果广告中注明为要约或者广告中含有广告人希望与不特定人订立合同的愿望，或者内容具体确定足以认定合同的主要内容等，则应认为该广告属于要约而不是要约邀请。宣传画册，是开发商售房宣传常用的宣传方式之一。一般印制精美，均包含商品房小区的整体环境、配套设施、各种户型示意图、房价等详细信息。现实生活中，除现房发售外，购房者订立购房合同时，能见到的只是画册上这种“纸上的完美”。因此，应将这种内容具体明确的宣传画册认定为要约，开发商应受这种宣传内容的约束。当实际与宣传不符时，购房者才能据此维护自身权利。否则，做个典型的假设：如果开发商在画册中宣传某小区依山傍水，购房者欣喜购房，交房后却发现所谓的山水为垃圾山、臭水沟。此种情形下，若认定为要约邀请，如果正式合同中又没有相同约定的话，开发商可以完全不对其宣传内容负责。因这种表意行为不是意思表示，所以也不能适用合同解释、重大误解等救济措施。试问，购房者的利益该如何维护？

法院经审理查明，原、被告于 2005 年 11 月 13 日签订一份商品房买卖合同。约定原告购买被告开发的某小区第 21 栋 3 单元 101～602 室共 12 套。合同详细约定了付款方式、交房时间、违约责任等事项。但对于房屋内部结构只字未提。2009 年 12 月 25 日，被告通知原告收房。原告发现屋内设计有 3 处与宣传册上的 C1 户型不一致，并与同单元上、下楼的结构不同。被告在该房北面客厅与阳台之间加了一堵矮墙隔离，客厅的西面通往厨房处加了一堵墙，使得客厅与厨房之间的通道没有画册上那么宽敞，另在厨房内开了一个通道通往阳台。法院认为，尽管没有详细约定房屋内部结构，双方签订的《商品房买卖合同》仍合法有效，对结构部分的认定应以被告的宣传画册为据。在被告的宣传册上，所有户型的阳台在通往客厅处都没有墙隔离，也没有任何户型的阳台是通过厨房进出的，而且所有户型厨房通往客厅处均留有双开门位置。因此，法院判决开发商承担违约责任并支付相应迟延履行违约金。

启 示

购房合同大多是开发商事先印制好的，格式化条文往往忽略太多细节。例如对户型的约定仅有几室几厅、朝向等粗略规定。对内部结构、建筑材料等只字不提。加上购房户习惯把注意的重点放在对开发商违约的责任承担上，致使一份购房合同的大部分篇幅都在讲双方该怎么履行，该怎么承担违约责任。看似完备，责任清晰，实际上却因为缺乏对房屋本身的约定，在责任的认定上容易产生争议。为此建议开发商及购房户应当注意，在合同中能够明确约定的，尽量明确约定，以免引发不必要的争议。

2）要约的生效。要约到达受要约人时生效。如采用数据电文形式订立合同，若收件人指定特定系统接收数据电文，则该数据电文进入该特定系统的时间，视为到达时间；若未指定特定系统，则该数据电文进入收件人的任何系统的首次时间，视为到达时间。要约于到达受要约人时生效，受要约人获得承诺的权利。要约人随意撤回、撤销或变更要约，构成违反前合同义务的，要承担缔约过失的损害赔偿责任。要约经受要约人的承诺，合同即告成立。

3）撤销要约。撤销要约是指要约人在要约到达受要约人并生效以后，并在受要约人承诺之前，将该项要约取消，从而使要约的效力归于消灭。要约是允许撤销的。撤销要约的通知应当在受要约人发出承诺通知之前到达受要约人。但是，如果要约中规定了承诺期限或者以其他形式表明要约是不可撤销的，或者尽管没有明示要约不可撤销，但受要约人有理由信赖要约是不可撤销的，并且已经为履行合同作了准备工作，则不可撤销要约。如果受要约人在收到要约以后，基于对要约的信赖，已为准备承诺支付了一定的费用，在要约撤销以后应有权要求要约人给予适当补偿。

4）要约的撤回。要约的撤回是指要约人在发出要约以后，未达到受要约人之前，有权宣告取消要约。撤回要约的通知应当在要约到达受要约人之前或者与要约同时到达受要约人。根据要约的形式拘束力，任何一项要约都是可以撤回的，只要撤回的通知先于或同时与要约到达受要约人，便能产生撤回的效力。由于撤回是在要约到达受要约人之前或同时作出的，因此在撤回时要约并没有生效，撤回要约也不会影响到受要约人的利益。

5）要约的失效。有下列情形之一的，要约失效：①拒绝要约的通知到达要约人；②要约人依法撤销要约；③承诺期限届满，受要约人未作出承诺；④受要约人对要约的内容作出实质性变更。

案例1-4 某供电公司为了迎接上级公司领导工作检查，于2006年12月20日向花卉场发出要约快递信函称："急需盆花1000盆，望尽快发货，价格照旧。"花卉场接到信函立即着手从苗圃里掘出花卉移栽花盆，准备于12月23日下午发货。23日下午花卉场收到了供电公司撤销要约的通知，花卉场按原计划发了货。25日到达供电公司，供电公司拒绝收货付款，声称已经撤销要约。花卉场提起诉讼，要求供电公司偿付花卉款50 000元。

法院审理查明，因供电公司的上级取消了工作检查，遂于23日发出撤销要约的通知。法院认为，供电公司向花卉场发出了要约，花卉场立即准备了花卉，虽然在发货前收到撤销要约的通知，但该要约已不能撤销。双方成立了合法有效的合同，对双方当事人具有法律约束力。依据《合同法》第十九条："有下列情形之一的，要约不得撤销：（一）要约人确定了承诺期限或者以其他形式明示要约不可撤销；（二）受要约人有理由认为要约是不可撤销的，并已经为履行合同做了准备工作"之规定，判决供电公司支付花卉场价款50 000元。

评 析

供电公司12月20日发出的要约，致使花卉场有理由认为是不可撤销的，并已为履行合同做好了全部准备工作，所以为不得撤销要约，花卉场在12月23日下午发出承诺，此时合同成立并生效，双方应该履行合同义务。

（2）承诺。承诺是指当事人一方对他方提出的要约完全同意的意思表示。在法律特别规定或当事人特别约定的情况下，受要约人亦可以用默示的方式表示承诺，作为受要约人同意要约的意思表示。除根据交易习惯或者要约表明可以通过行为作出承诺之外，承诺应当以通知的方式作出。

1）承诺的期限。承诺应当在要约确定的期限内到达要约人。要约没有确定承诺期限的，承诺应当依照下列规定到达：①除非当事人另有约定，以对话方式作出的要约，应当即时作出承诺；②以非对话方式作出的要约，承诺应当在合理期限内到达。

以信件或者电报作出的要约，承诺期限自信件载明的日期或者电报交发之日开始计算。信件未载明日期的，自投寄该信件的邮戳日期开始计算。以电话、传真等快速通信方式作出的要约，承诺期限自要约到达受要约人时开始计算。

2）承诺的生效。承诺生效，合同即告成立。承诺生效时间采取到达主义。但采取合同书缔约的，当事人双方完成签字或盖章合同成立，在签字或盖章前当事人一方已经受领相对人主要给付的，合同成立；以信件、数据电文等形式订立合同，当事人要求签订确认书的，签订确认书时合同成立。

3）承诺要件。由受要约人向要约人作出。（他人作出侵害了要约人选择相对人的自由）承诺之意思表示须与要约一致。但一致只是指不能进行实质性变更，否则为新要约；《合同法》第二十九条，“受要约人在承诺期限内发出承诺，按照通常情形能够及时到达要约人，但因其他原因承诺到达要约人时超过承诺期限的，除要约人及时通知受要约人因承诺超过期限不接受该承诺的以外，该承诺有效”；要约人及时通知受要约人不接受承诺的，承诺无效；如果要约对承诺方式有要求，则应当从其规定。

4）承诺的撤回。承诺可以撤回，撤回承诺的通知应当在承诺通知到达要约人之前或者与承诺通知同时到达要约人。根据《合同法》第二十七条，“承诺可以撤回。撤回承诺的通知应当在承诺通知到达要约人之前或者与承诺通知同时到达要约人”。撤回通知迟延，要约人未向承诺人发迟到通知的，撤回有效。

2. 特殊订立方式

(1) 招标投标。招标为要约邀请，投标是要约，决标若是对投标完全接受，即为承诺。注意，开标只是将要约公开，不同于决标。

(2) 拍卖。拍卖公告属要约邀请，应买的意思表示属于要约，拍定属于对应买的承诺。

(3) 悬赏广告。行为人在期限内完成指定行为时，对广告人有报酬请求权，不考虑行为人的行为能力等问题。数人完成指定行为，行为的标的互不竞合的，均有请求权；发生竞合时，应由最先完成者取得报酬请求权。

三、签订供用电合同的步骤

要签一个好的合同，应认真把好签约关。这是合同管理的重要工作，体现了规避合同风险，防患于未然的法律要求，也是企业面对市场交易的复杂性和险恶性的一种自我约束。签订合同要把好合同谈判、审查、批准这三关。一般情况下，这三关的把关权应该分立，使其互相制约。

合同谈判人员负责考察合同相对人的主体资格、资信情况、经营范围、履约能力。洽谈人要对合同的真实性、可行性和可得利益负责。

合同审查人员对合同条款是否齐全严密，意思表示是否确切，内容是否符合法律法规和政策的规定进行评价和审查。审查人员对合同的合法性和严密性负责。一般来说，任何合同未经审查不得签约，不得签订在前，审查在后。

企业法定代表人或授权委托代理人行使合同的批准权。合同是否签订生效，企业能否依约履行，对企业生产经营是否有利，由批准人决定。批准人对合同的经济效益和法律风险承担责任。

从业务上讲，供用电合同是供电人向用电人供电，用电人支付电费的合同。受制于供用电合同中涉及供电设备、供电能力、受电设备、环境与其他条件，供用电合同签订的步骤不同于一般买卖合同的签订。对于新要约的用电业务，在供电企业通常称之为业务扩充。

业务扩充是受理客户的用电申请，根据电网的供电能力和客户用电的要求，办理供电与用电不断扩充的相关业务，以满足客户的用电需要。业扩工程流程是指供电企业受理客户新装或增容等业扩报装工作的传递程序。制定流程的原则是为客户提供快速便捷的服务。流程的具体运作是内转外不转，在营业窗口一口对外完成，一次进门完成业扩报装。供电企业业务扩充的步骤包括：受理业务，收集客户资料，现场踏勘，制定供电方案，受电装置设计审查，中间检查和竣工检查，签订合同，装表接电，立户归档。

签订供用电合同的具体步骤如下：

（1）受理用电申请的方式。除了常规性地在营业网点的柜台受理用电申请外，供电企业还采用电话语音功能或因特网办理用电申请业务。为方便供电企业受理用电申请业务，由用电营业机构统一归口办理。

（2）填写用电申请表。用电申请表按不同用户分为居民、低压、高压、双电源四种。用电申请表是供电企业制定供电方案的重要依据，客户应如实填写，包括用电地点、性质、设备清单、负荷及特性、保安电源、用电规划、工艺流程、用电区域图及对供电的特殊要求等。

（3）填写用电申请表台账。营业机构的工作人员根据用电申请人的申请表，填写用电申请表台账，除了申请人填写的内容外，还要跟踪填写受理、调查、答复、验收、送电的日期。

（4）制定供电方案。客户供电方案主要是依据客户的供电要求、用电性质、现场调查的信息以及电网的结构和运行的情况来确定，主要内容包括客户的供电容量、电压等级、电源点、单双电源、导线选择和架设方式、一次接线和电气设备选型配置及安装、执行电价、计量点、计量装置选配等。供电方案的答复时间和有效期分别为：

1）答复时间。《供电监管办法》规定，“居民客户不超过3个工作日；低压客户不超过8个工作日；高压单电源客户不超过20个工作日；高压双电源客户不超过45个工作日。”

2）有效期。高压客户供电方案为1年，低压客户供电方案为3个月。

高压客户供电方案是指10千伏及以上电压实施供电的方案。低压客户供电方案是指0.4千伏及以下电压实施供电的方案。

（5）实施受电工程。该步骤包括工程设计、审查、设备配置、工程施工、中间检查、工程验收等阶段。《供电监管办法》规定，“对用户受电工程设计文件和有关资料审核的期限，自受理之日起，低压供电用户不超过8个工作日，高压供电用户不超过20个工作日；”

（6）工程验收。工程验收分为土建施工验收、中间检查、竣工送电前检查。《供电监管办法》规定，“对用户受电工程启动中间检查的期限，自接到用户申请之日起，低压供电用户不超过3个工作日，高压供电用户不超过5个工作日；”“对用户受电工程启动竣工检验的期限，自接到用户受电装置竣工报告和检验申请之日起，低压供电用户不超过5个工作日，高压供电用户不超过7个工作日；”

（7）签订供用电合同。供用电合同是供电企业与客户就供用电双方的权利义务签订的法律文书，是双方沟通遵守的法律依据。供用电合同签订环节，异于其他合同。在客户受电工程竣工验收结果符合国家和电力行业颁发的技术规范、规程和标准后，才与客户签订供用电合同，其后才给客户装表接电。

（8）装表接电。接电是供电企业将申请用电者的受电装置接入供电网的行为。接电后，客户自己合上开关，即可开始用电。这是业务扩充中最后一个环节。一般安装计量装置与接电同时进行，故又称装表接电。《供电监管办法》规定，“给用户装表接电的期限，自受电装置检验合格并办结相关手续之日起，居民用户不超过3个工作日，其他低压供电用户不超过5个工作日，高压供电用户不超过7个工作日。”

至此，供用电双方便开始履行供用电合同，就供电企业内部的业扩业务而言，供电公司对该客户的资料进行归档，客户也进入正常用电管理阶段。

四、合同的内容

当事人依程序订立合同，意思表示一致，便形成合同条款，构成作为法律行为的合同内容。合同条款固定了当事人各方的权利义务，成为法律关系意义上的合同的内容。

1. 提示性的合同条款

为了示范较完备的合同条款，《合同法》第十二条规定如下条款，提示缔约人。

（1）当事人的名称或者姓名和住所。当事人是合同权利和合同义务的承受者，没有当事人，合同权利义务就失去存在的意义，给付和受领给付也无从谈起。因此，订立合同必须有当事人这一条款。当事人由其名称或姓名及住所加以特定化、固定化，所以，具体合同条款的草拟必须写清当事人的名称或姓名和住所。

（2）标的。标的是合同权利义务指向的对象。合同不规定标的，就会失去目的、失去意义，可见，标的是一切合同的主要条款。标的条款必须清楚地写明标的名称，以使标的特定化，能够界定权利义务的量。

（3）质量和数量。标的质量和数量是确定合同标的的具体条件，是这一标的区别于同类另一标的的具体特征。标的质量需订得详细具体，如标的技术指标、质量要求、规格等都要明确，标的数量要确切。首先应选择双方共同接受的计量单位，其次要确定双方认可的计量方法，再次应允许规定合理的磅差或尾差。

（4）价款或报酬。价款或报酬是有偿合同的条款。价款是取得标的物所支付的代价，报酬是获得服务所应支付的代价。价款，通常是指标的物本身的价款，但因商业上的大宗买卖一般是异地交货，便产生了运费、保险费、装卸费、保管费、报关费等一系列额外费用。它们由哪一方支付，需在价款条款中写明。

（5）履行的期限。履行期限直接关系到合同义务完成的时间，涉及当事人的期限利益，也是确定违约与否的因素之一，因而是重要的条款。履行期限可以规定为即时履行，也可以规定为定时履行，还可以规定为在一定期限内履行。如果是分期履行，尚应写明每期的准确时间。履行期限若能通过有关规则及方式推定出来，则合同欠缺它，也不影响成立。

（6）履行地点和方式。①履行地点是确定验收地点的依据，是确定运输费用由谁负担、风险由谁承受的依据，有时是确定标的物所有权是否转移、何时转移的依据，是确定诉讼管辖的依据之一，对于涉外合同纠纷，它是确定法律适用的一项依据，十分重要。②履行方式，例如是一次交付还是分期分批交付，是交付实物还是交付标的物的所有权凭证，是铁路运输还是空运、水运等，同样事关当事人的利益，合同应写明，但对于大多数合同来说，它不是主要条款。履行的地点、方式若能通过有关方式推定，合同即使欠缺它们，也不影响成立。

（7）违约责任。违约责任是促使当事人履行债务，使守约方免受或少受损失的法律措施，对当事人的利益关系重大，合同对此应予明确。例如，明确规定违约致损的计算方法、赔偿范围等，对将来及时解决违约问题很有意义。当然，违约责任是法律责任，即使合同中没有违约责任条款，只要未依法免除违约责任，违约方仍应负责。

（8）解决争议的方法。解决争议的方法，是指有关解决争议运用什么程序、适用何种法律、选择哪家检验或鉴定机构等内容。当事人双方在合同中约定的仲裁条款、选择诉讼法院的条款、选择检验或鉴定机构的条款、涉外合同中的法律适用条款、协商解决争议的条款等，均属解决争议的方法的条款。

2. 合同的主要条款

合同的主要条款，是指合同必须具备的条款。欠缺它，合同就不成立。它决定着合同的类型，确定当事人各方权利义务和标的的质与量。合同的主要条款，有时是法律直接规定的，当法律直接规定某种特定合同应当具备某些条款时，这些条款就是主要条款。例如，《合同法》第一百九十七条第二款要求借款合同应有借款币种的条款，该条款即为借款合同的主要条款。合同的主要条款当然由合同的类型和性质决定。按照合同的类型和性质的要求，应当具备的条款，就是合同的主要条款。例如，价款条款是买卖合同的主要条款，却不是赠与合同的主要条款。合同的主要条款可以由当事人约定产生。例如，买卖合同中关于交货地点的条款，如一方提出必须就该条款达成协议，它就是主要条款。若双方均未提出必须在某地交货，则该条款不是主要条款。

3. 合同的普通条款

合同的普通条款，是指合同主要条款以外的条款。它包括以下类型：

（1）法律未直接规定，亦非合同的类型和性质要求必须具备的，当事人无意使之成为主要条款的合同条款。例如关于包装物返还的约定和免责条款等均属此类。

（2）当事人未写入合同中，甚至从未协商过，但基于当事人的行为，或基于合同的明示条款，或基于法律的规定，理应存在的合同条款。

（3）特意待定条款。这是当事人有意将合同条款留待以后谈判商定，或由第三人确定，或根据具体情况加以确定。它不妨碍合同成立。

五、供用电合同应当具备的条款

《电力供应与使用条例》第三十三条规定，“供用电合同应当具备以下条款：（一）供电方式、供电质量和供电时间；（二）用电容量和用电地址、用电性质；（三）计量方式和电价、电费结算方式；（四）供用电设施维护责任的划分；（五）合同的有效期限；（六）违约责任；（七）双方共同认为应当约定的其他条款。”

在合同的前边要首先写明供用电双方的基本信息。在第（七）项中，实践中有具化细节的趋势，就是将所有（一）至（六）没有涉及的其他问题，全都在（七）中解决，诸如，电费的缴纳方式和期限、有效通知方式、用电检查中用电方的协作配合、设备维护的责任分担、违章用电、窃电的解决方式等，在该项一揽子解决。

六、合同形式

当事人订立合同，有书面形式、口头形式和其他形式。

1. 口头合同形式

该形式一般运用于标的数额较小和即时结清的合同。但这类合同在发生纠纷时，当事人不易举证，不易分清责任。

2. 书面合同形式

书面合同形式是指合同采用合同书、信件和数据电文（包括电报、电传、传真、电子数据交换和电子邮件）等可以有形地表现所载内容的形式。供用电合同应当采用书面形式。

3. 其他合同形式

其他合同形式是指除了口头合同与书面合同以外的其他形式，主要包括默示形式和推定形式。

供用电合同的形式属于书面形式，根据用户类别不同，分为高压供用电合同、低压供用电合同、临时供用电合同、居民供用电合同。供用电合同是针对千千万万用户签订的，因此在形式上，往往被认为是格式合同，但是其实质内容有很多还是可以协商的。

七、供用电合同的强制缔约

《电力法》第二十六条规定，供电营业区内的供电营业机构，对本营业区内的用户有按照国家规定供电的义务；不得违反国家规定对其营业区内申请用电的单位和个人拒绝供电。申请新装用电、临时用电、增加用电容量、变更用电和终止用电，应当依照规定的程序办理手续。供电企业应当在其营业场所公告用电的程序、制度和收费标准，并提供用户须知资料。

供电企业作为具有自然垄断属性的企业，对《反垄断法》也要有清醒的认识。《反垄断法》规定了七种属于经营者滥用市场支配地位的行为。对供电企业而言，后五种行为是供电运营服务过程中要杜绝的：一是“没有正当理由，拒绝与交易相对人进行交易”，这就是关于强制缔约的规定；二是“没有正当理由，限定交易相对人只能与其进行交易或者只能与其指定的经营者进行交易”；三是“没有正当理由搭售商品，或者在交易时附加其他不合理的交易条件”；四是“没有正当理由，对条件相同的交易相对人在交易价格等交易条件上实行差别待遇”；五是“国务院反垄断执法机构认定的其他滥用市场支配地位的行为”。《供电监管办法》第十八条也有相应的规定，“电力监管机构对供电企业公平、无歧视开放供电市场的情况实施监管。供电企业不得从事下列行为：（一）无正当理由拒绝用户用电申请；（二）对趸购转售电企业符合国家规定条件的输配电设施，拒绝或者拖延接入系统；（三）违反市场竞争规则，以不正当手段损害竞争对手的商业信誉或者排挤竞争对手；（四）对用户受电工程指定设计单位、施工单位和设备材料供应单位；（五）其他违反国家有关公平竞争规定的行为。”

在签订供用电合同时，供电企业首先应注意履行《电力法》第二十六条规定的强制缔约义务，对本营业区的客户有按照国家规定供电的义务，除非有正当的法定理由，否则不得拒绝客户用电的合理请求，还应真实地向用电方陈述与合同有关的情况，在营业场所应公布《电力法》、《电力供应与使用条例》、《供电营业规则》和《供电监管办法》等法律法规和行政规章的有关规定，公告用电的程序、制度和收费标准，提供客户须知资料。对供用电方案的确定、工程中间检查、工程竣工检验等情况，供电方有通知用电方的义务及与用电方协作配合的义务。

难道无论何种情况，供电企业都要给用户供电吗？也不是。《电力法》第二十八条规定，“供电企业应当保证供给用户的供电质量符合国家标准。对公用供电设施引起的供电质量问题，应当及时处理。用户对供电质量有特殊要求的，供电企业应当根据其必要性和电网的可能，提供相应的电力。”可见，即使客户对电能有特殊要求时且其特殊要求又有必要，但如果电网没有可能性，供电企业就无法给客户供电，除非客户放弃自己的特殊要求。所以，在客户对电能有特殊要求时，供电企业一定要全面把握电网的可能性和客户用电地点周边客户的用电类别具体情况，加以权衡。比如，周边客户是非对称负荷用户、大电感用户、大功率换流设备用户，给客户讲明白，不要盲目承诺，将来违约承担责任。

八、当事人特别约定条款和供用电合同附件

1. 当事人特别约定条款

《电力供应与使用条例》第三十三条，供用电合同应当具备以下条款的第七项，双方共同认为应当约定的其他条款中就包含了当事人特别约定的条款。《电力供应与使用条例》第三十三条（一）至（六）没有涉及的其他问题，全都在（七）中解决。诸如，有效通知方式、用电检查的合作、设备维护的责任分担、违章用电、窃电的解决方式等，在该项一揽子解决。特别约定条款的具体内容参见本篇第二章第二节。

2. 供用电合同附件

在供用电合同中，为了使供用电合同结构合理，又能对广大客户统一使用，这样对于同一条款有特殊约定的或者该条款仅仅用文字表达不明晰的，采取合同附件来解决，既不失合同的统一性，又解决了个别问题。合同附件是合同的组成部分，与合同主文具有同等效力。通常以下条款用附件来解决：①表明产权分界点，分清供用电设备维护责任的供电接线与产权分界示意图；②具体详细的电费结算方式；③受电方设备维护代管协议；④用电方对供电方用电检查的配合协作义务；⑤违章用电、窃电的处理程序和方式；⑥供用电双方信息传达的有效方式，如BBS留言和回复、电子邮件、手机信息、录音电话、挂号信函、特快专递等能够取得并保存的证据的通知方式。

九、无效或可撤销供用电合同

1. 合同无效

无效合同是指不具备合同的有效条件并且不能补救，对当事人不应具有法律约束力而应由国家予以取缔的合同。合同虽然已经成立，但因其在内容上违反了法律、行政法规的强行性规定和社会利益而不产生法律效力。合同的有效条件是主体合格、意思表示真实、不违反法律和社会公共利益。无效合同具有如下特征：①无效合同具有违法性。所谓违法性是指违反了法律和行政法规的强行性规定或者损害国家、社会的公共利益；②对无效合同实行国家干预。由于无效合同具有违法性，因此对此类合同应由国家审判机关或仲裁机构予以确认和取缔；③合同无效具有不得履行性。所谓无效合同的不得履行性，是指当事人在订立无效合同后，不得依据合同实际履行，即便实际履行，一旦发生争议，国家不保护合同当事人的违法权益，也就谈不上不履行合同的违约责任承担问题；④无效合同自始无效。由于无效合同在本质上违反了法律规定，国家不承认此类合同具有的法律效力。因此，合同从订立时起，就不具有法律约束力。

《合同法》第五十二条规定了有下列情形之一的合同无效：①一方以欺诈、胁迫的手段订立合同，损害国家利益（《合同法》对采取欺诈、胁迫导致合同无效的行为，增加了限制性条件，即只有这类合同损害国家利益时才无效）；②恶意串通，损害国家、集体或第三人利益；③以合法形式掩盖非法目的；④损害社会公共利益；⑤违反法律、行政法规的强制性规定。

2. 供用电合同无效

主体不合格，如政府代供电方签订优惠电价的供用电合同；用电方隐瞒其违反法律法规的强制性规定或损害社会利益的实情申请供电而订立的供用电合同；与政府明令关、停的企业签订的供用电合同；供用电一方或双方意思表示不真实订立的合同等。

3. 可撤销合同

可撤销合同是指订立合同时，因意思表示不真实，法律允许通过行使撤销权而使已生效的合同归于无效。下列合同，当事人一方有权请求人民法院或者仲裁机构变更或者撤销：①因重大误解订立的；②在订立合同时显失公平的。一方以欺诈、胁迫的手段或者乘人之危，使对方在违背真实意思的情况下订立的合同，受损害方有权请求人民法院或者仲裁机构变更或者撤销。当事人请求变更的，人民法院或者仲裁机构不得撤销。

案例1-5 2008年8月1日，某化肥厂由电力安装公司担保向供电公司借现金35万元，化肥厂与供电公司签订了借款合同，约定期限为6个月，月利率为2%。电力安装公司法人代表也在保证栏目签字盖印。借款到期后，化肥厂没有归还供电公司的本金和利息，供电公司遂起诉化肥厂，要求其返还本金35万元及约定利息。

法院审理认为，原被告签订的借款合同虽属双方的真实意思表示，但违反有关法律规定，属于无效合同，被告应返还原告本金35万元。据此，法院依照《合同法》第五十二条第五项和第五十八条的规定，判处化肥厂返还供电公司35万元。

评 析

本案借款合同违反法律、行政法规规定的强制性规定。根据《最高院关于

〈合同法〉若干问题的解释（一）》第10条规定，当事人违反国家限制经营、特许经营以及法律、行政法规禁止经营规定的，人民法院应当认定合同无效。本案供电公司无权办理借贷业务，只有金融机构才能办理该业务。故其与化肥厂的借款合同违反了法律、法规的强制性规定。因此，其与化肥厂的借款合同应该认定为无效。

案例1-6 原告淄博市淄川双凤热电有限公司诉被告淄博宝泉轻工制品有限公司供用电合同纠纷。原告诉称，2005年12月1日，原、被告签订供用电合同一份，合同约定，由原告供应被告电力。其中合同第三条关于“原告向被告按0.5元/千瓦时收取电费，以高压计量为准，用电价格在煤炭降价前提下，电价相应降低”的约定属于重大误解、显失公平的条款。为此，特请求人民法院依法变更原、被告于2005年12月1日签订的供用电合同第三条为“原、被告双方按市场价格确定电价，每年调整一次。”

被告当庭辩称，首先，我单位当时是响应淄川区政府和双沟镇政府的招商政策，才在原告所在地开办企业，因我单位生产需要能源主要是电力，是原告的大用户，应当享受相应的优惠政策；其次，供用电合同是我们双方在平等自愿的前提下订立的，合同双方均具有民事权利能力和行为能力，不存在重大误解和显失公平的情形，该合同合法有效，原告所诉无事实和法律依据。请求法院依法驳回原告诉讼请求。

经审理本院认定，原告是于1996年12月23日成立的火力发电企业，其生产的电力未并网运行。2005年，被告响应淄川区及双沟镇两级政府招商引资政策，到双沟镇凤凰村开办企业。因被告系用电大户，且电量负荷稳定，原告遂通过镇政府和凤凰村委，与被告于2005年12月3日签订供用电合同一份。合同约定：甲方（原告）向乙方（被告）提供电能，供乙方生产。合同第三条约定：甲方向乙方收取价格为0.5元/千瓦时的电价，以高压计量为准，用电价格在煤炭降价前提下，电价相应降低。双方还就其他事项进行约定。合同期限为10年，自2005年12月1日至2015年12月1日。合同签订后，原告供电至今，被告亦按合同约定电价支付电费至今。2006年10月20日，原告以书面方式通知被告，该公司自9月1日实行承包经营，要求用户于10月25日前到原告公司重新商讨电价等合作事宜并签订合作合同，否则将终止合作关系。但因被告不同意变更原合同电价，双方未达成协议，原告遂提起诉讼。

另查明，2005年1月9日，淄川区煤井关闭整合工作领导小组下发文件：按照淄川区政府文件精神，实行煤电联产组建煤电公司，煤电公司兼并的煤井生产的煤炭原则上用于发电，不得外销。并于同年1月30日下发简报，规定原告兼并煤井八处。

2005年9月1日，原告与淄博博迈精细化工有限公司（以下简称“博迈公司”）签订租赁合同一份，该合同约定，原告将公司经营权租赁给博迈公司，由博迈公司行使经营权。该合同第9条第6项约定，博迈公司租赁前，原告与第三人所签订的合同、协议经博迈公司审查同意后，由博迈公司继续履行，博迈公司不同意的，由原告负责处理，与博迈公司无关；或由博迈公司与第三人协商，重新签订协议后履行。

上述事实有原告提交的供用电合同、租赁合同、通知、被告给其出具的用电说明；被告提交的淄川区煤井关闭整合文件、简报及当事人陈述为凭，经本院审查可以采信。

本院认为，原、被告签订的供用电合同，合法有效，本院予以确认。原、被告均是具备独立法人资格的民事主体，双方在所签订的供用电合同中明确约定：双方系本着平等、自愿、互惠互利、诚实信用、协商一致的原则，达成该合同。原告作为发电企业，在发电成本、电力市场价格等信息的了解掌握方面相对于被告具有优势地位，原告主张实际经营主体多次变更，缺乏经验，导致错误计算电力成本，不属于重大误解的范畴，因此，本案供用电合同第三条不是因重大误解订立的条款，本院予以确认。原告作为经营多年的发电企业，对于电力市场价格的涨或降以及由此影响到企业利润的问题应当知道，因此，原告在合同第三条中只约定用电价格在煤炭降价前提下，电价相应降低，而未约定在煤炭涨价时，电价相应提高，应视为原告对其利益的自愿放弃，对于这种民事权益的处分系双方当事人的自愿行为，不属于显失公平的情形。原告虽当庭提交山东省物价局文件及从互联网下载的新闻资料，以证明煤价上涨引起电价上涨的事实，但原告并非并网发电企业，省物价局文件规定的是上网电价，而新闻资料不能证明原告企业自身的电力成本，且被告提交的淄川区煤井关闭整合文件和简报又证明原告属于煤电联产企业。综上，本院认为，原告主张合同显失公平证据不足，不予支持。据此，依照《中华人民共和国民事诉讼法》第六十四条、《中华人民共和国合同法》第五十四条的规定，判决如下：

驳回原告淄博市淄川双凤热电有限公司诉讼请求。

案件受理费50元，由原告负担。

评 析

原告作为经营多年的发电企业，对于电力市场价格的涨或降以及由此影响到企业利润的问题应当是熟知的，因此，原告在合同第三条中只约定用电价格在煤炭降价前提下，电价相应降低，而未约定在煤炭涨价时，电价相应提高，应视为原告对其利益的自愿放弃，对于这种民事权益的处分系双方当事人的自愿行为，不属于显失公平的情形。

因为《合同法》第五十四条规定，“因重大误解所订立的”合同是指：行为人因为对行为的性质、对方当事人标的物的品种、质量、规格和数量等的错误认识，使行为的后果与自己的意思相悖，并造成重大损失的合同。在本案中，①原告的错误认识与约定电价的意思表示之间有因果关系，本案是根据政府招商引资的指示精神确定电价，不存在错误认识；②对于从事专业经营的原告而言在主要合同内容电价方面，不存在误解问题；③如果原告在签订合同时有故意或重大过失，原告没有权利请求撤销合同，本案实际上是原告遵从政府意志以电价优惠招引外商的故意行为。

启 示

本案属于典型的签订合同疏忽大意，对自己应该主张的权利没有主张，缺乏预见性。履行过程中发现后，企图利用《合同法》重大误解的规定挽回失误，没有得到法院的支持。借此镜鉴：拟定合同时一定要考虑周全，不要事后诸葛亮，悔之晚矣。必要时可采取多部门会签制度，以杜绝合同的漏洞。

十、委托转供电

《电力法》第二十五条规定，供电企业在批准的供电营业区内向用户供电。供电营业区的划分，应当考虑电网的结构和供电合理性等因素。一个供电营业区内只设立一个供电营业机构。国务院根据《电力法》制定并颁布的《电力供应与使用条例》第二十条第二款规定，“在公用供电设施未到达的地区，供电企业可以委托有供电能力的单位就近供电。非经供电企业委托，任何单位不得擅自向外供电。”显然，转供电协议是供电企业与委托转供户（以下简称转供户）应就转供范围、转供容量、转供期限、转供费用、转供用电指标、计量方式、电费计算、转供电设施建设、产权划分、运行维护、调度通信、违约责任等事项签订的协议。

《供电营业规则》第十四条对转供电做了详细的规定，“用户不得自行转供电。在公用供电设施尚未到达的地区，供电企业征得该地区有供电能力的直供用户同意，可采用委托方式向其附近的用户转供电力，但不得委托重要的国防军工用户转供电。委托转供电应遵守下列规定：

“1. 供电企业与委托转供户（以下简称转供户）应就转供范围、转供容量、转供期限、转供费用、转供用电指标、计量方式、电费计算、转供电设施建设、产权划分、运行维护、调度通信、违约责任等事项签订协议。

“2. 转供区域内用户（以下简称被转供户），视同供电企业的直供户，与直供户享有同样的用电权利，其一切用电事宜按直供户的规定办理。

“3. 向被转供户供电的公用线路与变压器的损耗电量应由供电企业负担，不得摊入被转供户用电量中。

“4. 在计算转供户用电量、最大需量及功率因数调整电费时，应扣除被转供户、公用线路与变压器消耗的有功、无功电量。最大需量按下列规定折算：

“（1）照明及一班制：每月用电量 180 千瓦时，折合为 1 千瓦；

“（2）二班制：每月用电量 360 千瓦时，折合为 1 千瓦；

“（3）三班制：每月用电量 540 千瓦时，折合为 1 千瓦；

“（4）农业用电：每月用电量 270 千瓦时，折合为 1 千瓦。

“5. 委托的费用，按委托的业务项目的多少，由双方协商确定。”

案例 1-7 2004 年 2 月 9 日，九峰房地产开发公司（下简称开发公司）与金桥针织厂（下简称针织厂）协商签订了一份临时供电协议。同年 9 月 8 日及 22 日，针织厂以自己工厂全面开工不能保证开发公司施工工地用电为由，与开发公司协商未果，两次停供开发公司施工用电，开发公司以不能按时完工造成损失为由向针织厂索赔。开发公司在索赔不成的情况下，于同年 10 月诉至法院，请求赔偿损失 9 万元。

法院经审理后，判决九峰房地产开发公司因针织厂停电造成的经济损失应自己承担，针织厂不负赔偿责任。

评 析

针织厂与开发公司签订的协议虽然是双方真实意思表示，但此供电协议不是供电企业委托针织厂供电的，而是被转供户与转供户之间签订的供电协议。开发公司与针织厂签订的供电协议违反国务院的行政法规和电力工业部的部门规章的有关规定，根据《合同法》第五十二条之规定，“违反法律、行政法规的强制规定的合同属无效合同。”故双方签订的供电协议属无效协议，该协议从订立时起就没有法律效力，协议所规定的当事人权利和义务均无效。因此，开发公司因针织厂停电造成的经济损失应自己承担，针织厂不负赔偿责任。

第三节 供用电合同特征与存在问题讨论

既然供用电合同不同于一般的民事合同，在本节将进一步分析其特征，并从其他侧面再看供用电合同，对当前供用电合同存在的问题加以讨论，以便我们对供用电合同理解得更加清晰。

一、供用电合同特征

供用电合同是供电人向用电人供电，用电人支付电费的合同。从性质上讲属于特种商品的买卖合同，是转移财产所有权合同的一种。合同法分则之所以将供用电、水、气、热力合同作为单独的一类有名合同，主要是源于这类合同本身所具有的特殊性。因此，对供用电合同涉及法律问题进行研究，首先应该把握供用电合同的特征。概括起来，供用电合同具有如下特征：

1. 供用电合同是强制缔约合同

因为供电企业的自然垄断属性，因此，《电力法》规定，“一个供电营业区内只设立一个供电营业机构”。“供电营业区内的供电营业机构，对本营业区内的用户有按照国家规定供电的义务；不得违反国家规定对其营业区内申请用电的单位和个人拒绝供电。”

2. 合同的当事人是供电人和用电人

供电人是指供电企业或者依法取得供电营业资格的非法人单位。用电人包括自然人、法人以及其他组织。

3. 合同的标的是一种无形物质

电力，是一种特殊的、无形的物质，虽然客观存在，却看不见、摸不着。电能的生产、供应和使用同时进行，是一个统一的不可分割的连续过程。作为供用电合同的标的物，以电能供应与使用为核心的交易每时每刻都在供电企业和用户之间发生。电能这种标的物不能大量储存，电力生产、输配、供应与使用同时进行、同时完成。

4. 供用电合同属于持续供给合同

供电人在发电、供电系统正常的情况下，应当连续向用电人供电，不得中断。供用电合同是一种具有相对长期、稳定的合同。供用电双方一般都订立长期合同，其履行方式，表现为一种持续状态，双方当事人权利、义务比较稳定。

5. 供用电合同一般被误解为严格的格式合同

实际上供电企业为了与不特定的多个用电人订立合同而预先拟定一个合同框架，很多实质条款双方可协商确定。比如，供电性质、供电方式、电压等级、违约金等。国家建立电力监管制度以后，由电力监管机构组织制订了具有格式条款的供用电合同示范文本。因此说，供用电合同不是严格意义上的格式合同。供电方采用供用电合同示范文本与用电方签订合同。

6. 供用电合同是诺成双务合同

在供用电合同中，供用电合同自供电方与用电方达成协议时起生效，而不以电力的实际供应为合同的生效要件，因而是诺成性合同。供用电双方都享有一定权利，承担一定义务，双方的权利义务具有对应性，如由供电方承担供电义务，由用电方承担支付价款的义务，因而是双务合同，尽管供电方在供用电合同中处于主导地位，但合同一经成立，就必须按照国家的规定和合同的约定向用电方供应电力，不得滥用自己手中的职权。

7. 电力的价格实行统一定价原则

《电力法》第三十五条规定，“本法所称电价，是指电力生产企业的上网电价、电网间的互供电价、电网销售电价。电价实行统一政策，统一定价原则，分级管理。”任何单位不得超越电价管理权限制定电价。供电企业不得擅自变更电价。

二、供用电合同相比一般买卖合同的区别

1. 双方当事人一方是特定的

《电力法》第二十五条规定，“供电企业在批准的供电营业区内向用户供电。供电营业区的划分，应当考虑电网的结构和供电合理性等因素。一个供电营业区内只设立一个供电营业机构……供电营业机构持《供电营业许可证》向工商行政管理部门申请领取营业执照，方可营业。”因此，供用电合同当事人一方是特定的，即供电企业，供用电合同的另一方是国家机关、企事业单位、国防科技、文教卫生等各行各业以及城乡千家万户的居民和个体工商户。

2. 标的物的交付方式不同

电能特殊的物理属性，决定了电能的交付方式绝非一般动产的现实交付。合法有效的电能交付必须同时具备条件：

（1）用电计量装置合格完整。用电计量装置，是记录用户使用电能量多少的度量衡器具，包括各种计费电能表（有功、无功电能表及最大需量表），计量用的电压电流互感器及其二次回路、电能计量柜箱等。这些计量装置必须是经过法定计量检定机构认可的。

（2）电力设施产权分界点明确具体。产权分界点是指相互连接供电设施的资产归属在地理上或电气上划开的位置，对此，《供电营业规则》第四十七条作了具体规定。电流须通过上述计量装置越过产权分界点到达用户侧。交易量以法定计量检定校准的，供用电双方认可的计量装置的记录为准。

3. 合同签订步骤不同

为了安全经济供用电，供用电合同中涉及供电方的供电设备、供电能力和用电方的受电工程、受电设备、环境与其他条件，在供用电合同签订之前首先要解决好。对于新要约的用电业务，供电企业通常称之为业务扩充。从客户申请用电开始，供电公司实地踏勘，确定方案，监督检查受电工程施工到竣工验收合格后，装表接电前，才能与客户签订供用电合同。

4. 合同履行不同

电能赊销，先用电后交钱。详见本书第二章第一节三、2 部分内容。

三、供用电合同存在问题讨论

供用电合同是供电企业在经济活动中最基本和最重要的外部法律关系。当前供电企业在供用电合同中存在的若干问题使得供电企业面临很大的潜在的法律风险。尽管《电力法》已经颁行十五年之久了，但供电企业作为电力管理部门的思维和行为的惯性依然存在，导致供电企业缺乏市场观念、竞争观念和风险防范意识。多数营销人员认为，办好供电企业只要遵循《电力法》和有关行业规章就行，合同意识淡薄，对供用电合同很漠然，甚至认为，用电缴费，天经地义，供用电合同可有可无。然而，不少案例都是因为没有供用电合同而承担不该承担的赔偿责任或者供电企业合法权益得不到保护。譬如，冤屈无奈地承担人身触电赔偿责任、电费违约金诉求得不到法院支持等。

1. 在供用电合同签订方面

合同起草完毕，双方当事人认可后，便进入签约这个环节。合同依法一经签订，对双方当事人均具有法律约束力。合同签订时要注意如下几个问题。

（1）1999 年 10 月 1 日新的《合同法》实施后，供用电合同不应依然囿于《电力法》、《电力供应与使用条例》和《供电营业规则》的框架里，应该依据《合同法》在电费缴纳、停电催费等内容约定上有所突破。譬如：停电催费未必 30 日之后，可以约定更短的期限；行使不安抗辩权之后，客户既不缴费又不提供担保，可解除合同。

（2）忽视居民供用电合同的签订。目前多数供电企业人员认为，居民客户点多面广，签订合同多有不便，且供电方式简单，用电量和电费较少，如果发生纠纷，也易于解决，所以对居民客户不与其签订合同。目前普遍存在供电企业只在用电申请书或电费发票上加几条“客户须知”的现状。一旦涉讼，由于没有完整的居民供用电合同，供电企业与居民客户权利义务不明确，供电方主张的合同权利往往得不到法院支持。此外，还有一个很现实的问题，居民客户触电死亡，本来是由于私拉乱接造成的，但是没有原始的线路布局图加以证明，有可能使供电企业蒙受损失。因此，不仅要有合同，还要有线路附图作为附件。一旦出现触电事故，在附图之外的线路均界定为私拉乱接。国家电力监管委员会已经出台了《居民供用电合同》范本，该问题应当在短时期得到彻底解决。

（3）目前一些供电企业供用电合同管理中普遍存在签约率低的问题，一些客户拒签也没做相应的工作和采取相应的措施，在供用电合同履行过程中，一些客户由于自身经营不善，影响电费支付能力，甚至出现少数用电客户借破产或改制有逃避电费债务的情况。合同到期后不续签或者干脆没有合同，形成事实供用电关系，此类情况在对居民供电关系中普遍存在。一旦遇到供用电纠纷，则失去了最强有力的证据，只能根据事实供用电关系解决纠纷，法律法规对客户义务的最基本的规定，也难以保证履行。

（4）对处理格式合同缺乏必要的措施。《合同法》第三十九条至第四十一条对格式合同的提供方单设了以下特别义务：①垄断企业订立条款也要坚持公平原则。即要求合同提供方在合同双方之间公平地设定权利、义务，否则用户可以请求法院、仲裁机关确认相应的条款无效。②使用格式条款一方要尽到充分的提示和说明义务。即提供方有义务将可能对用户不利的条款以合理的方式提示对方，引起注意，并应按对方的要求加以说明、解释。同时，依照法条的本意，上述提示和说明还应提供相应的证据。③对异议条款作不利于使用格式条款一方的解释。即当双方对某个条款或词语发生不同理解时，一般按照有利于用户的原则理解。尽管供用电合同是非严格意义上的格式合同，但绝大多数供电企业未对合同中的格式条款完全尽到应尽的义务。这当中也隐藏着法律风险。

（5）合同主体不合格。根据法律规定，企业内部的职能部门在未得到企业书面授权的情况下不具备签约资格，不得以其名义与其他民事主体订立合同。但某些供电企业仍未依法授权其客户中心、供电所对外订立供用电合同。此外，用电单位也有以分厂、动力科、行政科的名义与供电方订约的情况。这一做法，既因违法而影响到合同的效力，也极不利于本单位的合同监控和管理。主体不合格会导致合同效力待定或者无效，使供电企业的合法权益受到侵害。

2. 在合同内容方面

（1）合同语言应严谨、简练、准确。合同语言如果不严谨、准确，容易发生歧义，这给合同的履行或合同纠纷的处理带来麻烦，甚至给企业带来经济损失。某《高压供用电合同》违约责任部分有这样一段文字："窃电行为按《供电营业规则》第一百零一条确定，供电人查获用电人窃电时，应予制止并可当场终止供电……"这里用"终止"显然不妥，应改为"中止"。否则，与《供电营业规则》第一百零二条的规定相矛盾。在供用电合同的起草中，对于"终止"、"中止"、"停止"、"制止"等词汇的使用要慎重，要用词准确。

某《低压供用电合同》出现了"如有异常，用电人应及时通知供电方处理"的句子。这里的"及时"没有时间限制，可以有多种解释，容易误解。这里可用多少个小时"之内"来替换"及时"一词。《合同法》第四十一条规定"对格式条款有两种以上解释的，应当作出不利于提供格式条款一方的解释。"格式合同语言应避免存在两种以上的解释，否则，对条款的理解发生争议时，供电人将处于不利地位。合同语言中，对期限作规定往往使用时间介词，如用"之前"、"之后"、"之内"来表述。有的供用电合同对用电人窃电使用"处罚"一词是不对的。供电企业不是行政执法主体，不能用"处罚"一词对待用电人。供电人有追究对方违约责任的权利，但没有处罚用电人的权利。

合同语言有时因一字之差或歧义导致纠纷。合同起草后要字斟句酌地审查每一句话或每一个字。

（2）双方基本权利、义务约定不明确。对供用电合同的基本条款为：供电的方式、质量、时间、用电容量、地址、性质、计量方式、电价、电费的结算方式、供用电设施的维护责任，以及双方的违约责任等约定模糊不清，出现纠纷，没有可操作性。又如，变压器安装，台墩高度、材质、工艺、是否应加装围栏、围栏的材质、高度、工艺等，都要明确规定，利于实际操作。

（3）合同关键用词语义不明确，缺少进一步解释。如用在供用电管理中的"管理"一词，既可以指宏观意义上的管理，如政策、法规、标准、规划的制定、宣传、贯彻、督察检查等，也可以是微观上的管理，包括巡线、排障、维修、保养等一些十分具体的事务。如果不做具体详尽的阐释，往往被法院以管理不力为由，判决供电方承担不该承担的责任。

（4）有的重要条款约定过于简单。计量方式、电价、电费的结算方式、供用电设施的维护责任，以及双方的违约责任等条款约定过于简单，以致在履行过程中遇到问题，缺乏操作处理的方式方法。特别是像电费电价条款必要时要签订电费结算协议作为合同附件。又如在设备维护方面，供电企业是负有宏观上的管理责任还是微观上的管理责任。还有，触电保安器的投资与产权、安装与调试、日常维护责任等应当在居民供用电合同中作出明确规定。

（5）过度的服务承诺。依合同法原理，承诺一经作出，即构成合同的附加条款，对承诺者产生法律效力。然而，不少人却以为承诺不过是一种姿态的表现。如践诺，是对用户的恩惠；违约也无甚大碍。错！供电企业要完全履行现行法律、法规中的义务，已属不易（如电能质量的保证、停电的提前通知、用电监督检查中的依法操作等），倘若此外再定高标，则一定要谨慎从事，量力而行。否则可能适得其反，大悖初衷。国内由承诺而引发的案件已不在少数，当以为鉴。优质服务广告中具体的服务承诺，虽为邀约邀请，但当其涉及合同实质内容时，就要承担承诺的法律责任。

3. 合同管理方面

详见本篇第三章。

案例 1-8 某年8月的一天上午10时，天气骤变，风雨交加。冷冻食品厂电话通报其冷库断电，若不及时抢修，会造成重大损失。此时此刻，供电公司电力抢修队在50千米之外的现场施工。等到抽调出人员，准备好工具材料，加之雨天路滑车辆不敢加速，赶赴冷冻厂已是中午13时。由于报告事故人员说可能是线路接地，实际上是变压器遭到雷击，必须临时更换变压器，遂返回公司运输设备和材料，直至晚上20时，才恢复送电。次日，冷冻厂说，由于耽误送电，其部分食品发生轻微质变，损失8万元，要求供电公司承担部分责任。供电公司说，我已经做到仁至义尽。

法院认为，当日的天气情况不属于不可抗力，供电公司应当兑现承诺，及时赶到现场，进行抢修；本来应该45分钟赶到，实际上用了3个小时，明显违约；供电公司作为专业队伍，没有对设备故障作出大体准确的判断，耽误抢修时间，应当承担部分责任。判决供电公司赔偿60%的损失。

评 析

其一，本案冷冻厂在城区外围范围，按照国家电网公司“十项承诺”和该优质服务承诺应该45分钟赶到现场，天气非不可抗力的情况下属于明显违约；

其二，工作安排没留有余地；其三，应急抢修准备工作处于被动状态，根据故障临时准备。

供电公司提供24小时电力故障报修服务。供电抢修人员到达现场的时间一般不超过：城区范围45分钟；农村地区90分钟；特殊边远地区2小时。显然，承诺时间与天气无关。实际上，对于45分钟承诺，是否应当区分情况？天气正常：45分钟；雨天1个小时或更长一点，这从安全生产角度讲也是有道理的。《供电监管办法》规定的到达现场的时限就较“十项承诺”更长、更实际。因此，优质服务要切合实际，因时制宜，不要过度承诺，自套枷锁。

第二章

名人名言

合同范本是合同规范统一的框架，不是格式合同。

供用电合同与范本

前已述及，供用电合同不同于一般的买卖合同，为了统一格式、规范内容，从国家电网公司、南方电网公司到省、市公司，都制定了指导性的供用电合同范本。但是这一举动，给用电客户一个错觉：供电企业使用格式合同。实际上，供用电合同并非严格意义上的格式合同，与保险公司、金融机构的合同有着质的区别：供用电合同范本是一个框架，其中的条款大多是协商议定的，而金融、保险合同的接受服务一方没有任何协商回旋的余地，只能完全被动的接受。本章学习格式合同的知识，并给出六类供用电合同的范本，以资参考。

第一节　供用电合同争议问题辨析

电力法律法规指出，先用电后交费的方式是不公平交易方式，为此，规定了中止供电的催费方式，供电企业又创新了预付电费及安装预付费计量装置的防范措施，这些行为一直为广大客户所诟病。近几年供电企业为了摆脱垄断阴影，树立服务形象，自国家电网、南方电网到乡镇供电所都在不遗余力地推行优质服务，以满足客户需求。但这之间有一个适度和平衡的问题值得供电企业把握。

一、社会承诺服务

承诺服务标准到底多高为佳？近年来，供电人向社会做出的供电服务质量承诺越来越高。这种不断自我加压，提升服务质量水平，最大限度地满足客户需求，创造企业经济效益和社会效益及开拓电力市场的做法固然可嘉，但往往会因为不能兑现而承担违约责任。比较一下电监会的要求和国家电网公司的承诺，见表 2-1。

表 2-1　　电监会和国家电网公司社会承诺比较

供电质量与服务项目	城市地区年供电可靠率（%）	城市居民受电端电压合格率（%）	供电方案提供时间：民、低、单、双（电源）（天）	故障抢修到达现场时间（城区、农村、偏远地区）（小时）
电监会	99	95	3、8、20、45	60、120、140
国家电网公司	99.9	96	3、7、15、30	45、90、120

很明显，国家电网公司的要求比电监会高得多。省市供电公司，往往在国网指标基础上定下更严格的承诺，诸如，“只要您一个电话，其余的事情由我们来做”、“办理居民收费业务，每件不超过 5 分钟；办理客户用电业务每件不超过 20 分钟”、“办理客户新装增容用电和变更约定业务可以采用多种方式，但要按规定程序统一受理，一口对外”等。实际上，就拿供电方案答复期限来看，居民客户不超过 3 个工作日，低压电力客户不超过 7 个工作日，高压单电源客户不超过 15 个工作日，高压双电源客户不超过 30 个工作日。特别是对电力客户，这个期限往往不能完成。

供电企业作出的关于调度公正、规范经营、供电可靠、服务时限等一系列的具体承诺，在性质上应当认定为供电方向广大电力客户发出的带有实质性合同内容的要约，用户一旦与电力企业订立供用电合同，社会服务承诺即成为供用电合同中供电方的主要义务条款，供电企业负有全面履行承诺的法律义务，否则将要承担相应的违约责任。然而，不少人却以为承诺不过是一种姿态的表现。如践诺，是对用户的恩惠；而违约，则不过仅仅涉及一般商业道德，这是十分错误的。供电企业要完全履行现行法律、法规中的义务，已属不易，如保证供电可靠率、电能质量、停电的提前通知、用电检查中的依法操作等，倘若再自我加压，一味拔高，极可能适得其反，有悖初衷。因此优质服务承诺一定要实事求是，量力而行。国内由服务承诺而引发的案件已不在少数，当以为鉴。香港中华电力的服务承诺有的就比国家电网公司的宽松。如，“电话 4 响接听”、“抢修人员在 1 小时内到达现场做紧急修理”这样更容易兑现承诺，获得客户信任，降低违约风险。

案例 2-1　某低压电力客户，在农村招商区从事机械加工业务，有良好的用电信用记录。2009 年 6 月，车间从甲地迁到乙地，即用电迁址。但是，由于电源变压器的所有权属于另一个村委所有，供电企业让该客户重新报装，并且建议其安装4500元的预付费电能表，因客户用电量不大，故不同意安装。此事一再拖延，至11月仍未用电。客户无奈，重新启动用电申请，供电企业客户服务中心要求安装预付费电能表，又让其请示乡镇电管部，推来搡去，又拖延了很长时间，后经供电所所长特批，给客户安装了非预付电费计量装置，客户才得以用电。

评 析

可以看出，如果客户投诉或起诉，供电公司就会因违约而败诉。其一，客户有良好的信用记录，强推预付费计量装置违法；其二，供电公司内部机构在程序上未协调好，推诿扯皮；其三，计量装置安排大大超出承诺期限数月。根据《合同法》第十五条的规定，要约邀请是希望他人向自己发出要约的意思表示。寄送的价目表、拍卖公告、招标公告、招股说明书、商业广告等为要约邀请。商业广告的内容符合要约规定的，视为要约。

二、约定“中止供电”与法定停电期限

《电力法》、《电力供应与使用条例》、《供电营业规则》都对停电作了严格的规定，但这些规定是框架性、引导性规定，不是强制性条款，否则，就违背了民法意思自治的原则。如果供电企业为了防范电费回收风险，在供用电合同中与用电人约定因拖欠电费而中止供电的补充条款，是否合法？《电力供应与使用条例》第三十九条关于拖欠电费实施停电的规定是否是“强制性规定”？

1. 停止供电、中止供电和终止供电

（1）停止供电是一个事实行为，是启动中止、终止供电的一个环节。

（2）中止供电是暂时停止供电一段时间后恢复供电，是一种状态。如《供电营业规则》六十八条规定的计划检修、临时检修、系统故障检修或停限电。停电催费的大多结果也是中止供电，就是客户交纳欠费与电费违约金后恢复供电。

（3）终止供电是停电后永不复电的一种状态。例如，销户；停电催费后客户既不缴费也不提供担保又没有获得供电公司认可的还款协议；供电公司根据《合同法》九十四条关于解除合同的五项规定，解除合同并依法终止供电。

2. 违反“合理期限”和“逾期期限”的法律后果

违反合理期限，即用电人违反了供用电当事人双方约定的缴费期限，其后果是随即中止供电。从法律上讲，即为行使不安抗辩权，《合同法》第六十八条赋予了应当先履行债务的当事人有确切证据证明对方当事人有本条规定的五

种情形之一的情况出现时，可以行使不安抗辩权，用电欠费过逾期期限法律后果是供电企业可中止履行供电义务。逾越《电力供应与使用条例》第三十九条规定的期限，即用电人逾期未交付电费，自逾期之日起计算超过 30 日，经催交仍未交付电费的，供电企业可以按照国家法律规定的程序对用电人停止供电。这里的停止供电就是终止供电，其法律性质是行使《合同法》第九十四条赋予的法定的合同解除权，法律后果是终止供用电合同关系。但在实践中，大多数人都错误地理解为中止供电。因此，少有解除合同的案例。

3. 约定中止供电的法律分析

供用电当事人双方对拖欠电费约定一个“合理期限”，逾越这个“合理期限”就实施“中止供电”。在供用电合同中，这种权利义务关系的设定创设，也就是约定“中止供电”的条款，是否合法呢？第一，判断约定内容是否属于平等主体之间可以以自己的意志设立或变更的民事权利义务；第二，是否是当事人的真实意思表示；第三，考察约定的内容是否损害国家利益、社会公共利益和第三人的合法权益。符合上述三个条件的约定，肯定是合法有效的。约定“中止供电”条款是催缴电费的一种方式，是供用电双方当事人的合意，体现了双方的真实意思表示，属于民事权利义务关系的创设，并且这种约定只在当事人之间产生约束力，并不损害国家利益、社会公共利益和第三人的合法权益，因此约定“中止供电”的合法性当无法理上的疑问。欠费方履行缴费义务，供电方即行恢复供电。当然欠费方继续不履行合同，供电方就可解除，即提前终止合同。《电力供应与使用条例》第三十九条规定的“逾期期限”（30日）是债务履行的法定宽限期限，该期限届满，经供电方催交电费后，债务人仍然没有履行交费义务所产生的法律后果是供电人可以行使合同解除权——停止供电。这并不违反法律行政法规的强制性规定。因为，首先《电力供应与使用条例》第三十九条规定的内容属于授权性规范而非强制性规范，就是说即使超过了 30 天，供电企业可以停止供电也可以不停止供电；其次，该授权性规范的内容是赋予供电人法定的供用电合同解除权；第三，《电力供应与使用条例》第三十九条规定的停止供电与当事人约定中止供电不同，分别属于行使合同解除权与不安抗辩权，当然，在行使不安抗辩权的最后一步，根据《合同法》第九十四条的规定，也可以与客户解除供用电合同；第四，法律没有作出排除当事人约定中止供电的强制性规定。在司法领域，法无禁止性规定就是可为的。因此说，约定中止供电合法可行。

基于上述分析，供用电双方如没有依照《合同法》第一百八十二条规定，约定用电人缴费超过“合理期限”中止供电，而是根据《电力供应与使用条例》第三十九条规定，约定用电人缴费超过“逾期期限”，经催交仍不履约的，即可停止供电，解除供用电合同也是可以的。

三、供用电合同中预付电费条款的法律分析

1. 预付电费热点争议

运行多年的用电缴费习惯使客户对预付电费产生质疑。一是免除了《电力法》规定的供电公司应承担的“先供电，后收费”的义务，剥夺了消费者依据《电力法》的规定所享有的“先用电，后付费”的权利；二是免除了《电力法》规定的供电公司应承担的向用户“连续供电”的义务，剥夺了消费者依《电力法》的规定所享有的“连续用电”的权利；三是因预付费装置投资费用较高，且是用来制约用户的，所以引起大部分用户质疑而不愿安装。

案例 2-2　自 2001 年 10 月以来，某市供电公司在非居民用电户申请用电报装时，要求用户使用其提供的智能卡电能表或者预交纳用电定金，用户必须接受其中一种条件，否则不予提供供电服务。具体为：用户向供电公司申请供电时，供电公司规定用户可以选择也只能选择两种付费方式。第一种方式是使用供电公司提供的智能电能表，该电能表由供电公司免费提供给用户，用户使用智能卡向供电公司购买一定数额的电，用完电，电能表自动断电。第二种方式是用户不用供电公司提供的智能电能表，而是向供电公司预交电费定金，用户在交付定金后，供电公司方安装电能表并与用户签订供用电合同。在用户正常用电期间，该定金存供电方，不能抵缴电费。用户停止用电并办理销户手续后可领回定金。除此之外供电公司没有提供其他方式供用户选择。

客户投诉后，工商行政管理部门认为，供电公司对不接受其格式条件的用户拒绝供电，是一种限制竞争行为，由此给予供电公司以行政处罚。

评　析

不与客户商量，强行推给广大客户的条款就是格式条款，格式条款侵犯客户利益，不具有法律效力。《合同法》第四十条规定，格式条款具有本法第五十二条和第五十三条规定情形的，或者提供格式条款一方免除其责任、加重对方责任、排除对方主要权利的，该条款无效。

2. 先用电后交费源于行业法律法规的规定

《电力法》第三十三条规定：“供电企业应当按照国家核准的电价和用电计

量装置的记录，向客户计收电费”。对本条语序错误理解——先计量，后计费。

争议焦点集中在：客户先用电后交钱是合法的。尽管《电力法》三十三条第三款规定，“用户应当按照国家核准的电价和用电装置的记录，按时缴纳电费；”但《电力供应与使用条例》第三十九条之规定：“违反本条例第二十七条规定，逾期未交付电费的，供电企业可以从逾期之日起，每日按照电费总额的千分之一至千分之三加收违约金……自逾期之日起计算超过 30 日，经催交仍未交付电费的，供电企业可以按照国家规定的程序停止供电。”依据该条规定，当用电方逾期未交付电费，供电企业不能立即停止供电，而要等到用电方逾期之日起再拖欠电费 30 日后，才可按国家规定的程序停电。

从经济学的角度讲，市场主体追求自己利益最大化无可厚非，供电公司也是市场一主体，《电力供应与使用条例》第三十九条之规定既违背了商品交换的公平、风险分担的原则，也违背了供电企业作为商品交换一方当事人要求电费按时结零的初衷。该规定对供电企业来说，无异于作茧自缚。

可见，供电企业对欠费用户中止供电，从逾期之日起计算，最快也要 31 天。如果对居民用户两个月抄一次表的做法，若用户恶意欠费，供电部门启动停电程序实施停电，用电方将合法拖欠电费 3 个月。

历史地看，当时为了保证电费回收，原能源部和财政部于 1989 年 12 月发布了《实行电费、电表保证金制度的暂行规定》，规定：为了保证国家电费的回收，保障电能表资产的安全，特实行电费、电表保证金制度。但是 1999 年底，国家计委、国家经贸委《关于利用价格杠杆促进电力消费有关问题的通知》中，为纠正行业不正之风，减轻企业负担，明令取消了供电部门执行了 10 余年的电费保证金制度。供电企业再向用户收取电费保证金便是超出法定范围之外的行为。同样《电力供应与使用条例》第三十九条规定，电费拖欠逾期之日起计算超过 30 日才能中止供电，也是因为有《供电营业规则》第八十二条“用户应按国家规定向供电企业存出电费保证金”的配套规定来确保电费的回收。可是，2000 年起国家明文取消了电费保证金制度，但相关规定却并未修改。现在仍然是逾期 30 日中止供电，这就意味着客户在国家法律许可下可以拖欠供电公司 2 个月的电费，便导致了供电企业电费回收工作步履维艰，困难重重。

3. 预付电费的法律依据

前已述及，客户先用电后交钱是合法的，但是先交钱后用电也不是不合法的。因为不是不能找到预交电费可行的法律依据。

一是《合同法》第一百七十七条规定，“供用电合同的内容包括供电的方式、质量、时间，用电容量、地址、性质，计量方式，电价、电费的结算方式，供用电设施的维护责任等条款”。供用电合同的内容包括电费结算方式并且没有规定具体的结算方式。《合同法》第一百八十二条规定，“用电人应当按照国家有关规定和当事人的约定及时交付电费”。而当前国家对电费的交付方式也没有明确规定。这就是说，只要双方在协商一致、平等自愿的原则下，在供用电合同中明确规定了电费结算方式，包括先付费后用电这种方式，是受法律保护的。如果没有约定电费结算方式，默认为传统方式，也就是行业法律法规规定的方式，即先用电后付费。

二是对于信用等级差或濒临破产倒闭的客户，根据合同法规定的不安抗辩权，需要客户提供担保，否则，中止合同，停止供电，解除合同。《合同法》第六十八条规定，“应当先履行债务的当事人，有确切证据证明对方有下列情形之一的，可以中止履行：（一）经营状况严重恶化；（二）转移财产、抽逃资金，以逃避债务；（三）丧失商业信誉；（四）有丧失或者可能丧失履行债务能力的其他情形。当事人没有确切证据中止履行的，应当承担违约责任”。但供电企业在行使不安抗辩权对用电方中止合同、停止供电直至解除合同，终止供用电关系的过程中要严格按照合同法规定，掌握确凿证据后及时通知客户并按程序办理，否则将承担违约责任。

三是电费预收不违反《电力法》、《电力供应与使用条例》的相关规定，因为电费预收不是一种最终的计费，不是电费结算！电费是以用户的用电计量装置记录的数据为依据，通过核算，实行多退少补原则，予以最终结算的。《电力供应与使用条例》第二十七条规定，“用户应当按照国家批准的电价，并按照规定的期限、方式或者合同约定的方法，交付电费”。这从电力行业法规的角度，确立了把电费预收方式作为用电人交付电费方式的合法化。

最后是预交电费的利息问题。由于客户先期付款，该款放在供电公司账户上，利息当然在供电公司账上，但客户有权利要求返还，就是说预付电费利息归客户，收费时利息算为电费即可。因此，需要双方事先意见达成一致，否则有出现纠纷的可能。如，企业投资产品原料库存，不可能即购即用，也有利息损失。同样，投资动力成本当然也会有利息损失。

4. 法律对策

供电企业出售电能是一种经营行为，与用户签订供用电合同，向用户送电，用户支付电费，各方的权利义务完全由合同规定，应当由《合同法》调整。事实上，《合同法》还专章规定了供用电合同。收取和交纳电费的方式属于当事人意思自治的范畴，供用电双方在供用电合同中，既可以约定“先用电，后付费”，也可以约定“先付费，后用电”。只要供用电双方协商一致，且不违反法律的强制性规定，就是合法有效的。

预收电费作为供用电合同的支付条款或者担保条款，并不违反《合同法》的规定。供用电关系实际上是一种平等民事主体之间的电力买卖关系，应当充分尊重当事人意思自治。而“价款和报酬”条款是合同的基本条款，电费预收的约定正是关于合同价款和支付方式的约定，是合法的。《合同法》第一百八十二条规定，“用电人应当按照国家有关规定和当事人的约定及时交付电费”。而当前国家对电费的缴纳方式也没有明确规定，因此，当事人对付款方式的约定只要不违反国家法律法规即为合法。原国家经济贸易委员会《关于安装负控计量装置供用电有关问题的复函》（国经贸厅电力函〔2002〕478号）也肯定了预付电费的做法：“用电人先付费、供电人后供电是近年出现的一种新型供用电方式。采用此种方式供用电不违反法律、法规的规定，但须经供用电双方协商一致；现行相关法律、法规和规章对于用电人先付费、供电人后供电的供用电方式及有关问题没有作出具体规定，此种方式下供用电双方的权利和义务可由双方当事人在供用电合同中具体约定。”这就是说，电费预收只要是供用电双方协商一致，就属当事人之间的约定范畴，完全符合《合同法》第一百六十一条关于“买受人应当按照约定的时间支付价款”的规定。《合同法》的这些规定给供电企业实行电费预收提供了最为可靠的法律保障。既然有了法律保障，供电企业完全可以在法律不禁止的空间里，通过与客户协商一致，采取不同法律对策。

（1）“预付电费”的做法貌似含有“强迫”性，有融资之嫌。但是，对信用差或支付能力有问题的用户，供电企业还是可以依法采取措施防止电费风险的：一是对大客户采取分期收款的方式，与其签订分期结算协议，约定当月电费按旬或按周抄表、开票、结算；二是在供用电合同中约定，客户交一定数额的“购电款”而不称作“预付电费”，明确利息归属客户。

（2）实行“电费储蓄”。用户依据用电量大小续存相应款额，利息归用户，每月电费由银行、储蓄所代收。这是一种既能避免电费拖欠，也能使用户乐于接受的电费担保手段。还有一种普遍的做法，即把“预付电费”理解为用户购买相应电量的行为，变传统的赊电制为购电制方式。将一直以来约定俗成的“先用电、后付费”的用电方式改变为“先付费、后用电”的交易模式，用电人成为合同义务的先履行一方，而供电人成为后履行义务人。

（3）电费押金担保。《担保法》和《合同法》均没有押金担保的规定。如果客户没有异议的话可以使用，它没有金额的限制，比定金担保来得方便：①电费押金担保一般只适用于先供电、后交费的义务履行场合，而先交费、后供电的，一般无须适用。②双方必须先在供用电合同中增加电费押金条款或另行订立电费押金担保合同，该条款或该合同自电费押金移交于供电人占有时生效；电费押金的移交和占有方式一般应采取在供电人处设立银行专户。③双方应当在条款或合同中约定：a）所担保的电费具体数额或最高限额（必须纠正没有电费债权数额的做法）；b）用户电费债务的履行期限（可以约定按月份结算周期作为电费债务的履行期限，即超过该周期即可动用电费押金；也可以约定以整个供用电合同的有效期为履行周期，即当合同终止时才动用电费押金）；c）电费押金的数量；d）电费押金的担保范围，即除了电费本金外，是否还包括违约金或利息、实现质押权的费用；e）电费押金移交的时间；f）押金数额的增补期限，即当押金因用于填补每月电费差额而相应减少时，应在多长时间内填充满额。④应当依法处理押金利息，应纠正退回押金时不退利息的错误做法，明确约定当最终退回押金时应包括相应利息，当客户押金本金不足以清偿电费本金时，押金的利息也用于清偿电费本金。

（4）定金。定金具有证约作用、预先给付的性质和担保的作用。采用定金也可以收到预收电费的效果，当客户不缴纳电费时，则丧失定金受到惩罚，供电公司还可以继续追要电费，但是要确定定金的合理合法的数额。合理，就是至少要保证月的电费消费额；合法，就是定金一般规定为价款或酬金的20％，这样就能保证当月的电费不受损失。可以通过协商让客户一次缴纳4～6个月的电费的定金。

（5）如果通过协商与客户达不成关于预收电费的一致意见，怎么办？供电公司作为一家企业，是否享有一个普通企业在签订合同时应有的权利呢？在供电企业看来，“先用电，后付费”，这是一种对供电企业极不公正的付费方式，是造成目前供电企业电费拖欠的主要原因。那么，供电公司作为企业就要考虑经营风险，是否有权拒绝供电？答案是否定的。作为行业专门立法，《电力法》针对供电企业独家垄断经营的特点，也做出了一些反垄断的规定。第二十六条规定，“供电营业区内的供电营业机构，对本营业区内的用户有按照国家规定供电的义务；不得违反国家规定对其营业区内申请用电的单位和个人拒绝供电”。供电企业是自然垄断企业，受到强制缔约的限制（不得拒绝交易），不能等同于一般的企业，不能完全享有一个普通企业在签订合同时的全部权利。

《合同法》规定了公用企业的强制缔约义务，供电、邮政、电信、煤气、天然气、自来水、铁路、公共汽车等公用企业负有缔约义务，非有正当理由，不得拒绝用户的缔约请求，这是保障用户和消费者的日常必需所不可缺少的交易和服务的法律措施。随着 20 世纪 80 年代以来的经济自由化和放松管制的潮流，各国反垄断法逐步废除了对公用事业豁免的规定。我国《反垄断法》规定，“没有正当理由，拒绝与交易相对人进行交易。”供电企业在与客户协商签订供用电合同时要特别注意，自己的行为是否合法到位。《供电监管办法》第十条规定，“供电企业应当按照国家规定履行电力社会普遍服务义务，依法保障任何人能够按照国家规定的价格获得最基本的供电服务。”一般情况下应当采用“先用电，后付费”的方式。对拖欠电费客户可以要求其提供合同担保，为客户提供多种选择，例如，保证、抵押、质押、留置、定金等方式，来保证电费回收，而不能以与客户达不成预收电费的一致意见为由，拒绝供电。

四、签订供用电合同，推广预付费电能表

1. 怎样推广预付费电能表

(1) 把“先用电，后付费”改变为“先付费，后用电”，这是一种交易行为习惯的改变。社会公众乃至政府有关部门不一定能够理解和接受，甚至会认为这是供电企业在利用其垄断性强加给用户的不合理要求。因此，在实行电费预收过程中，供电企业要与用电方进行协商，要对客户做好宣传解释工作，向客户广泛积极宣传预交电费的诸多好处。比如，可以免去多次去营业厅缴费奔波之苦，还可以节省客户的宝贵时间等，为推行电费预交和预付费装置营造良好的舆论氛围；其次，可以探索建立适当的激励机制。比如可以对安装预付费表及预交电费达到一定数额的客户分期、分批进行公开抽奖或摇奖，定期在电视和媒体上公布，从而调动客户参与的积极性，进而推动预付费装置和电费预交收费方式的广泛实施。

再次强调，因为现在法律层面上毕竟没有这样的规定，因此要与客户充分协商，使其真正达到自愿，不要带有任何胁迫，客户不安装预付费装置，供电部门没有任何法律依据强制安装。

(2) 供电人与用户共同分担预付电费装置的初始投资。电力法律法规只是规定了用户应当安装计量装置，但是没有规定由谁来投资。延续多年的习惯是用户初始投资安装计量装置，检查合格后无偿交给供电部门。如果按照这个习惯，让客户独自一次性投资安装预付费装置，客户感到心里不平衡，不就是交电费嘛，我们保证按时缴纳不就得了吗？何必花这冤枉钱！很多供电公司对风险用电大户网开一面，与客户共同投资或者免费安装，一劳永逸地解决大户欠费问题，值得借鉴。

（3）要切实加强对供用电合同的规范化管理。电费预收是供用电双方之间的一种约定，其实施的重要前提和法定条件就是供用电双方要协商一致。没有供用电双方之间的协商一致，供电企业是不能单方要求用户先购电后用电的。因此，供电企业在与用户签订供用电合同时，就电费预收方式事宜，要与用户在付费条款中约定明确，以避免引起非法争议。要特别重视供用电合同及相关协议签订工作。对将要安装预付费购电系统的用电人，供电人要与其在平等自愿、协商一致的前提下，签订供用电合同及其相关协议，明确电费结算方式为“安装预付费购电系统。实现先购电、后用电”；约定用电人及时充值的义务和不及时充值造成拉闸停电的责任后果归属，譬如约定“用电方应在已购电量用完之前充值，未及时充值，导致预付费购电系统自动跳闸而引起的一切后果，由用电人自行承担”；由于法律法规对预付费购电系统余额不足时的通知方式暂无明确规定，因此，双方可在补充协议中约定以声光报警为通知方式；该方式不违反法律禁止性规定，应该受到法律保护。

（4）一定要与客户协商一致，尤其对于初装客户，不应强行安装，要尊重客户的意志，体现双方意思自治的原则。供用电双方在协商安装预付费购电系统过程中，供电人应避免粗暴的工作方式，减少不良社会影响，对未与用电人签订合同的，决不应强行安装。若用电人发生欠费或经查实有窃电行为的，可按《电力供应与使用条例》及《供电营业规则》规定程序，追加电费违约金或中止供电。用电人若申请恢复供电，要求其变更并重签供用电合同，变更电费结算方式为“安装预付费购电系统，实行先购电、后用电”。否则，供电人可根据《合同法》第六十九条规定，行使不安抗辩权，除非用电人提供电费担保，或者按前述要求签订合同。

（5）在《供用电合同》的违约责任条款里，除了逾期缴纳电费，追缴电费违约金和逾期一个月催缴不交电费停止供电外，尚应该加入违约几次就换装预付费电能表等条款；对于违章用电或者窃电者，只要发现一次，在客户要求恢复供电时，就换装预付费电能表。这样在客户违法理亏的时机便可以顺理成章地安装预付费装置既不违法违约也不会产生纠纷。

2. 预付费电能表的管理与服务

（1）实行精细化管理，服务工作及时跟上。一是要加强预付费购电系统使用培训。对用电人而言，预付费购电系统无疑是一新生事物，对新装的用电人，要对其工作人员进行系统培训，赠送操作指南，确保熟练操作。二是要做好预付费购电系统维修服务，及时解决使用中出现的问题。当系统日常使用中出现问题时，供电人要积极与系统提供商联系，要第一时间赶到现场予以解决，不能因系统原因影响用电人用电。三是要多设置充值网点，方便用电人及时充值。供电人应在镇级供电营业网点设置充值网点，减少用户充值时间成本。四是实行无休日值班，用电人可随时购电充值。五是要合理设置报警剩余电量，确保用户有充足的时间完成充值。供电人应与用电人协商，依据用电实际确定剩余报警电量，原则上要保证系统报警后，用电人有充足的时间充值。

（2）在技术方面，供电企业要加强对预付费电能表的运行管理，定期不定期地进行检查巡视，发现故障和问题及时处理，保证预付费电能表的可靠正常运行。

（3）对新装户除了宣传预付费电能表对客户带来的方便之外，还要给出选择条件：或者初装时就安装预付费电能表或者逾期缴费两次以后安装，这样客户就要重复投资。更重要的是要与客户说明欠费停电的功能，千万注意及时预付费用，以免对生产带来不便甚至损失。

（4）根据用电人的资信情况，对资信好的用电人，协议确定可透支一定电量。总之，供电服务要尽量做到以人为本、实现服务精细化，为用电人提供优质、高效、便捷的服务，不断提高服务水平。

3. 装预付费电能表存在的其他风险

作为一种实现电费预付的结算系统，由于尚处于初步推广阶段，技术上不完善，法规的修订也未及时跟上，因此，在推广使用中存在诸多法律风险。在安装预付费购电系统进行电费结算的情况下，若用电人剩余电量余额不足时，供电人应否予以通知及通过什么方式予以通知等，法律法规都无具体规定，存在着诸多潜在的风险。原国家经济贸易委员《关于安装负控计量装置供用电有关问题的复函》（〔2002〕478号）指出，现行相关法律、法规和规章对于用电人先付费、供电人后供电的供用电方式及有关问题没有作出具体规定，此种方式下供用电双方的权利和义务可由双方当事人在供用电合同中具体约定。依据合同约定，负控计量装置电费结零后停电的，不属于违约停电行为。此种方式供用电不存在欠费问题，因此不适用欠费停电的有关规定。

案例2-3　2008年11月4日，某电石厂因未能及时预付费购电，预付费购电系统控制器自动拉闸停电，导致电石厂投料和运行中的设备毁损损失达80多万元。电石厂认为供电公司未经通知停电，违反电力法有关规定，要求供电公司赔偿。供电公司认为损失是由于电石厂未及时充值造成的，应自行承担。双方几经交涉，无果。2008 年 12 月，电石厂向当地人民法院提起诉讼，要求供电公司赔偿损失。

评 析

这是一起因使用预付费购电系统自动拉闸停电引起的法律纠纷。预付费购电系统是指在用电人与供电人之间建立的以实现预付费方式进行电能结算的系统。作为一种实现电费预付的结算系统，由于尚处于初步推广阶段，技术上不完善，法规的修订也未及时跟上，因此，在推广使用中存在诸多法律风险。

安装预付费装置除了有垄断经营之嫌，还有其他与电力法律法规规定相冲突的风险。诸如，停电前告知，电费充值数额足够但突然断电等风险。如何防范风险？就上述案件的判决而言，结果最终取决于合同是如何约定的。做好供用电合同及相关协议签订工作。对将要安装预付费购电系统的用电人，供电人要与其在平等自愿、协商一致的前提下，签订供用电合同及其相关协议。

（1）明确电费结算方式为“安装预付费购电系统，实现先购电、后用电”。

（2）约定用电人及时充值的义务和不及时充值造成拉闸的责任归属，譬如约定“用电方应在已购电量用完之前充值，未及时充值，导致预付费购电系统自动跳闸而引起的一切后果，由用电人自行承担”。

（3）由于法律法规对预付费购电系统余额不足时的通知方式暂无明确规定，因此，双方可在补充协议中约定以声光报警为通知方式；只要该方式不违反法律禁止性规定，应该受到法律保护。

4. 预付费装置的事故责任分担

完善与预付费购电系统提供商的购货合同管理，明确设备故障产品责任。根据合同相对性的原则，一旦预付费购电系统由于本身质量问题造成故障拉闸或其他质量事故，供电人应承担违约责任。譬如明确约定预付费购电系统的质量保修责任，寿命期内发生质量问题（非人为或不可抗力）而引起的误动作，造成用电用户停电损失，供应商需承担相应的经济和法律责任等。避免因提供商的责任而由供电人买单，谁的责任谁买单，合理分担法律风险。

设备事故责任分担工作应该做在事前，在供货商签订合同时就明确约定，当客户电费充值数额足够而突然跳闸，事故的检查、取证、勘验记录、检测鉴定、责任承担等问题应在条款中予以明确，而不是事故发生后双方争执不休或者诉诸法律。如果是设备的缺陷造成客户损失，就应该由供货商买单，而不是转嫁给供电公司。但是，根据相关法律规定，供电方应承担连带责任。当供电企业先负责任后，有权利向供货商追偿经济责任。

第二节 供用电合同范本

供用电合同范本是指导性的合同框架，其目的是统一编号和布局格式，规范内容条款，让客户感觉到受到了一视同仁的待遇和服务，又避免同一供电企业签订的供用电合同各异，有失严肃性和规范化。供用电合同范本并非强制性格式合同，供用电合同条款是协商一致的后果，只是为了在签订不同类型的供用电合同时，参考范本统一形式，把握大局，避免遗漏。具体条款内容，尤其是双方认为需要约定的其他事宜仍需双方本着平等自愿的原则，共同协商，达成一致意见。在此，给出六种供用电合同范本。所谓六种“范本”中，前四种系国家电网公司系统的范本，最后两种是由电监会和国家工商总局组织制定的范本。这里一一列举出来，供全国各供电公司参考。此外，第六个“购售电合同范本”只给明出处，全文从略。

一、高压供用电合同范本

合同编号：□□□□□□□□□□□□

高压供用电合同

供电人
名称：
法定地址：
法定代表（负责）人：
委托代理人：
电话：
电传：
邮编：
开户银行：
账号：
工商登记号：

用电人
名称：
法定地址：
法定代表（负责）人：
委托代理人：
电话：
电传：
邮编：
开户银行：
账号：
工商登记号：

为明确供电人和用电人在电力供应与使用中的权利和义务，安全、经济、合理、有序地供电和用电，根据《中华人民共和国合同法》、《中华人民共和国电力法》、《电力供应与使用条例》和《供电营业规则》的规定，经供电人、用电人协商一致，签订本合同，共同信守，严格履行。

第一条 用电地址、用电性质和用电容量

1. 用电地址：____________。

2. 用电性质

(1) 行业分类：____________。

(2) 用电分类：____________。

(3) 负荷性质：____________（重要负荷/一般负荷）。

3. 用电容量

根据用电人的申请，供电人确认用电人共有______个受电点。受电设备的总容量为：______千伏安。保安容量______千伏安，自备发电容量______千瓦。其中：

______受电点受电变压器______台，共计______千伏安（多台变压器时）运行方式为______。

______受电点受电高压电机______台，共计______千瓦（视同千伏安），运行方式为______。

______受电点受电变压器______台，共计______千伏安（多台变压器时）运行方式为______。

______受电点受电高压电机______台，共计______千瓦（视同千伏安），运行方式为______。

第二条 供电方式

1. 供电人向用电人提供三相交流50赫兹电源，采用______（单/双/多）电源、______（单/双/多）回路向用电人供电。

2. 主供电源

(1) 供电人由______变（配）电站（所）以______千伏电压，经出口______断路器送出的______（架空线/电缆）向用电人______受电点供电。供电容量为______千伏安。

(2) 供电人以______千伏电压，从______经______杆，向用电人______受电点供电。供电容量为______千伏安。

3. 备用电源

(1) 供电人由______变（配）电站（所）以______千伏电压，经出口______断路器送出的______（架空线/电缆）向用电人______受电点供电。供电容量为______千伏安。

(2) 供电人以______千伏电压，从______经______杆，向用电人______受电点供电，作为用电人生产备用电源。供电容量为______千伏安。

4. 保安电源

(1) 供电人以______千伏______（专用/公用）线路作为用电人保安电源。保安容量为______千伏安。最小保安电力为______千瓦。

(2) 根据电网发展水平和用电人负荷性质，用电人须采取电或非电的保安措施，防止电网意外断电对安全产生的影响。其中采取电保安措施是：

1）自备发电机______千瓦，安装地点______。

2）采用不间断电源（UPS）______伏安，安装地点______。

5. 未经供电人同意，用电人不得自行向第三方转供电力。经供电人委托，用电人同意由其______变电站（线路）向______单位转供电。转供用电容量______千伏安，转供用电电力______千瓦。有关转供电事宜，由供电人、转供电人及被转供电人另行签订委托转供电协议。

6. 具体供电接线方式

见附图“供电接线及产权分界示意图”。

第三条 供电质量

1. 在电力系统正常状况下，供电人按《供电营业规则》规定的电能质量标准向用电人供电。

2. 用电人用电时的功率因数和谐波源负荷、冲击负荷、波动负荷、非对称负荷等产生的干扰与影响应符合国家标准，否则供电人无义务保证规定的电能质量。

3. 在电力系统正常运行的情况下，供电人应向用电人连续供电。但为了保障电力系统的公共安全和维护正常供用电秩序，供电人依法按规定事先通知的停电，用电人应当予以配合。

第四条 用电计量

1. 供电人按国家规定，在用电人每个受电点安装用电计量装置。用电计量装置（包括计费电能表、表用互感器及二次连接线导线）的配置、安装应符合国家标准和行业规程的规定。用电计量装置的记录作为向用电人计算电费的依据。

2. 用电计量方式采用：______（高压侧计量/低压侧计量）。

3. 用电计量装置分别装设在：

（1）__________

（2）__________

（3）__________

4. 用电计量装置安装位置与产权分界处不对应时，线路与变压器损耗由产权所有者负担。每月____（增加/减少）线损电量应分摊到各类用电量中再分别计算电费。

5. 用电人未按电价分类分别配电时，供电人对难以装表计量的____、____、____用电量，约定按每月____、____、____千瓦时计算，或按每月总用电量的____%、____%、____%计算。随用电构成比例和数量的变化，供电人每年至少对其核定一次，用电人应当予以配合。

第五条 无功补偿及功率因数

1. 用电人装设无功补偿装置总容量____千乏。

其中：电容器____千乏，调相机____千乏。

2. 用电人功率因数在用电高峰时应达到____。

3. 用电人应按无功补偿就地平衡原则，合理装设和投切无功补偿装置。用电人送入供电人的无功电量视为吸收供电人的无功电量计算月平均功率因数。

第六条 电价及电费结算方式

1. 计价依据与方式

（1）供电人按照有管理权的物价主管部门批准的电价和用电计量装置的记录，向用电人定期结算电费及随电量征收的有关费用。在合同有效期内，发生电价和其他收费项目费率调整时，按调价文件规定执行。

（2）用电人的电费结算执行____制电价及功率因数调整电费方法。

基本电费计算方式：

a. 按变压器容量计算，变压器容量为____千伏安。

b. 按最大需量计算。

c. 按电费结算协议中约定的方式进行计算。

d. ____________________。

功率因数调整电费考核标准为________。

按国家规定，供电人对用电人应执行________（分时电价）。

2. 电费结算方式

（1）供电人应按规定日期抄表，按期向用电人收取电费。

（2）用电人应在供电人规定的期限内全额交清电费。交付电费的方式为：

a. 用电人直接向供电人交付电费，每月分______次交付。即每月______日，预付______%；______日，预付______%；______日，预付______%；______日，预付______%；并于______日多退少补结清全部电费。

b. 供电人委托______银行向用电人______（划拨/收取）电费。每月分______次______（划拨/收取）。即每月______日，划拨______%；______日，划拨______%；______日，划拨______%；________日，预付______%；并于______日多退少补结清全部电费。

c. ______________________。

d. 按电费结算协议中约定的方式进行结算。

3. 如发现用电计量装置记录、电费有异议，双方均有权向合法计量检定机构申请检定或者提请电力管理部门处理。如检定合格或电费无误，检定费或处理费用由提出请求方负担；否则，该费用由供电人负担。在申请检定或处理期间，用电人应先按正常结算周期内用电量交纳电费，检定或处理结果确定后，供电人应按国家有关规定，退补相应电量的电费。

4. 根据需要，供电人、用电人可另行签订电费结算协议。

第七条 调度通信

1. 供电人、用电人均应执行《电网调度管理条例》的有关规定。双方约定，用电人______设备由供电人调度，具体调度事宜由供电人、用电人另行签订电力调度协议。

2. 双方约定以下列方式保持相互之间的通信联系：

供电人采用：________。

用电人采用：________。

第八条 供电设施维护管理责任

1. 经供电人、用电人双方协商确认，供电设施运行维护管理责任分界点设在________处。________属于________。分界点电源侧供电设施属供电人，由供电人负责运行维护管理。分界点负荷侧供电设施属用电人，由用电人负责运行维护管理。

2. 用电人受电总断路器继电保护装置应由供电人整定、加封，用电人不得擅自更动。

3. 供电人、用电人分管的供电设施，除另有约定者外，未经对方同意，不得操作或更动。如遇紧急情况（当危及电网和用电安全，或可能造成人身伤亡或设备损坏）而必须操作时，事后应在24小时内通知对方。

4. 在用电人受电装置内安装的用电计量装置及电力负荷管理装置由供电人维护管理，用电人负责保护并监视其正常运行。如有异常，用电人应及时通知供电人。

5. 在供电设施上发生的法律责任以供电设施运行维护管理责任分界点为基准划分。供电人、用电人应做好各自分管的供电设施的运行维护管理工作，并依法承担相应的责任。

第九条 其他事项

1. 按国家规定，供电人应在用电人处安装电力负荷管理装置。用电人应当予以配合。

2. 为保证供电、用电的安全，供电人将定期或不定期对用电人的用电情况进行检查，用电人应当配合。用电检查人员在依法执行查电任务时，应向用电人出示《用电检查证》，用电人应派员随同并配合检查。

3. 用电人应按期进行季节性安全检查和电气设备预防性试验，发现问题及时处理。发生重大设备及人身事故时，应及时向供电人用电检查部门报告。供电人应参与事故的分析并协助用电人制订防范措施。

4. 用电人在受电装置上作业的电工，必须持有电力管理部门颁发的《电工进网作业许可证》，方准上岗作业。

5. 用电人对受电装置一次设备和保护控制装置进行改造或扩建时，应到供电人处办理手续，并经供电人审核同意后方可实施。

6. 用电人的自备发电机组应报供电人备案，需要并网运行的，必须经供电人、用电人签订协议后，方可并网运行。

7. 本合同的履行地点为供电设施运行维护管理责任分界点。提起诉讼时，以合同履行地点人民法院为管辖法院。

8. 供电人更改由供电人负责运行维护管理的供电设施时，只要不改变本合同中分界点的具体位置，则按更改后的实际供电条件为准，双方可不再变更合同内容。

9. 为使本合同能够顺利履行，依据《合同法》第一百一十五条和《担保法》规定，供电人向用电人收取担保定金，定金金额为________元（以一个月电费额计算），在用电人欠交电费时，供电人可用以暂时抵作电费及违约金。

用电人交清电费及违约金后应补足定金。供用电合同解除后供电人将定金（含银行活期利率计算的利息）退还用电人。

10. ______________________。

11. ______________________。

第十条　违约责任

1. 供电人违约责任

（1）供电人的电力运行事故，给用电人造成损害的，供电人应按《供电营业规则》第九十五条有关规定承担赔偿责任。

但对有下列情况之一的，供电人不承担赔偿责任：

a. 因电力运行事故引起断路器跳闸，经自动重合闸装置重合成功的；

b. 须有自备电源或非电保安措施的；

c. 多电源供电停其中部分电源，而其他电源仍未间断供电的。

（2）供电人未能依法按规定的程序事先通知用电人停电，给用电人造成损失的，供电人应按《供电营业规则》第九十五条第一项承担赔偿责任。

（3）因供电人责任引起电能质量超出标准规定，给用电人造成损失的，供电人应按《供电营业规则》第九十六条、九十七条有关规定承担赔偿责任。

2. 用电人违约责任

（1）由于用电人的责任造成供电人对外停电，用电人应按《供电营业规则》第九十五条有关规定承担赔偿责任，但不承担因供电人责任使事故扩大部分的赔偿责任。

（2）由于用电人的责任造成电能质量不符合标准时，对自身造成的损害，由用电人自行承担责任；对供电人和其他用户造成损害的，用电人应承担相应的损害赔偿责任。

（3）用电人不按期交清电费的，应承担电费滞纳的违约责任。电费违约金从逾期之日起计算至交纳日止，电费违约金按下列规定计算：

a. 当年欠费部分，每日按欠费总额的千分之二计算。

b. 跨年度欠费部分，每日按欠费总额的千分之三计算。

经供电人催交，用电人仍未付清电费的，供电人可依法按规定的程序停止部分或全部供电，并追收所欠电费和电费违约金。

3. 其他违约责任按《供电营业规则》相关条款处理。

第十一条　争议的解决方式

供电人、用电人因履行本合同发生争议时，应依本合同之原则协商解决。

协商不成时，双方共同提请电力管理部门行政调解。调解不成时，可向合同履行地人民法院提起诉讼解决。

第十二条 供电时间

本合同签约，且用电人新建改建的受电装置经供电人检验合格后，供电人即依本合同向用电人供电。

第十三条 本合同效力及未尽事宜

1. 本合同未尽事宜，按《电力供应与使用条例》、《供电营业规则》等有关法律、规章的规定办理。如遇国家法律和政策调整修改时，则按规定修改、补充本合同有关条款。

2. 本合同经供电人、用电人签字盖章后并自________年________月________日起生效，有效期到________年________月________日止。合同到期后，如供用电双方都未书面提出变更、解除合同，可不再重新签订，本合同继续有效。

3. 供电人、用电人任何一方欲修改、变更、解除合同时，按《供电营业规则》第九十四条办理。在修改、变更、解除合同的书面协议签订前，本合同继续有效。

4. 本合同正本一式________份。供电人、用电人各执________份，效力均等。副本一式________份，供电人执________份，用电人执________份。

5. 本合同附件包括：

a. 调度协议。

b. 并网协议。

c. 产权分界协议。

d. 电费结算协议。

e. 企业法人营业执照副本复印件。

f. 事业法人证书复印件。

g. 授权委托书。

h. ____________________。

上述附件为本合同不可分割的组成部分。

供电人：（盖章） 用电人：（盖章）

签约人：（盖章） 签约人：（盖章）

签约时间：____年____月____日 签约时间：____年____月____日

附图 供电接线及产权分界示意图（略）

二、低压供用电合同范本

合同编号：□□□□□□□□□□□□

低压供用电合同

（50千瓦以上）

供电人	用电人
名称：	名称：
法定地址：	法定地址：
法定代表（负责）人：	法定代表（负责）人：
委托代理人：	委托代理人：
电话：	电话：
电传：	电传：
邮编：	邮编：
开户银行：	开户银行：
账号：	账号：
工商登记号：	工商登记号：

为明确供电人和用电人在电力供应与使用中的权利和义务，安全、经济、合理、有序地供电和用电，根据《中华人民共和国合同法》、《中华人民共和国电力法》、《电力供应与使用条例》和《供电营业规则》的规定，经供电人、用电人协商一致，签订本合同，共同信守，严格履行。

第一条 用电地址、用电性质和用电容量

1. 用电地址：________________。

2. 用电性质

（1）行业分类：________________。

（2）用电分类：________________。

3. 用电容量

供电人确认用电人用电设备的总容量为：________千瓦。

第二条 供电方式

1. 供电人以交流50赫兹电源，220/380伏电源给用电人供电。

2. 供电方式采用：

(1) 供电人由________变（配）电站（所）以________伏电压，经出口________断路器送出的________（架空线/电缆）向用电人________受电点供电。供电容量为________千瓦。

(2) 供电人以________线路________公用变压器________号低压杆接线，向用电人供电。供电容量为________千瓦。

(3) 用电人对供电可靠性有较高要求时，备用电源采用：

a. 供电人由________变（配）电站（所）以________伏电压，经出口________断路器送出的________（架空线/电缆）向用电人________受电点供电。供电容量为________千瓦。

b. 供电人以________线路________公用变压器________号低压杆接线，向用电人供电。供电容量为________千瓦。

c. 由用电人自备电源。自备发电机（或不停电电源 UPS）容量为________千瓦。

3. 具体供电接线方式见附图“供电接线及产权分界示意图”。

第三条 供电质量

1. 在电力系统正常状况下，供电人按《供电营业规则》规定的电能质量标准向用电人供电。

2. 如用电人用电功率因数达不到 0.85 以上，或用电人谐波注入量、冲击负荷、波动负荷、非对称负荷等产生的干扰与影响超过国家标准时，供电人无义务保证其电能质量。用电人应负责采取措施治理，并依法承担相应责任。

第四条 用电计量

1. 供电人根据用电人不同电价类别的用电，分别安装用电计量装置。用电计量装置（包括计费电能表、表用互感器及二次连接线导线）的配置、安装应符合国家标准和行业规程的规定。用电计量装置的产权属供电人。用电计量装置的记录作为向用电人计算电费的依据。

(1) 用电计量装置安装在________处，用于计量________用电量。

(2) 用电计量装置安装在________处，用于计量________用电量。

2. 用电人未按电价分类分别配电时，供电人对难以装表计量的________、________、________用电量，约定按每月________、________、________千瓦时计算，或按每月总用电量的________%、________%、________%计算。随用电构成比例和数量的变化，供电人每年至少对其核定一次，用电人应当予以配合。

第五条　电价及电费结算方式

1. 计价依据与方式

（1）供电人按照有管理权的物价主管部门批准的电价和用电计量装置的记录，向用电人定期结算电费及随电量征收的有关费用。在合同有效期内，发生电价和其他收费项目费率调整时，按调价文件规定执行。

（2）用电人用电容量在100kW及以上时，按国家规定无功电能计量装置，实行功率因数调整电费。功率因数调整电费考核标准为________。

（3）按国家规定，供电人对用电人应执行________（分时电价）。

2. 电费结算方式

（1）供电人应按规定日期抄表，按期向用电人收取电费。

（2）用电人应在供电人规定的期限内全额交清电费。交付电费的方式为：

a. 用电人每月______日定期交付。

b. 供电人委托______银行向用电人收取电费。

c. ____________________。

3. 如对用电计量装置记录、电费有异议，双方均有权向合法计量检定机构申请检定或者提请电力管理部门处理。如检定合格或电费无误，检定费或处理费用由提出请求方负担；否则，该费用由供电人负担。在申请检定或处理期间，用电人应先按正常结算周期内用电量交纳电费，检定或处理结果确定后，供电人应按国家有关规定，退补相应电量的电费。

第六条　供电设施维护管理责任

1. 经供电人、用电人双方协商确认，供电设施运行维护管理责任分界点设在______处。______属于______。分界点电源侧供电设施属供电人，由供电人负责运行维护管理。分界点负荷侧供电设施属用电人，由用电人负责运行维护管理。

2. 供电人、用电人分管的供电设施，除另有约定者外，未经对方同意，不得操作或更动。如遇紧急情况（当危及电网和用电安全，或可能造成人身伤亡或设备损坏）而必须操作时，事后应在24小时内通知对方。

3. 在供电设施上发生的法律责任以供电设施运行维护管理责任分界点为基准划分。供电人、用电人应做好各自分管的供电设施的运行维护管理工作，并依法承担相应的责任。

第七条　其他事项

1. 为保证供电、用电的安全，供电人将定期或不定期对用电人的用电情况进行检查，用电人应当配合。用电检查人员在依法执行查电任务时，应向用电人出示《用电检查证》，用电人应派员随同并配合检查。

2. 用电人在受电装置上作业的电工，必须持有电力管理部门颁发的《电工进网作业许可证》，方准上岗作业。

3. 安装在用电人处的用电计量装置及电力负荷管理装置由供电人维护管理，由用电人负责保护其完好和正常运行。如有异常，用电人应及时通知供电人处理；如私自迁移、更动和擅自操作的，按《供电营业规则》第一百条第五项处理。

4. 用电人的自备发电机组要保证与电网闭锁。经供电人检查认定的接线方式不得自行变动。用电人不得自行引入（供出）电源。否则，按《供电营业规则》第一百条第六项处理。

5. 本合同的履行地点为供电设施运行维护管理责任分界点。提起诉讼时，以合同履行地点人民法院为管辖法院。

6. 供电人更改由供电人负责运行维护管理的供电设施时，只要不改变本合同中分界点的具体位置，则按更改后的实际供电条件为准，双方可不再变更合同内容。

7. 为使本合同能够顺利履行，依据《合同法》第一百一十五条和《担保法》规定，供电人向用电人收取担保定金，定金金额为________元（以一个月电费额计算），在用电人欠交电费时，供电人可用以暂时抵作电费及违约金。用电人交清电费及违约金后应补足定金。供用电合同解除后供电人将定金（含银行活期利率计算的利息）退还用电人。

8. ____________________。

第八条 违约责任

1. 用电人不按期交清电费的，应承担电费滞纳的违约责任。电费违约金从逾期起计算至交纳日止，电费违约金按下列规定计算：

a. 当年欠费部分，每日按欠费总额的千分之二计算。

b. 跨年度欠费部分，每日按欠费总额的千分之三计算。

经供电人催交，用电人仍未付清电费的，供电人可依法按规定的程序停止部分或全部供电，并追收所欠电费和电费违约金。

2. 双方商定，除本合同另有约定者，造成本合同不能履行或不能完全履行的责任，按《供电营业规则》相关条款处理。

第九条 争议的解决方式

供电人、用电人因履行本合同发生争议时，应依本合同之原则协商解决。协商不成时，双方共同提请电力管理部门行政调解。调解不成时，可向合同履行地人民法院提起诉讼解决。

第十条 本合同效力及未尽事宜

1. 本合同未尽事宜，按《电力供应与使用条例》、《供电营业规则》等有关法律、规章的规定办理。如遇国家法律和政策调整修改时，则按规定修改、补充本合同有关条款。

2. 本合同经供电人、用电人签字盖章后并自________年________月________日起生效，有效期到________年________月________日止。合同到期后，如供用电双方都未书面提出变更、解除合同，可不再重新签订，本合同继续有效。

3. 供电人、用电人任何一方欲修改、变更、解除合同时，按《供电营业规则》第九十四条办理。在修改、变更、解除合同的书面协议签订前，本合同继续有效。

4. 本合同正本一式________份。供电人、用电人各执________份。效力均等。副本一式________份，供电人执________份，用电人执________份。

5. 本合同附件包括：

a. 产权分界协议。

b. 电费结算协议。

c. 企业法人营业执照副本复印件。

d. 事业法人证书复印件。

e. 授权委托书。

f. ____________________。

上述附件为本合同不可分割的组成部分。

供电人：（盖章） 用电人：（盖章）

签约人：（盖章） 签约人：（盖章）

签约时间：____年____月____日 签约时间：____年____月____日

附图 供电接线及产权分界示意图（略）

三、临时供用电合同范本

合同编号：□□□□□□□□□□□□

临时供用电合同

供电人 用电人

名称： 名称：

法定地址：　　　　　　　　　　　　法定地址：
法定代表（负责）人：　　　　　　　法定代表（负责）人：
委托代理人：　　　　　　　　　　　委托代理人：
电话：　　　　　　　　　　　　　　电话：
电传：　　　　　　　　　　　　　　电传：
邮编：　　　　　　　　　　　　　　邮编：
开户银行：　　　　　　　　　　　　开户银行：
账号：　　　　　　　　　　　　　　账号：
工商登记号：　　　　　　　　　　　工商登记号：

为明确供电人和用电人在电力供应与使用中的权利和义务，安全、经济、合理、有序地供电和用电，根据《中华人民共和国合同法》、《中华人民共和国电力法》、《电力供应与使用条例》和《供电营业规则》的规定，经供电人、用电人协商一致，签订本合同，共同信守，严格履行。

第一条　用电地址、用电容量

1. 临时用电地址：__________________。

2. 临时用电主要用途：__________________。

3. 用电容量。经供电人确认临时用电容量为：

(1) 受电变压器________台，总容量为________千伏安。

(2) 用电设备________台，总容量为________千瓦。

第二条　供电方式

1. 供电人以50赫兹交流电向用电人提供临时电源，采用：

(1) 高压供电：供电电压为________千伏，从________线路________杆接线供电。供电容量为________千伏安。

(2) 低压供电：供电电压为220/380伏，从________公用变压器________供电。供电容量为________千伏安。

2. 具体供电接线方式见附图“供电接线及产权分界示意图”。

第三条　用电计量

1. 用电计量装置安装在________处。

2. 用电计量装置（包括计费电能表、表用互感器及二次连接线导线）的配置、安装应符合国家标准和行业规程的规定。用电计量装置的记录作为向用电人计算电费的依据。

3. 用电计量装置安装位置与产权分界处不对应时，线路与变压器损耗电量由产权所有者负担。

第四条 电价及电费结算方式

1. 供电人按照有管理权的物价主管部门批准的电价和用电计量装置的记录，向用电人定期结算电费及随电量征收的有关费用。在合同有效期内，发生电价和其他收费项目费率调整时，按调价文件规定执行。

2. 电费结算方式

(1) 供电人应按规定日期抄表，按期向用电人收取电费。

(2) 用电人应在供电人规定的期限内全额交清电费。交付电费的方式为：

a. 用电人以________方式交付电费。

b. 供电人委托________银行向用电人收取电费。

3. 用电人不得以任何方式、任何理由拒付电费。用电人对用电计量、电费有异议时，应先交清电费，然后双方协商解决。协商不成时，可请求电力管理部门调解。调解不成时，可提起诉讼解决。

第五条 供电设施维护管理责任

1. 经供电人、用电人双方协商确认，供电设施运行维护管理责任分界点设在________处。________属于________。分界点电源侧供电设施属供电人，由供电人负责运行维护管理。分界点负荷侧供电设施属用电人，由用电人负责运行维护管理。

2. 安装在用电人处的用电计量装置由供电人维护管理，用电人应负责保护。如有异常，用电人应及时通知供电人。如发生丢失或损坏，用电人应负责赔偿或修理；如私自迁移、更动和擅自操作的，按《供电营业规则》第一百条第五项处理。

3. 供电人、用电人分管的供电设施，除另有约定者外，未经对方同意，不得操作或更动。如遇紧急情况（当危及电网和用电安全，或可能造成人身伤亡或设备损坏）而必须操作时，事后应在24小时内通知对方。

4. 在供电设施上发生的法律责任以供电设施运行维护管理责任分界点为基准划分。供电人、用电人应做好各自分管的供电设施的运行维护管理工作，并依法承担相应的责任。

第六条 其他事项

1. 用电人不得将临时电源向外转供电，也不得将临时电源转让给第三人。供电人不受理用电人变更用电事宜。用电人在本合同到期后仍需继续用电的，应在用电终止前向供电人提出申请，并按规定办理手续。

2. 临时供用合同到期，用电人如不继续办理用电手续，供电人将终止对用电人供电。

3. 为保证供电、用电的安全，供电人将定期或不定期对用电人的用电情况进行检查，用电人应当配合。用电检查人员在依法执行查电任务时，应向用电人出示《用电检查证》，用电人应派员随同并配合检查。

4. 用电人在受电装置上作业的电工，必须持有电力管理部门颁发的《电工进网作业许可证》，方准上岗作业。

5. 本合同的履行地点为供电设施运行维护管理责任分界点。提起诉讼时，以合同履行地点人民法院为管辖法院。

6. 供电人更改由供电人负责运行维护管理的供电设施时，只要不改变本合同中分界点的具体位置，则按更改后的实际供电条件为准，双方可不再变更合同内容。

7. 为使本合同能够顺利履行，依据《合同法》第一百一十五条和《担保法》规定，供电人向用电人收取担保定金，定金金额为________元（以一个月电费额计算），在用电人欠交电费时，供电人可用以暂时抵作电费及违约金。用电人交清电费及违约金后应补足定金。供用电合同解除后供电人将定金（含银行活期利率计算的利息）退用电人。

8. ____________________。

第七条 违约责任

1. 用电人不按期交清电费的，应承担电费滞纳的违约责任。电费违约金从逾期起计算至交纳日止，电费违约金按下列规定计算：

a. 当年欠费部分，每日按欠费总额的千分之二计算。

b. 跨年度欠费部分，每日按欠费总额的千分之三计算。

经供电人催交，用电人仍未付清电费的，供电人可依法按规定的程序停止部分或全部供电，并追收所欠电费和电费违约金。

2. 经双方约定，除本合同另有约定者，造成本合同不能履行或不能完全履行的责任，按《供电营业规则》相关条款处理。

第八条 争议的解决方式

供电人、用电人因履行本合同发生争议时，应依本合同之原则协商解决。协商不成时，双方共同提请电力管理部门行政调解。调解不成时，可向合同履行地人民法院提起诉讼解决。

第九条 本合同效力及未尽事宜

1. 本合同未尽事宜，按《电力供应与使用条例》、《供电营业规则》等有关法律、规章的规定办理。如遇国家法律、和政策调整修改时，则按规定修改、补充本合同有关条款。

2. 本合同经供电人、用电人签字盖章后并自________年________月________日起生效，有效期到________年________月________日止。

3. 本合同正本一式________份。供电人、用电人各执________份。效力均等。副本一式________份，供电人执________份，用电人执________份。

4. 本合同附件包括：

a. 产权分界协议。

b. 电费结算协议。

c. 企业法人营业执照副本复印件。

d. 事业法人证书复印件。

e. 授权委托书。

f. ____________________。

以上附件为本合同不可分割的组成部分。

供电人：（盖章） 用电人：（盖章）

签约人：（盖章） 签约人：（盖章）

签约时间：____年____月____日 签约时间：____年____月____日

附图 供电接线及产权分界示意图（略）

四、委托转供电合同范本

合同编号：□□□□□□□□□□□□

委托转供电合同

供电方	委托转供方	被转供方
名称：	名称：	名称：
法定地址：	法定地址：	法定地址：
法定代表（负责）人：	法定代表（负责）人：	法定代表（负责）人：
授权代理人：	授权代理人：	授权代理人：
电话：	电话：	电话：

电传： 电传： 电传：
邮编： 邮编： 邮编：
开户银行： 开户银行： 开户银行：
账号： 账号： 账号：
税务登记号： 税务登记号： 税务登记号：

为明确供电企业（以下简称供电方）委托供电的单位（以下简称转供方）向其他用户（以下简称被转供方）进行转供电力过程中的权利和义务，实现安全、合理地供电和用电，根据《中华人民共和国电力法》、《电力供应与使用条例》和《供电营业规则》的规定，经供电方、转供方、用电方协商一致，签订本协议，共同信守，严格履行。

第一条 转供电关系

经供电方、转供方和被转供方三方（以下简称三方）协商，供电方委托转供方向被转供方供电。转供方同意接受委托，并向被转供方承担供电义务。被转供方通过转供方获得用电权利，与供电方签订供用电合同，并向供电方承担相应的义务。

第二条 转供电方式

转供方同意从其所有的________变电站（所）________出线的________千伏线路________杆向被转供方受电装置供电。

第三条 转供电容量

根据被转供方申请的用电容量，经三方确认，被转供方的用电容量为________千伏安（千瓦），最大用电负荷为________千瓦（安）。

第四条 转供用电期限

委托转供电期限为本协议的有效期限。

第五条 三方的权利与义务

1. 被转供方通过本协议，依法从供电方获得用电的权利，并根据用电量、国家规定的电价和随电量征收的有关费用履行向供电方交纳电费的义务。

2. 转供方依据本协议承担向被转供方安全供电的义务，并享有从供电方获得转供费用的权利。

3. 供电方依据本协议应直接受理被转供方的用电申请，并有对被转供方装表计量和收取电费的权利，承担向转供方支付转供费用的义务，并按有关规定解决被转供方用电指标。

第六条 转供电的计量及电费

1. 供电方应按国家规定直接对被转供方使用的电力、电量安装电能计量装置，并负责抄表和收取电费。

2. 供电方依据《供电营业规则》第十四条规定，在计算转供方的用电量、最大需量及功率因数调整电费时，应扣除被转供方每月用电计量装置实际记录的电量和转供损耗电量。

3. 转供电线路的损耗电量，由该线路的产权所有者负担。

第七条 转供费用

供电方向转供方支付转供费用按被转供方每月的实际用电量以每千瓦时________元计算，每月支付一次。

第八条 转供电设施维护管理责任

1. 经供电方、转供方、被转供方确认，转供电设施运行维护管理责任分界点设在________处。分界点电源侧供电设施属转供方，由转供方负责运行维护管理；分界点负荷侧供电设施属被转供方，由被转供方负责运行维护管理。

2. 供电方、转供方、被转供方均应执行《电网调度管理条例》。在运行、检修、停电等操作时，三方应加强联系，相互配合。

第九条 违约责任

1. 转供方无正当理由不得对被转供方限电、停电。需要依法停限电时，应依法按规定的程序通知被转供方。未按规定的程序通知被转供方停电，给被转供方造成损失的，转供方应承担赔偿责任。

2. 由于被转供方责任造成供电方、转供方对外停电，并给其造成损失的，被转供方按《供电营业规则》有关规定对供电方、转供方及其他用电方承担赔偿责任，但不承担因供电方、转供方责任使事故扩大部分的赔偿责任。

3. 被转供方未经供电方、转供方同意，擅自超计划指标用电，转供方应通知被转供方自行限电，必要时经供电方同意可按照国家规定的程序停止供电。

4. 除本协议另有约定外，造成本协议不能履行或不能完全履行的，其他违约责任按《供电营业规则》有关条款处理。

第十条 争议的解决方式

供电方、转供方、被转供方如因本合同履行发生争议时，应依本协议之原则协商解决。协商不成时，三方共同提请电力管理部门进行行政调解。调解不成时，依法向合同履行地人民法院提起诉讼。

第十一条 本协议效力及未尽事宜

1. 本协议未尽事宜，按《电力供应与使用条例》、《供电营业规则》等有关法律法规、规章的规定办理。如遇国家法律、政策调整时，则按规定修改、补充本合同有关条款。

2. 本协议有效期自______年______月______日起至______年______月______日止。

3. 供电方、转供方、被转供方任何一方欲修改、变更、解除合同时，按《供电营业规则》第九十四条办理。在修改、变更、解除协议的书面协议签订前，本协议继续有效。

4. 本协议自供电方、转供方、被转供方签字，并加盖公章后生效。

5. 本协议正本一式______份。供电方、转供方、被转供方各执______份，效力均等。副本一式______份，供电方、用电方各执______份。

6. 本协议附件包括：

a. 产权分界协议。

b. 电费结算协议。

c. 授权委托书。

d. ____________________。

上述附件为本合同不可分割的组成部分。

供电方：（盖章）	转供方：（盖章）	被转供方：（签章）
签约人：（签章）	签约人：（签章）	签约人：（签章）
签约时间：	签约时间：	签约时间：
____年____月____日	____年____月____日	____年____月____日

附图（略）

五、居民供用电合同范本

合同编号：□□□□□□□□□□□□

居民供用电合同范本

用电人：	供电人：
身份证号码：	法定代表人：

住所：　　　　　　　　　　　　经营场所地址：

联系电话：　　　　　　　　　　客服电话：

根据《中华人民共和国合同法》、《供电监管办法》等有关法律法规的规定，经双方协商一致，签订本合同。

第一条 用电地址、用电容量和用电性质

（一）用电地址：____________________。

（二）用电容量：________千瓦（________安）。

（三）用电性质：居民生活用电。

用电人不得擅自改变用电性质用电、向用电地址外转供电力，并不得超过上述容量用电。

第二条 供电方式、供电质量

（一）供电人以交流50赫兹、电压________伏（单相/三相）电源向用电人供电。

（二）在电力系统正常的状况下，供电人供给用电人的供电质量应当符合国家标准或者电力行业标准的规定。

因故需要中止供电的，供电人应按下列要求采取有效方式事先通知用电人或进行公告：因供电设施计划检修需要停电时，供电人应提前7天通知用电人或进行公告；因电网发生故障或者电力供需紧张等原因需要停电、限电的，供电人应当按照批准的应急预案或有序用电方案执行。引起停电或限电的原因消除后，供电人应尽快恢复供电。不能尽快恢复供电的，供电人应向用电人说明原因。

第三条 用电计量

供电人应当在供电设施与受电设施的产权分界处或供用电双方协商同意的地点，安装计量检定机构依法认可的用电计量装置。用电人使用的电力电量以用电计量装置的记录为准。

双方都有保护用电计量装置完好的义务。用电人不应在表前堆放影响抄表或计量准确及安全的物品。如发生用电计量装置丢失、损坏、封印脱落或过负荷烧坏等情况，发现方应及时通知对方。因用电人责任致使用电计量装置出现故障或灭失的，由用电人承担维修或更换费用；其他原因引起的，由供电人负责维修或更换，不收费用。用电计量装置出现故障或灭失期间用电量，由双方根据正常结算周期内用电量协商确定。

如发现用电计量装置记录失常，双方均有权向合法计量检定机构申请检定。如检定合格，检定费用由提出请求方负担；如不合格，该费用由供电人负担。在申请检定期间，用电人应先按正常结算周期内用电量交纳电费，检定结果确定后，供电人应按国家有关规定，退补相应电量的电费。

第四条 电价及电费结算

（一）用电人选择执行以下第________种电价：

1. 居民生活用电电价；

2. 居民生活用电峰谷电价。

（二）供电人应当按照国家核准的电价和用电计量装置的记录，向用电人计收电费，并采用________等简便有效方式，便于用电人查询电价、用电量、电费和支付情况等信息。

（三）用电人应当按照国家核准的电价、双方约定的结算周期和结算方式，在________日前足额交付电费。

第五条 用电安全

用电人应当安装符合国家标准的防触电、漏电的剩余电流保护器，并负责监督运行、维护。

第六条 供用电设施维护责任

供用电设施维护责任分界点为________（见附图）。分界点电源侧电力设施属供电人产权部分，由供电人负责运行维护管理；分界点负荷侧电力设施由用电人负责运行维护管理。

第七条 合同变更、转让和解除

在合同有效期内，经双方协商同意，可以变更、转让或解除合同。用电人需要增加、减少用电容量，变更户名、改变用电性质、另行选择电价、迁移用电地址、移动表位、过户等的，应先行结清电费，并携带有关申请和证明文件，到供电人用电营业场所办理手续。

供电人在本合同外以公告等书面形式公开做出的服务承诺，自动成为本合同的组成部分，但为用电人设定义务或不合理地加重责任的除外。供电人公开做出的承诺标准低于本合同约定的，以本合同为准。

第八条 合同有效期限

本合同有效期为________，经双方签字、盖章后，自供电人装表接电之日起生效。合同期满后，如供用电双方都未书面提出变更、解除合同，可不再重新签订，本合同继续有效。

第九条 违约责任

（一）用电人

1. 用电人逾期未交付电费的，供电人可以从逾期之日起，每日按照欠费总额的1‰加收电费违约金，自逾期之日起计算超过30日，经催交仍未交付电费的，供电人可以按照国家规定的程序中止供电。

2. 用电人发生违约用电行为和窃电行为的，按有关法律规定处理。

（二）供电人

1. 供电人未保证供电质量或者未事先通知用电人中断供电，给用电人造成损失的，应当依法承担赔偿责任。

2. 因电力运行事故引起居民家用电器损坏，依照有关法律规定处理。

第十条 争议解决方式

因履行本合同发生的争议，双方应先行协商解决。协商不成的，任何一方均可选择以下第________方式解决争议：

（一）向________仲裁委员会申请仲裁；

（二）依法向________人民法院提起诉讼。

第十一条 其他

（一）本合同一式________份，双方各执________份。

（二）______________________。

第十二条 附件

（一）家居用电布线图。（按：编著者加）

（二）家庭主要用电设备清单。（按：编著者加）

（三）______________________。

上述附件作为合同的组成部分，具有同等法律效力。

供电人：（签章） 用电人：（签章）

委托代理人：（签章） 委托代理人：（签章）

______年______月______日 ______年______月______日

六、购售电合同范本

参见GF—2003—0511《购售电合同（示范文本）》电监会、国家工商总局制定，中国电力出版社，2003年。

第三章

名人名言

管理状态的合同是活的合同。

供用电合同管理

现代企业的经济往来，主要是通过合同形式进行的，合同管理作为现代企业管理制度的重要内容之一，能否实施有效管理，把好合同关，是现代企业经营管理成败的一个重要因素。如果将一个内容完备、权利义务明确的合同束之高阁，那就是一叠静态废纸，因为合同在履行中、在变更中是动态的，合同管理部门要不间断地管理合同，使之成为合同双方履行义务的依据和处理纠纷的证据。

第一节　供用电合同管理概述

合同管理是企业管理中的一项重要工作，它不再是简单的要约、承诺、签约等内容，而是一种全过程、全方位、科学的管理，现代企业若能对合同实施有效管理，将为企业管理水平和经济效益的提高产生巨大的推动力。

一、供用电合同管理

供用电双方就其供用电活动中的权利和义务依法达成的协议就是供用电合同。供用电合同也是规范和约束供电方和用电方的行为，满足双方的需求，完成经济交往的重要手段。随着市场经济的逐步完善，公民的法制观念将逐步增强，广大客户对电力服务和电能质量提出了更高要求。供用电合同管理的重要性和必要性显得日益突出。所以，供电企业要强化合同意识，规范合同管理。

（1）供用电合同管理是维护供电企业自身合法权益的需要。通过供用电合同的履行和管理，使供电企业正确行使自己的权利，履行自己的义务，维护自己的合法权益，避免因违法违规经营导致民事赔偿，行政处理。

（2）供用电合同管理是供电企业诚信经营、优质服务的需要。《合同法》也明确规定，双方当事人应当遵循诚实守信和自愿公平的原则，全面履行合同义务。通过供用电合同的签订和履行，提升电力企业的信誉度，不断提高企业营销管理水平，规范企业的营销行为，做好优质服务，树立企业的诚信形象。通过供用电合同管理，积极开拓用电市场，扩大客户群体，促进增供扩销，提高经济效益，赢得客户和社会对电力企业的信任度和满意度。

（3）电力供应与使用的同时性，决定了供用电双方必须密切配合，共同维护电网的安全运行。所谓密切配合，就是双方严格认真履行供用电合同，才能保证电网的安全运行。如，客户必须信守合同，服从调度命令，不得随意增减用电容量，否则，就会危及电网系统的安全。又如，客户挂网运行的电气设备不合格，必须及时维修或更换，必要时供电方应按供用电合同协议，强令客户设备退出电网运行，以确保电网的安全。

（4）实时管理供用电合同，减少供用电纠纷。动态实时地管理供用电合同，才能减少供用电纠纷。供用电合同变更后，应该及时记录，并将变更的信息与营销的相关部门共享，否则，往往会引起营销差错和纠纷。譬如，客户减容、暂换会导致容量变化，容量变化就导致基本电费变化，进而引起电费回收的变化。

二、供用电合同在管理上存在的问题

1. 缺失专门的供用电合同管理机构

由于合同本身的特征，决定了合同不同于企业内部的生产人事、财务等管理工作，已超越了企业自身的界限，使之成为一种受法律规范和调整的社会关系。目前，大多数供电企业的供用电合同由营销部门签订并管理。但是，营销部门没有专门机构和专责人来管理合同。所谓的管理，也就是整理归档仅供查阅而已。再者供用电合同涉及大量的法律和供用电专业问题，应该有专门机构和专责人来管理，譬如，企业法律事务（顾问）部门，合同管理委员会等。

2. 缺乏归口分类分级管理机制

供电企业的合同管理，没有归口分类分级管理机制。现在普遍存在一种错误的观念，就是供用电合同的管理与履行就是用电营销部门的事，没有形成供电企业各部门的配合，共同履行合同义务的氛围。目前还没有专门的人员和部门对供用电实行归口管理、分类管理和过程管理。合同管理应采取企业法律顾问部门或营销机构内部的专门机构统一归口管理和各业务部门、各单位分口管理的模式。作为企业合同的统一管理部门，对企业合同的签订和履行负有监督、检查和指导的职责。具体操作上，对合同实行分级、划块管理，各业务部门和所属各单位作为合同次级管理单位，负责本部门、本单位的合同签订和履行，并向法律顾问部门或营销机构内部的专门机构定期汇报有关合同的执行情况。

3. 忽视过程管理

（1）忽视自身全面履行供用电合同义务和及时主张供电企业的权利。有些供电企业在签订供用电合同后，即将合同束之高阁，应付各类检查和考核评比活动。如在停电通知、故障检修、计量收费、电能质量等方面撇开合同约定，自行其道，导致客户投诉甚至诉讼，而另一方面，当客户违反合同条款，如发生拖欠电费、违章用电、盗窃电等违约行为时，都不及时按有关法律程序进行诉讼，给企业造成难以挽回的损失。

（2）不能实时记载合同变更、履行情况。供用电合同一般为长期合同，由于跨时久远，往往在法律依据（如法律的废止、补充、修改）、当事人的身份（如合并、分立、改制等）、重要的基础事实（如电力设施的拆除、新建、产权分界点的偏移等）等均可能发生变化。又如，常见的用电变更业务，如不做相应变更，显然不能准确反映当前的实际情况（如电度电费和基本电费的变化），不利于合同的正确履行和责任的清晰认定。

（3）不注意取证。“以事实为依据”是我国重要的司法原则，但法律上的“事实”并不等于客观事实，它是指以证据支撑、并为法庭认可的事实。当用电方违反合同，如窃电、违章用电，供电方的用电检查人员或者抄收人员不经取证，即施以停电、剪线、查封、拆表等措施。此举就有败诉的风险，因为你手中还没有证明用电方违反合同的证据。

（4）有关基础资料保管不善。按照《电力供应与使用条例》和《供电营业规则》规定，双方在用电的报装、勘察、设计、安装、验收过程中，会形成一系列技术资料，它们事实上是供用电合同的附件，应当一并保存，一旦散失，往往于供电方不利。如工业客户变压器烧毁，导致停产，损失严重，遂起诉供电公司称，变压器质量不合格要求赔偿损失。供电方通过内部调查得知变压器为有资质、信誉好的厂家所生产，烧毁的原因是客户过载造成的。但该变压器是供电所安装，无法找到原始的设备资料和安装验收资料，无奈承担了部分赔偿责任。

4. 缺乏供用电合同的履行监督

首先，没有对合同实行动态的不间断的跟踪管理，对每一家合同做出实时的履行情况评估，这样合同与实际就会发生脱节；其次，对于怠于履行供用电合同的情况，没有向企业内部相关部门发出提醒；再次，对合同双方没有完全履行合同义务缺乏监督，没有根据合同履行实际情况，提出相应的解决措施。这样，就造成隐患的积累，纠纷的加剧。

另外，对供用电合同的管理也存在一些问题，供电企业有些领导没有予以高度的重视，对供用电合同的管理情况缺乏监督和考核。

三、合同管理制度

供电企业在合同方面应当制定制度规范管理工作，制度应当从机构、职责、层级权限、方式方法等方面加以规定。拟定专门的《供用电合同管理及考核办法》，使供用电合同的起草、签订、审核、检查以及履行均有相关程序制约，使供用电合同的管理工作有章可循，合同的签订工作有人负责，合同的审核有人把关，合同的履行有人监督和考核，形成一个闭环的完整的合同管理制度保障体系。最终建立“统一管理、分级负责、专人审核、监督履行”的供用电合同管理的运作机制。

第二节 供用电合同的现代化管理

实施供用电合同的计算机管理，将供用电合同书及相关函件、电子数据、电文和日常变更用电的设备技术、安装验收等资料，纳入供用电合同的计算机网络管理及信息资源共享。开发专门的供用电合同管理应用软件，充分保证合同内容的随时更新和签订内容的及时履行，降低供用电风险，提高企业经济效益。

一、建立供用电合同管理系统

供用电合同是主要的法律文书，又是营销管理的重要的基础资料。管理好供用电合同，使得营销工作有依据，有条理；一旦与用户发生纠纷，有根据，有证据。供电部门充分利用计算机管理合同，使之规范有序，提高效率。可以利用 MIS 系统搭建平台进行管理。

1. 合同的初始化

(1) 建立合同变量表。根据工作经验，结合本地管理习惯和传统，科学地设置合同变量，尽量保持变量的一致性、唯一性、长期性，以保证对合同数据的查询、统计和分析，并为以后的扩展应用留出充裕的空间。变量设置应尽量保持独立性、扩展性和稳定性。

在设置变量时，尽量使之完整充裕——按照宁多勿少的原则。如，在供用电合同中的“违约责任”中增加“违章用电，窃电查处”条款，明确违章用电、窃电查处的认定和处理措施，违章用电、窃电的种类及其处罚标准，窃电量和窃电时间的确定方法等明确写进合同中，变行业规章规定为合同约定，避免司法争议；违章用电处罚的约定，凡是经多次催告，拒不接受处理，供电方有权按规定程序对客户采取停电措施；要具体明确供用电双方在安全用电中的责任和义务，如供电方在计划检修、校试工作前应通知客户，客户在安排自己用电设备检修时，应提前通知供电方等，在建立变量表时尽量考虑周密。

（2）构造合同模板。首先根据供电方式、计量方式、电费结算方式和需求将供用电合同分为六类：高压供用电合同、低压供用电合同、临时供用电合同、趸购电合同、委托转供电合同和居民供用电合同。供用电合同条款与内容要根据客户的供电方式、金额、用电需求，围绕双方权利义务和供用电合同履行过程中经常发生的法律责任来构造出各种具有不同内容和形式的合同“范本”，即模板，再由这些模板去生成千差万别的合同。

建立居民供用电合同的模板，确定新的居民供用电合同的文本格式。1999年10月1日，新的《合同法》开始施行后，特别是新的《合同法》对格式条款作了较为详细的规定，所以背书式“居民用电须知”不利于供电企业优质服务的工作体现。特别是在发生合同纠纷的情况下，不利于纠纷的处理。当下应该尽快根据电监会“居民供用电合同范本”建立新的模板，取代“须知”。这样将更有利于处理供电企业和居民之间的合同关系。

（3）共享与权限。为了使合同软件能与其他系统共享各项数据，使营销工作同步性、统一性、规范性、实时性，以提高整体工作效率，应该设置相应的数据接口。根据工作实际，使合同软件能够利用其他软件或者营销 MIS 系统的数据，也可以使其他软件或营销 MIS 系统使用合同软件的数据。

在考虑数据共享的同时，也要考虑保密和操作权限。其原则是该知道的应充分知悉，不该知道的一点也不能知道。这样赋予不同操作人员以不同的情形，规范其操作行为，以保证合同模板软件的稳定运行。如合同查看的范围大、权限低，而合同修改的范围小、权限高。

（4）具备灵活的备份手段。为了确保合同文档资料的安全，设置灵活的备份，如刻录光盘、多处存放等。

2. 合同签订

（1）自动生成合同文本并自动引入合同数据。新建合同，在与客户将条款和内容协商一致后，确定好客户的合同编号，只需将客户的基本信息和已经协商好的供用电需求数据输入不同种类的模板，即可生成该客户新的供用电合同。这样尚可以避免格式合同之嫌，因为每一个合同都是唯一的新建合同，而以往是早已打印好的格式合同，客户只能做填空选择，至少在形式上没有协商的余地。

（2）合同编辑。合同在签订以前，往往要经过反复协商修改，这就要考虑到合同修改编辑的便捷性。为了减少相同信息的重复输入量，对合同变量涉及到的所有可能的情况，均以选择菜单式解决，这样保持术语一致。合同规范标准，还可提高工作效率。

（3）合同附件与相关图纸。供用电合同的有些内容比较复杂，以条款来解决比较麻烦，往往以附件的方式解决。如，电费结算方式协议、设备维护管理协议和调度协议等。为了便捷、规范地签订合同附件，也须仿照主合同，做出附件模板，在生成合同时一并生成合同附件。

与合同相关的图纸也属于合同附件，如，供电设施产权分界点示意图。这些图纸的绘制最好根据国际标准建立常用电气元件符号和供电电气设备专业图形库，使绘制的图纸与国际接轨，并与主合同在版式、编号方面保持一致性。

（4）合同会签、签订和续签。供用电合同既涉及供用电业务和技术，也涉及到法律问题，合同内容繁多，对高压客户的供用电合同和一些重要客户的供用电合同要进行审查会签，参加审查会签的应包括分管负责人，营销部门的专业人员和法律顾问。各专业人员之间的审查要覆盖全合同，不能漏审合同任何条款，在确实进行认真审核后，方可签订合同；其次，对10千伏以上的专线客户和35千伏以上的客户的供用电合同，生技、调度、安监等部门都要参加审查会签，此类合同要由承办部门会签完毕后，再送有关部门会签，直至审核同意，方可签订合同。纸质文本或者打印出来手工签订，或者在机器上签订。在合同流转会签过程中，要设计好合同流转的程序，各部门的权限及保密功能。

目前续签合同的情形不多，供用电收费往往在合同中约定，合同到期双方没有提出变更、解除合同，合同继续有效。在合同模板软件中应该设置续签功能，即使双方没有提出变更、解除合同，最好履行一次续签的手续。因为合同编号、内容均不变或稍有变化，续签比较简单易行，机器会自动生成新的签订时间签署的供用电合同。这对于供电营销管理当属有益之举。

二、合同资料管理

合同文本的保存分为纸质文档保存和电子文档保存。

1. 纸质合同资料保存

纸质文档保存可以保留合同签订的原始状态。供用电合同档案的存放，应当有可靠的防火、防盗、防损坏措施，合同变更协议等附件等均要及时纳入合同档案一同妥善保存。

纸质合同文档是供用电双方当事人权利义务关系的主要证据，一旦发生纠纷，只能依靠纸质档案，取得法院的认可和支持，电子文档资料是不会得到法院认可的。

2. 电子合同文档管理及合同电子资料管理

电子文档保存又分为整篇文档保存和数据文本文档保存。前者既起到备份作用，又为查询合同原文提供了便捷途径；后者可使合同管理人员便捷、简明地进行合同数据统计分析或生成报表，为供用电合同的动态管理从技术和设备上打下基础。

电子文档的保管要有专门人员，按照权限分级管理，杜绝非管理人员进入系统，以免真实的资料遭到改写、盗窃或其他原因丢失。

三、供用电合同的动态管理

由于企业之间生产和流通存在时间差，待售商品的企业和欲购该商品但资金不足的企业共存。基于信用的赊购赊销便应运而生，从而促进了商品流通和经济发展。否则，就会导致企业商品待售时间延长和生产过分迟延，影响发展生产和经济。供用电属于合同经济，对客户信用分类管理是促进收费的有利措施。

供电企业有让客户先行消费电能，再按计量数交费的商业惯例，这本身就意味着供电方承担着债权可能难以实现的风险和追索债权的高额诉讼成本。所以供电方要及时收回电费，就应对供用电合同的履行实施全过程管理，依法知晓债务人的经营状况，关注债务人的履行能力，保证自身债权的安全实现。

1. 条件查询和统计分析

查询的方式可以根据合同编号、户名、容量、用电分类、电压等级、行业分类、合同有效期等变量进行。有的查询设置既是为了查询具体的客户，也是便于分类统计供电营销数据。此外，还可以考虑查询数据设置与 95598 客户咨询服务数据共享。

在合同管理工程中能够统计月度、年度合同数量和新签订合同数量；统计各类用电信息，包括容量、供电方式、电压类别、用电性质、各种用电变更情况、客户经营和财务重大变动情况等。

合同管理为营销管理服务，模板设置应能够生成统计图表和数据分析图。

2. 合同履行和变更

在供电营销过程中，应实时将客户履行合同的情况和用电变更情况反馈给合同管理人员做实时记录。保证通过合同管理软件统计查询到客户最新的用电情况资信。合同履行包括用电安全、设备安全、按时足额缴费情况、是否有违章用电窃电等情况；合同变更主要就是指用电变更。以上变更的申请、施工安装、验收、接收的资料和记录均应及时收归合同纸质档案，并在电子档案中作相应的记录。

3. 合同履行监督

在供用电合同管理中要确立法律风险预警机制，建立和完善供用电合同签订前对客户的资信审查制度和合同履行过程中客户的履约能力的跟踪监管制度，形成事前有预防、事中有管理、事后有补救的动态运行管理机制。根据合同履行或变更记录，监督客户的履约情况、经营财务状况、用电变更情况，对客户发出提示信息并及时向相关部门提供营销决策建议，必要时启动风险预警机制。

（1）有的客户并非故意怠于履行合同，而可能是遗忘或者忙于其他工作，而没有履行缴费、维修设备、及时投入无功补偿设备、消除电能污染因素等义务，这时应该给客户发出提示性信息，以免陷于更深的纠纷之中。

（2）市场经济的主流还是信用经济。基于我国的电力法律法规的规定和供用电模式的传统，电能商品就属于赊销。因此，能否全面履行供用电合同，极大程度上取决于用电客户的信用。在合同管理中，要根据合同履行情况的真实记录，结合其他部门、行业或相关组织的考评，至少对大负荷客户按信誉度分为A、B、C、D四大类：A类是全面履行合同的客户；B类是因业务繁忙需要及时提醒履行合同的客户；C类是经营不善、资金运转困难，需要督促催促履行合同的客户；D类是恶意不履行合同的客户。

（3）启动信用管理和风险预警机制。客户方主要的义务就是按时足额缴纳电费，针对上述不同的信用等级采取不同的预警催收方式。

在履行合同过程中，要随时掌握用电方的经营状况，当有充分证据证明用电人经营状况严重恶化，转移资产以逃避债务或有可能丧失履行债务能力等情况，以致使供电人债权的实现不够安全，供电方可以依据《合同法》的不安抗辩权，中止履行供用电合同。另外，当用电人已经迟延履行义务，经催促一段合理的时限后，仍不履行义务者，供电人有权单方终止合同，停止供电，并追究相关损失。

4. 合同纠纷处理、终止与解除

对于和客户之间的较大纠纷，如投诉、仲裁、诉讼、终止和解除合同等事件的发生时间、地点、原因、经过和处理结果等应该记录在合同管理的模板上，便于合同纠纷管理和历史资料的查询，或者为新的纠纷解决提供资料和证据。

第二篇

毛主席说过，从战争中学习战争。学习供用电合同也须如此。

供用电合同实务

本篇从供用电合同的签订，到供用电合同内容，包括合同主体双方的资格、供电方式、质量、容量、电能计量与结算、供电服务、违约责任等方面都给出了实际详细的操作方法和技巧；在供用电合同的履行原则、违约责任、不安抗辩权、撤销权、代位权的操作方面作了论述，并给出了操作要领；对保证、抵押、质押等合同担保手段的应用作了论述并指导应用。对以上内容配有相应的案例作进一步的阐释。

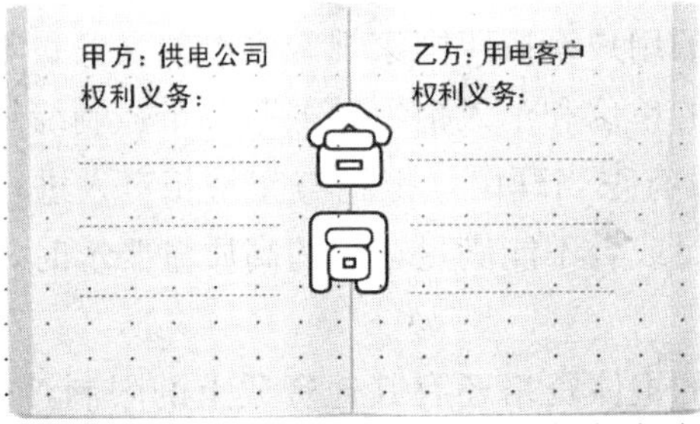

名人名言

良好的开端乃是成功之半。与客户签订供用电合同就是客户管理之始。

第四章

供用电合同签订

供电企业与电力用户的关系是一种合同关系，是供电企业与用电客户双方权利与义务的集中体现，是供用双方联系的利益纽带，也是供电企业营销环节的管理纽带。如，供电企业的收费权是供用电合同供电方最重要的权利，包括收费时间、额度、方式、措施等，都是建立在供用电合同基础上的。因此，签好供用电合同是防范电费风险的第一道防线。

第一节　供电人与用电人

供电企业的自然垄断属性决定了供电主体资格的特定性，而用电人则是点多面广需要电能的所有组织和个人。

一、供电人主体资格

《电力法》第二十五条规定，供电企业在批准的供电营业区内向用户供电。一个供电营业区内只设立一个供电营业机构。因此，供电企业应深刻领会《反垄断法》的实质，依法经营、杜绝垄断行为。在客户申请供电时，要牢记自己所处的地位，不要违反《电力法》第二十六条“供电营业区内的供电营业机构，对本营业区内的用户有按照国家规定供电的义务；不得违反国家规定对其营业区内申请用电的单位和个人拒绝供电”关于强制缔约的规定，否则就违反了《反垄断法》“没有正当理由，拒绝与交易相对人进行交易”之规定。只有在电网供电能力不足或者不能满足客户的高质量要求时，才可以拒绝跟该客户签订供用电合同。

当然，供电人的主体资格还有其他资质上的限制，《电力法》第二十五条规定，“供电营业机构持《供电营业许可证》向工商行政管理部门申请领取营业执照，方可营业。”

其次，供电企业还存在民事行为能力问题。大部分供电企业操作比较规范，但也有以基层供电所、供电营业所、用电科、营销配电科等作为供电人一方主体的，也有以未进行工商登记的基层单位如城区供电所作为签约主体的。这样的签约署名方式可能带来供用电合同效力认定上的隐患。在供电主体的署名上，至少以取得《营业执照》的供电营业机构为限，签约人员署名形式上，法定代表人可打印、印刷；委托代理人为用电分管经理、客户中心主任等，签名可为套印或加盖私章；联系人为经办人员，应手写签名，方便日后归档查询。

二、供电人基本信息

供电人基本信息包括：①单位名称；②法定地址；③法定代表（负责）人；④委托代理人；⑤电话；⑥电传；⑦邮编；⑧开户银行；⑨账号；⑩工商登记号。

三、用电人主体资格

在供用电合同签订阶段，审查用电人主体资格主要目的是避免出现无效供用电合同，对常见纠纷通过合同约定作出适当安排或及早排除，对存在风险的债权采取必要担保措施，主要问题是严格审查用户主体资格，拟订严谨的合同内容，补充或完善违约责任、履行期限、争议解决方式和补充条款等。

1. 要认真审查对方当事人的情况

为了避免合同不能履行或不能全部履行的风险，我们在签订合同之前要认真审查对方的经济实力、履约能力、资信情况、商业信誉等情况，千万不能盲目地和对方签订合同。

执照审查，工商管理部门颁发的《营业执照》有3种：营业执照——属非法人企业的；企业法人营业执照——属法人企业的；外商投资企业营业执照——属外商投资企业的。“营业执照”是我国法律中用来证明企业身份的文件，上面记载的事项是法定的，了解上面记载的事项，有助于我们对对方的认识和了解。例如，《营业执照》上记载的注册资本金，你可以了解到该企业当年成立时候的资本和能力，以及该企业的最低价值。当然，这只是一部分信用情况而不是全部。《营业执照》上记载的营业地址是该企业从事经营活动的总部。签约之前，最好到对方营业地址“踏勘”。如果对方事实上的营业地址几经变动，一定要弄明白。如果对方没有营业地址，说明对方经营状况极差或者是个玩空手道的皮包公司，应当格外当心。如果你对对方企业是否存在还有怀疑，可到工商行政管理部门查一查对方企业的“年检”情况。由于企业设立时的投资总额和注册资金只能说明企业成立之时的财务状况和资本，而经过企业的实际经营，情况发生了变化，应对对方企业的经营现状作认真全面的了解。

2. 合同主体适格

当事人订立合同，应具有相应的民事权利能力和民事行为能力，否则会因为主体资格不合格，而使合同的效力受到影响。

供电企业自己的内设机构没有向工商行政管理部门申请注册登记领取《营业执照》，没有签订合同的民事权利能力，即未取得对外进行民事活动的主体资格。以该内设机构的名义签订供用电合同，一旦发生合同纠纷，往往会因为签约主体不合格，致使供用电合同效力受到影响。

在签订供用电合同时，要认真审查用电人的主体资格。例如，当一个企业或公司处于筹建阶段，则只能以筹建主体为签约主体；在企业或公司办理了工商注册登记后，可由筹建主体将原合同所有权利义务转让给注册成立的法人，也可以终止原合同而签订新合同。

如有的电力企业与其他企业或者与某行政单位签订借款合同，如果对方不按约定偿还借款和利息，打起官司来，法院判决电力企业除可以收回借款本金外，对已经取得或约定取得的利息都将上交给国库。这是因为货币借款是一项金融业务，只能由国家指定的金融机构专营。企业之间或企业与行政单位之间均不能相互拆借资金，因为他们不是借款合同主体，不具备借款的行为能力，所签合同是无效合同。

经济合同作为商品经济发展到一定程度的产物，并不是任何人、任何组织都可以签订的，要签订合同就必须具有签订合同的权力能力和行为能力。所以在签订经济合同时，一定要进行严格的主体资格审查，以保证签订的合同合法有效。

案例4-1　某塑料有限公司是柳州某公司1998年7月在某市投资兴办的企业。为解决该塑料有限公司的用电问题，某市政府与其投资者柳州某公司签订了一份供用电协议，双方经协商约定，由市电厂（产权属某市政府所有）出专线向该塑料有限公司供电。电价按某价工字〔1997〕170号文规定给予一定优惠，具体为：工业电价0.348元＋三峡基金0.013元＋电建基金0.009元三项共0.37元/千瓦时的月基本电费，不能再单列生活用电电价和加收无功损耗电费等，即只能按一个单价0.37元/千瓦时的结算。电费由供电公司收取，每月缴纳一次。供电公司收取电费后给塑料有限公司开具增值税发票。

按照某市政府的指示，供电公司在未与塑料有限公司签订供用电合同的情况下，即于1998年7月底为该公司办理了临时用电手续，按0.37元/千瓦时单一电价收取了1998年8月至1999年3月的电费并开具了增值税发票。随后，因供电公司多次催促塑料有限公司签订供用电合同未果，于1999年3月16日供电公司向该公司发出关于严格执行国家电价政策的通知，决定从1999年3月1日起严格按某价工字〔1997〕170号文规定电价执行。1999年3月30日，某市政府就两家的供用电问题召开协调会议，重申原供用电合同，并将此作为履行原供用电协议的必要条件。

此后，虽经双方多次协商，均未能达成一致意见，供用电合同始终未能签订。塑料有限公司欠交4月15日至5月15日电费18万多元，供电公司遂停开该公司1999年4月至6月电费增值税发票，并于1999年6月14日向法院提起诉讼。塑料有限公司向法院提出反诉。

原告（反诉被告）的主张及理由：被告是我局供电营业区内用户，虽未签订供用电合同，但双方形成事实上的供用电关系，截止到1999年4月15日，被告共用电2 461 200千瓦时，按照国家规定电价，应交电费1 096 172.47元。被告交910 644.00元后，还有185 528.47元电费未交，经多次催要无果，诉至法院，请求判令被告支付电费185 528.47元，并与原告签订供用电合同。

被告（反诉原告）的主张及理由：我公司按照柳州某公司同某市政府签订的供用电协议中约定的电价交纳电费，根本不存在拖欠电费问题。供电公司对供用电协议未表示异议，并按0.37元/千瓦时的单一电价执行了近7个月，已形成事实上的合同关系。此供用电协议应视为有效。

塑料有限公司还同时提起反诉，要求供电公司开具该公司1999年4月至6月电费增值税发票，并赔偿因此而造成的损失13.23万元，以及由此给该公司造成的其他损失。

对本案被告的反诉，供电公司的主张及理由：被告不按本局根据1997年省物价局、省电力工业局联合下发的《关于某市区1997年综合电价的批复》规定电价出具的电费清单交纳电费，因此未给其开具增值税发票，即使给反诉方造成损失，也是由于其未足额交齐电费造成的；供电公司遵照某市政府的指示，未按照省物价局部门核定的电价收取电费，实属不当，应予以纠正。某市政府与柳州某公司签订的供用电协议，因某市政府无签订供用电合同的主体资格，内容也不合法，应为无效协议。请求法院依法驳回被告的反诉请求。

法院经审理确认：塑料有限公司与供电公司建立了事实上的供用电合同关系，因双方未签订书面供用电合同，且在多次协商签订供用电合同未果的情况下，供电公司接受了塑料有限公司所支付的8个月电费，双方均有责任。供电公司要求某塑料公司签订供用电合同，并根据有关法律规定核定5月电价，法院应予以支持。塑料有限公司尚欠5月电费185 528.47元属实，法院予以认定。原供用电协议是某市政府与柳州某公司所订，本案不是同一诉讼主体，法院对某塑料公司关于协议的辩称不予支持。某塑料公司反诉供电公司赔偿损失13.23万元的请求予以驳回，但供电公司收到某塑料公司电费未及时开具增值税发票也有一定责任。判决：①限塑料有限公司在判决生效后10日内向供电公司支付5月所欠电费185 528.47元；②驳回某塑料公司反诉请求。

一审宣判后，本案当事人均未提起上诉。

评 析

(1) 某市政府与柳州某公司签订的供用电协议属无效合同。首先，该供用电协议的主体不合法。供用电合同的双方只能是供电企业和用电客户。某市政府不是供电企业，无权签订供用电合同。

其次，该供用电协议中关于电价的内容违反国家法律规定。根据《电力法》第四十三条“任何单位不得超越电价管理权限制定电价。供电企业不得擅自变更电价”，以及《电力供应与使用条例》第二十七条“用户应当按照国家批准的电价，并按照规定的期限、方式或者合同约定的方法，交付电费”。某市政府并未得到国务院授权制定电价，无权决定优惠电价，所以其与某公司签订的供用电协议，内容不合法，应属无效合同。

(2) 供电公司有权要求规范供用电行为，塑料有限公司应按国家规定电价交纳电费。供电公司在未与塑料有限公司签订供用电合同的情况下，为其办理了临时用电手续，并予以供电、收取电费；塑料有限公司实际使用了电力，交付了电费，双方已经形成了事实上的供用电关系。

双方之间的供用电关系同原某市政府与柳州某公司签订的供用电协议是两个完全不同的法律关系，不能混为一谈。供电公司按照某市政府的指示，在未与塑料有限公司签订供用电合同的情况下，为其办理了相关用电手续提供电力，并按0.37元/千瓦时单一电价收取电费，实属不当。供电公司主动向法院请求予以纠正，要求与塑料有限公司根据有关电力法律、法规的规定签订了书面供用电合同，从而把双方已经形成的事实上的供用电关系加以规范、合法化，此行为是正确的，应得到法律的支持。

原供用电协议中约定的0.37元/千瓦时单一电价因违反国家规定而无效，所以塑料有限公司主张按协议中约定的电价交纳电费无法律依据，应按国家规定的电价交纳电费。供电公司按有职权物价管理部门核定的电价收取电费，也应该得到法院的支持。

启 示

纠纷成因主要是由政府与投资商签订的无效供用电合同造成的。一是某市政府无权签订供用电合同，二是根据电价审批权限，某市政府无权确定优惠电价。为避免此类纠纷，在某市政府与供电局商定此事时，就应该明确指出签约主体和审批权限问题，并依法办事，这类纠纷就不会发生。在当前电力市场已由卖方市场转为买方市场、电力商品相对供大于求、市场不景气的环境下，供电企业采用一些用电优惠政策，前提是不能违反国家法律法规。这对于鼓励用户用电，开拓电力市场，增加用电量是有利的。如果迫于某些外在因素的压力，如行政干预或者片面追求增加供电量，而采取一些和国家法律、法规及政策相抵触的做法，不仅损害了供电企业自身的合法权益，而且一旦发生法律纠纷，供电企业也难以免除相应的法律责任，此点应引起供电企业的重视。本案中，供电公司及时对不合法行为予以制止和纠正，理顺了供用电关系，是可取的。

（1）自然人主体。

供用电合同的用电方必须由具备完全民事行为能力的自然人签订。依照现行法律，自然人的民事行为能力主要从年龄、智力和精神状况上进行判断。我国《民法通则》规定，年满18周岁且无精神病的自然人，具有完全民事行为能力；年满16周岁不满18周岁并以自己的劳动收入为主要生活来源的自然人，视为具有完全民事行为能力。

（2）法人主体。

法人是具有民事权利能力和民事行为能力，依法独立享有民事权利和承担民事义务的组织。根据《民法通则》规定，法人可分为企业法人、机关法人、事业单位法人和社会团体法人。因此，法人作为用电方与供电企业签订的供用电合同，是合法有效的。应当注意的是法人的职能科、处室、车间，还有如高速公路收费站、外单位驻本地办事处等下属部门签订的供用电合同，将会带来供用电合同的效力瑕疵，给合同履行保障埋下隐患。

（3）其他组织主体。

其他组织，是指合法成立，有特定组织机构和财产，但又不具备法人资格的组织。根据法律规定，其他组织有私营企业、合伙企业、外资企业、中外合作企业、社会团体、法人分支机构、乡镇企业、个人独资企业、破产企业清算组等。其他组织的供用电合同，为日后保护电费债权计，用电主体应以证照登记的名称为准，法律另有规定的，则依照规定办理。要区分公司是无限责任还是有限责任，对于无限责任的用电主体，电费风险相对较小，而有限责任的用电主体，则风险较大，要提防用电人利用有限责任金蝉脱壳，紧盯不放。

四、用电人资信审查

签约供用电合同前的资信审查包括签订合同的主体资格审查，是从法律上审查签约人是否具备签订资格。如，无民事行为能力人，不完全民事行为能力人、物权代理、越权代理等，还包括客户的商业信用级别和履行合同义务的能力等。

案例4-2 某公司下属建筑公司（以下简称电建公司）与某房地产公司签订了《合作兴建写字楼合同》，约定写字楼现金投资800万元，电建公司投资600万元，并承揽建设工程；房地产公司用土地使用权出资，并投资200万元。合同生效后电建公司投资到位，并完成了主体工程建设。房地产公司不仅分文不投，还私自以写字楼的主体工程为抵押从银行贷款300万元。因到期不能偿还贷款，写字楼被银行查封。本案电建公司投入了600万元资金，搭上了200万元的建筑工程费，还背上了300万元的债务，可谓损失惨痛！经查，房地产公司属于某社科部门，注册资金已经抽走，属于皮包公司，房地产公司经理之所以能与电建公司顺利签订合同，是因为与供电公司经理是铁哥们。

启示

不管双方当事人的私交如何，还是按照那句老话，商场上，先小人，后君子。个人关系，在法庭上苍白无力，只能作为违法操作的诱因。因此，资信审查在签订合同之初尤为重要。

资信审查根据具体情况，应作如下审查，并建立资料入档。

1. 自然人用户

对于自然人用户，要审查其是否是完全民事行为能力人，是否具有独立承担债务的能力。应将其姓名、住所（或经常居住地的居所）、联系电话、邮政编码、身份证号码等资料搞清楚，搞准确。

2. 个体工商户

对于个体工商户的签名主体，应以登记为营业人的自然人为准，有字号的，同时注明字号。个人合伙供用电合同的签名主体，也应以工商登记的营业人为准，有字号的，同时注明字号。无论是个体工商户还是个人合伙，若营业人为二人以上的，用电主体可以是全体签名，也可为代表人签名，但代表人办理时要提交其他人员的授权委托书。

3. 法人或非法人单位用户

（1）审查签约单位是否具备资格，是否具有工商行政管理机构颁发的《企业法人营业执照》，其核载的内容与实际是否相符。法人单位的分支部门、科室、车间、工区、公分司等代理签订供用电合同的，应当具有法人代表的人身证明、授权委托书、代理人身份证明。合同标的符合其经营范围，涉及专营许可的，应当具有相应的许可、等级、资质证书。应将其名称、住所、法定代表人（或负责人）的姓名及身份证号码、联系电话、邮政编码等资料在合同中载明。

（2）除了客户的基本情况之外，在签订或续签合同前，须对用电单位的资信状况进行调查（银行、工商、税务、司法等部门），是否具有相应的履约能力，必要时出具资产负债表、资金证明和注册会计师签署的验资报告。留意审查其营业执照是否按期年检，是否是假执照，其地址经营范围是否相符，是否有皮包公司迹象，是否具有履约的信用，是否濒临破产或经营恶化，有无重大经济纠纷和犯罪等。

（3）对于经营状况较差、历史上曾多次拖欠电费记录，或签约时涉及重大诉讼或其他有可能使供电企业债权落空的情形，在签订供用电合同的同时，应当要求用电单位提供切实有效的担保。

在此条款中，应注意将用户的姓名或名称、住所等资料搞清楚、搞准确，并在合同中加以明确，以防止将来发生欠费用户失踪而无处讨债、无处起诉的被动局面。

（4）中小型企业法人或非法人单位用户的基本条件：①在银行开立基本结算账户或一般结算户，有一定的存款或国际结算业务；②营业执照经工商行政管理部门核准登记，并办理年检手续；③有必要的组织机构、经营管理制度和财务管理制度；④信誉良好，具备履行合同、偿还债务的能力，无不良信用记录；⑤有固定住所和经营场所，合法经营，产品有市场、有效益；⑥能遵守国家金融法规政策及银行有关规定。

与中小型企业签订供用电合同前审查其如下基本资料：①营业执照、企业法人代码证、税务登记证，特殊行业需提供特殊行业经营许可证；②企业法定代表人的身份证复印件；③企业或经营者个人自有资产的权属证明、企业有关章程或非独资企业的各股东有关出资协议、联营或合伙企业的合同或协议；④验资报告、纳税证明、电费发票、企业在银行结算账户资金流入清单、企业日均存款和贷款余额、拟作为贷款抵（质）押的财产价值证明材料等；⑤企业前 3 年报表（不满 3 年的提供前 2 年或 1 年报表）及近期财务报表；⑥抵（质）押物权属证书及有权处分人（包括财产公有人）同意抵（质）押的证明原件。

4. 对临时用电户、房屋承租户的防范

从合同主体的稳定性上考虑，有稳定用户和流动用户的区别，前者多为在本地投资并进行工商登记的企业或者拥有自购房产的自然人，后者则为分公司、办事处、承租经营户和外来人口等。需要注意的是，无论何种用电主体签订供用电合同，都要留下客户的房产证、营业执照，授权委托书、经办人身份证等资料，无法留存原件的，复印件应加盖单位印章并由经办人签名确认。

此外还有另一种关系，存在于出租人、承租人与供电企业之间。从法律本质上讲，应是供电企业与出租人，出租人与承租人之间分别签订合同。供电企业一般不与承租人之间发生关系，因为承租人往往不是供用电合同的当事人。例如，如果承租人窃电，供电企业亦只能要求出租人承担违约责任。对于这种出租与承租关系，供电企业应该与其二者在合同中约定："当出租方（供用电合同当事人）不能按期缴纳电费时，由承租方以其租赁费抵交。当二者均表明不履行缴纳电费义务时，立即停止供电。"

案例 4-3　刘某从事机械加工业，与某供电公司签订了供用电合同。由于经营不善，将机械加工设备转卖给李某，将厂房也出租给李某继续从事机械加工业。此后，刘某经常欠交电费。某供电公司营销人员每次到刘某处催交电费，刘某总是说，房租是我唯一的收入来源，因为刘某还没有交付厂房租赁费，所以暂时无钱交付电费。后来，常常以此为由拒交电费，使某供电公司营销人员很无奈。

评　析

本案中某供电公司营销人员因为考虑到承租人并非供电企业用户，只能一味敦促恶意欠费出租人交纳电费，缺乏其他措施。承租人却逍遥于责任之外。事实上，供电企业可根据《合同法》第七十三条之规定对出租人行使代位权。或者为避免行使代位权的麻烦，供电公司可与出租人、承租人签订一个直接向供电企业缴付的电费的合同，约定承租方每月先将部分房租直接抵电费。在此情况下如果承租人不向供电企业交纳电费，可依法对其提起民事诉讼实现电费债权，因为一般承租人还款能力要强于出租人。

启 示

注意合同的主体不合格可能导致的合同无效。同时，严格审查用户的资信情况，特别是对负荷较大的流动用户，出租户与承租户应互负连带责任或者提供适当担保。

第二节 供电方式、质量、时间

供电方式、质量和时间是供用电合同的重要条款，双方应根据《电力供应与使用条例》和《供电营业规则》的相关规定，使该条款签订得完整准确。

一、供电方式

供电方式是供电人向用电人供应电能的途径和方法，包括电源、频率与电压等级。如，供电人向用电人提供三相（单相）交流 50 赫兹电源，采用单/双/多电源、单/双/多回路向用电人供电。

1. 主供电源

主供电源是在电力系统正常运行的方式下，供电人向用电人提供电力的电源。主供电源有三种：专线供电、公用线路和发电厂直配。多路电源供电的用户应加连锁装置，或者按照供用电双方签订的协议进行调度操作。多路供电非调度的客户，在进线开关处加装连锁装置，应定期维护、检修，保证操作可靠，否则，发生的一切事故后果由用电人负责。

合同中应明确主供电源的个数、具体的供出变配电站所、送出电压、开关编号、供出线路名称（电缆还是架空线）、到达受电地点和容量。

2. 备用电源

备用电源是主供电源不能满足用电人需求时，供电人向用电人供电的其他电源。应明确备用电源的个数、具体的变配电站所、送出电压、供出线路、到达受电地点和容量。

3. 保安电源

保安电源是在正常供电故障的情况下，为了保证用电人重要负荷仍能连续供电和不发生事故而设置的电源。作为保安电源的具体的变配电站所、送出电压、供出线路、到达受电地点和最小保安容量。根据电网发展水平和用电人负荷性质，用电人采取电或非电的保安措施，防止电网意外断电对安全产生的影响。其中采取电保安措施是：①自备发电机视在功率、安装地点；②采用不间断电源（UPS）视在功率、安装地点。

4. 委托转供电

未经供电人同意，用电人不得自行向第三方转供电力。委托转供电应当明确约定转供电源点的变电站、线路名称、开关编号、电压等级、转供电量、被转供人、委托转供电费用等。

5. 具体供电接线方式

见附图“供电接线及产权分界示意图”。

案例4-4 2006年9月9日，某个体户周某因拖欠电费10 000元，久讨不还，供电所履行了停电手续后，中止了对周某的供电。由于周某厂房附近的预制场用电系周某转供，因此该预制场也停止了供电。2006年12月4日，预制场以供电所停电未提前通知为由，向法院提起诉讼，要求供电所赔偿其经济损失3000元。

法院经审理查明，原、被告之间没有建立供用电合同关系，原告起诉被告违反供用电合同突然停电的理由不能成立，原告接受他人转供电，未得到被告的许可，供电方、转供电方和被转供电方并未签订转供电三方协议，且停电前被告已按程序通知了用电人，对于没有供用电关系的原告人的损失，被告是无法预料的。因此，原告要求被告赔偿经济损失没有法律依据，遂驳回了原告的诉讼请求。

评 析

《电力供应与使用条例》第二十条第二款规定，“在公用供电设施未到达的地区，供电企业可以委托有供电能力的单位就近供电。非经供电企业委托，任何单位不得擅自向外供电。”《供电营业规则》第十四条对转供电做了详细的规定，“用户不得自行转供电。在公用供电设施尚未到达的地区，供电企业征得该地区有供电能力的直供用户同意，可采用委托方式向其附近的用户转供电力，但不得委托重要的国防军工用户转供电。”本案个体户周某与预制场之间的转供电没有得到供电人的同意，并未签署三方协议，其间的转供电关系不受法律保护，预制场不是供电人的用电户，非供用电合同的当事人，不受法律保护。

启 示

如果本案中，供电公司明知预制场接受周某的转供电，并直接向预制场收取电费，可以说明其一，供电公司认可了二者之间的转供电；其二，供电公司与预制场形成了事实上的供用电关系，不管是转供电还是直供电，双方都是供用电关系。这样供电公司在主观上就存在过错，法院就会判决供电公司承担部分赔偿责任。

此外，供电公司发现违章转供电者应及时制止转供电方停止违章用电行为，敦促被转供电方及时办理用电申请。

二、供电质量

根据《电力法》与《合同法》的解释，供电质量是指电压质量、频率和供电可靠性。

1. 电压质量

交流电电压质量包括电压的偏移、闪变与波形三个方面。电压质量对各类用电设备的工作性能、使用寿命、安全及经济运行又有直接影响。

（1）电压偏差。指用电设备端电压 U 与用电设备额定电压 U_N 之差对额定电压 U_N 的百分数，即

$$\Delta U=\frac{U-U_N}{U_N}\times 100\% \quad (4-1)$$

如，感应电动机的最大转矩与端电压的平方成之比，加在用电设备上的电压数值偏移额定值之后，对最大转矩影响甚大。电压降低，转矩显著减小，转差增大，电动机定子、转子电流显著增大，温升增加，绝缘老化增加，甚至烧坏电动机。反之，电压升高，励磁电流与铁损大大增加，引起过热，效率降低。

《供电营业规则》第五十四条规定，“在电力系统正常状况下，供电企业供到用户受电端的供电电压允许偏差为：

“（1）35 千伏及以上电压供电的，电压正、负偏差的绝对值之和不超过额定值的 10%；

“（2）10 千伏及以下三相供电的，为额定值的±7%；

“（3）220 伏单相供电的，为额定值的+7%，−10%。

“（4）在电力系统非正常状况下，用户受电端的电压最大允许偏差不应超过额定值的±10%。”

《供电监管办法》第七条规定，“城市居民用户受电端电压合格率不低于 95%，10 千伏以上供电用户受电端电压合格率不低于 98%；”

用户用电功率因数达不到《供电营业规则》第四十一条规定的，其受电端的电压偏差不受此限制。

（2）闪变。灯光照度不稳定而造成人眼不舒服的感觉，这种现象称为闪变。闪变不仅与电压的波动有关，还与波动频度、波形和灯具的型式和参数有关。

（3）波形畸变。由于电网中硅整流、晶闸管变流设备、微机及网络和各种非线性负荷的增加，致使大量谐波电流注入电网，造成电压正弦波畸变，使电能质量大大下降，给供用电设备带来严重危害，不仅是损耗增加，还使某些供电设备不能正常运行，甚至引起系统共振，从而产生线路过电压，击穿线路绝缘设备；还可能造成系统的继电保护自动装置误动作，并对附近的通信设备和线路产生干扰。

《供电营业规则》第五十五条规定，“电网公共连接点电压正弦波畸变率和用户注入电网的谐波电流不得超过国家标准 GB/T 14549—1993 的规定。用户的非线性阻抗特性的用电设备接入电网运行所注入电网的谐波电流和引起公共连接点电压正弦波畸变率超过标准时，用户必须采取措施予以消除。否则，供电企业可中止对其供电。”第五十六条规定，“用户的冲击负荷、波动负荷、非对称负荷对供电质量产生影响或对安全运行构成干扰和妨碍时，用户必须采取措施予以消除。如不采取措施或采取措施不力，达不到国家标准 GB 12326—1990 或 GB/T 15543—1995 规定的要求时，供电企业可中止对其供电。”

2. 频率偏差

频率偏差是指电网交流电的频率与我国工业频率（50 赫兹）的差值。当电网抵御额定频率运行时，所有电力用户的电动机转度都会相应降低，产品质量和数量都会受到影响。当然还会影响计算机和自动控制设备的准确性。《供电营业规则》第五十三条对供电质量作出了明确的规定，“在电力系统正常状况下，供电频率的允许偏差为：（1）电网装机容量在 300 万千瓦及以上的，为±0.2 赫兹；（2）电网装机容量在 300 万千瓦以下的，为±0.5 赫兹。（3）在电力系统非正常状况下，供电频率允许偏差不应超过±1.0 赫兹。”

3. 供电可靠性

供电可靠性用供电可靠率来表示，是指在统计时间内，对客户有效规定时间总小时数与统计期间总小时数的比值。

$$\mathrm{RS}-1=\left(1-\frac{T_{\mathrm{td}}}{T_{\mathrm{tj}}}\right)\times 100\% \qquad (4-2)$$

式中：T_{td}为统计期间停电时间，小时；T_{tj}为统计期间时间，小时。

以全年为统计时间，全年时间为 8760 小时。如客户全年平均停电时间为

87.6 小时，即停电时间占全年的 1%，供电可靠率就为 99%。

供电企业不可能做到绝对不停电，为避免可能引起的纠纷，最好在合同中约定除不可抗力及计划停电外（如计划检修需要的停电、电网改造需要的停电、由于电网限电需要的停电等），全年的供电可靠率（RS-1）的量化值，参考《供电营业规则》第五十七条规定，“供电企业应不断改善供电可靠性，减少设备检修和电力系统事故对用户的停电次数及每次停电持续时间。供用电设备计划检修应做到统一安排。供用电设备计划检修时，对 35 千伏及以上电压供电的用户的停电次数，每年不应超过一次；对 10 千伏供电的用户，每年不应超过三次。”《供电监管办法》第七条规定，“城市地区年供电可靠率不低于 99%，”“农村地区年供电可靠率和农村居民用户受电端电压合格率符合派出机构的规定”。此外，还应提示用户，如果其对供电可靠率的要求高，应当自备备用电源。

《供电营业规则》第五十八条规定，“供电企业和用户应共同加强对电能质量的管理。因电能质量某项指标不合格而引起责任纠纷时，不合格的质量责任由电力管理部门认定的电能质量技术检测机构负责技术仲裁。”但是，满足上述供电质量需要具备下列条件。

（1）在电力系统正常状况下，供电人按以上规定的电能质量标准向用电人供电。

（2）用电人用电时的功率因数和谐波源负荷、冲击负荷、波动负荷、非对称负荷等产生的干扰与影响应符合国家标准，否则供电人无义务保证规定的电能质量。

（3）在电力系统正常运行的情况下，供电人应向用电人连续供电。但为了保障电力系统的公共安全和维护正常供用电秩序，供电人依法按规定事先通知的停电，用电人应当予以配合。

（4）安全用电。《合同法》第一百八十三条规定，“用电人未按照国家有关规定和当事人的约定安全用电，造成供电人损失的应该承担损害赔偿责任。”

三、供电时间

（1）一般客户要求在电网正常的情况下，供电人连续向用电人供电。在电网正常的情况下，除了计划检修、故障检修、计划停限电、停电催费、用电人违章用电或窃电等外，供电人应向用电人连续供电。

（2）执行峰谷分时电价客户，除了从技术设备上控制，可以依照约定按峰谷分时供电。

（3）执行可停电客户电价的客户，根据电网情况随时停电。

不管对约定何种供电时间的客户，供电人实施电网检修、计划停限电、依法停电（停电催费、违章用电和窃电停电等），供电人应按约定或有关规定通知用电人，双方应就中断供电通知约定联系方式，如录音电话、手机信息、电子邮件、传真、书面通知等，原则是通知便捷并能够保证取得通知送达证据。

四、供用电合同的有效期

供用电合同的有效期一般为一至三年。在签订有效期时明确本合同经供电人、用电人签字盖章后并自______年______月______日起生效，有效期到______年______月______日止。但是，对于重要的大负荷客户应当实行到期重新签订合同的制度。因为在合同的履行期内可能会发生客户的体制、编制改变，用电改变，电费电价政策改变等情况。

对于临时用电客户和以房屋租赁人身份签订供用电合同的，有效期更为重要。牵涉到期报装接电还是停电以及电费风险防范问题。

俗话说，磨刀不误砍柴工。倡导供电企业实行合同到期重签制度。实践中，大多供电企业图省事，认为在合同中加以“合同到期后，如供用电双方都未书面提出变更、解除合同，可不再重新签订，本合同继续有效”之类的约定，可以免去重签合同之累。其实这是错误的认识。任何事物总是处在变化之中，企业也一样在不断变化，有的扩张壮大，蓬勃发展，有的则萎缩凋敝，濒临死亡。前者是供电企业希望的，后者更是供电企业应该关注的，因为隐藏着收缴电费的风险。借重签供用电合同之机，供电企业重新实地考察客户的身份、地址、产品销售、企业财务等情况变化，据此对合同进行完善，可以准确掌握客户的最新信息，预防合同履行的风险。

第三节 用电容量、性质、地址

由于电能的“三同时”性质，客户在申请用电时应该确定容量，由此确定电源储备。客户在用电过程中不得随意增加容量，以免电源供给不足，导致电能质量下降。否则，客户要接受违章用电的处理。

一、用电容量

用电容量为受电变压器容量与不经受电变压器直接接入电网的电气设备容量之和。用电容量用来核定供电人是否具有再接受新用户的能力。对于工业用电性质的，用电容量是核定用电人是执行单一电价还是两部制电价的重要依据。用电人是否执行功率因数调整，是否执行峰谷分时电价，通常也是根据用电容量来确定的。通常工业客户用电量大，其比重占全社会用电量的75%左右，且负荷比较稳定。因此，要特别重视与该类客户的供用电合同的签订。

签订供用电合同时应当写明受电点的个数，每个受电点接受的用电容量，如：

根据用电人的申请，供电人确认用电人共有______个受电点。受电设备的总容量为：______千伏安。保安容量______千伏安，自备发电容量______千瓦。其中：

__________受电点受电变压器______台，共计______千伏安，（多台变压器时）运行方式为__________。

__________受电点受电高压电机______台，共计______千瓦（视同千伏安），运行方式为__________。

……

在合同的履行过程中，一旦发生用户违章用电，如私自超过合同约定的容量用电的，合同约定容量就是判断其是否超容的依据和追缴超容用电的电度电费、基本电费和违约使用电费的依据。当然报装时的受电设备清单也可以作为依据。

二、用电性质

用电性质分为行业分类、用电分类、负荷性质三个方面。用电量可以清晰地反映各行业的生产、管理及发展情况，是统计部门、电力部门对国民经济、地区经济的行业统计分析、行业市场分析等统计分析的主要依据。我国执行分类电价，是指按照用电客户的用电性质及特征而实行客户类型差别电价制度。其目的当然不只是统计，更重要的是为调整产业结构发挥经济杠杆作用。用电分类不同，执行不同的对应电价。

1. 行业分类

行业分类就是根据《国民经济行业分类和代码》（GB 4754—1994）的规定进行分类的，以便对全社会的用电行业进行分类统计和分析。国民经济行业用电分为七大类和城乡居民生活用电：①农、林、牧、渔、水利业；②工业。包括采掘业和制造业；③地质普查和勘探业；④建筑业；⑤交通运输、邮电通信业；⑥商业、公共饮食业、物资供销和仓储业；⑦其他行业。

2. 用电分类

①居民生活用电；②非居民照明用电；③商业用电；④普通工业；⑤非工业动力用电；⑥大工业用电；⑦农业生产用电；⑧趸售。

3. 负荷性质

按照客户的重要性划分为三类：

(1) 一类负荷（也叫一级负荷）。关系国民经济的命脉及人民的生命财产安全的用户，或者停电及突然停电对其造成损失太大的用户，如，冶炼、医院、主要的军政机关等。这类用户供电必须保证高度的供电可靠性。

(2) 二类负荷（亦称二级负荷）。其在国民经济中的地位不如一类负荷重要，对其停电造成的损失较大，但有挽回的余地。对该类用户的供电，要保证中等的可靠性。一般不限制对该类客户按计划供电，只在电力不足或系统故障时才对该类客户中断供电。一般工业均属二类负荷。

(3) 三类负荷（亦称三级负荷）。在国民经济中它的地位更低，与人民的生命财产安全关系不大，中断供电带来的损失比较小。当电力不足或故障限电时首先被拉闸的就是三类负荷。该类客户供电可靠性比较低。一般非农忙季节的农业用电、市政生活用电等列为三类负荷。

三、用电地址与合同履行地点

我们的供用电合同，往往忽视履行地点的约定。例如：用电人的电能计量方式多为低压计量，而供电设施的产权分界点却大多在高压侧，电能通过导体又必然有损耗，这样必然产生线损。如果在合同中不约定履行地点，用电人就会误认为电能计量表处就是履行地点。

为避免找用电人收取线损而引发不必要的法律纠纷，应按照《合同法》第一百八十七条“供用电合同的履行地点，按照当事人约定；当事人没有约定或者约定不明确的，供电设施的产权分界处为履行地点”的规定，来明确履行地点。产权分界点由《供电营业规则》第四十七条作了具体规定。

用电地址和产权分界点固然重要，用来记载计量装置以及受电设备和供用电双方设备产权划开的位置，但是都不能取代合同的履行地点。因此，在合同签订时既要写明用电地址，图示标明产权分界点又要明确供用电合同的履行地点，并提供其平面图作为附件，这既是确定供电方案的依据，又有利于产权分界点和合同履行地点不一致时的线损分担，也可在出现私自迁址、非法转供电等情况时，作为判别用电人是否属于违章用电的主要凭据。

第四节 电能计量、电价、电费结算方式

《电力法》第三十一条规定，“用户应当安装用电计量装置。用户使用的电力电量，以计量检定机构依法认可的用电计量装置的记录为准。”《电力供应与使用条例》第二十六条规定，“用户使用的电力、电量，以计量检定机构依法认可的用电计量装置的记录为准。用电计量装置，应当安装在供电设施与受电设施的产权分界处。安装在用户外的用电计量装置，由用户负责保护。”

电能通过赊销交付标的物之后，计量就是确定标的物数量的方法，电价就是标的物的价格，电费结算方式就是价款的交付方式。

一、电能计量

电能计量是由电能计量装置来确定电能量值的一组操作。电能计量是电力生产营销以及电网安全运行的重要环节，电能发、输、配、售的每个环节都离不开计量。电能计量的技术水平不仅影响电能量结算的准确性和公平性，还涉及国家、电力企业和广大客户的合法权益。因此说，电能计量是电力营销的重要环节，卖电和买电都离不开公平的“秤”。

在签订供用电合同时，应明确供用电双方用于贸易结算的电能计量装置的组成、准确度等级、安装位置。计量装置包括电能表（有功、无功、最大需量）、互感器、失压、断流记录仪及端子排（或专业的接线盒等）。计量装置的配置和准确等级应该符合计量规程的要求。

1. 配置计量装置

根据计量电能的数量和计量对象的重要程度配置不同类别的（Ⅰ、Ⅱ、Ⅲ、Ⅳ、Ⅴ）计量装置。

2. 计量方式

（1）电能计量点原则上应设在供电设施与受电设施的产权分界处，单相供电装设单相电能计量装置，三相供用电的装设三相电能计量装置。如产权分界处不宜装设用电计量装置，对有专线供电的高压客户，可在供电变压器出口计量；由公用线路供电的高压客户，可在客户受电装置的低压侧计量。

（2）用电客户的每个受电点都应按不同的电价类别分别装设用电计量装置，一个受电点就是一个计量点；客户受电点内难以按电价类别分别装设用电计量装置的，可以装设总的计量装置，按不同的电价类别，用定比或定量的方法进行分算，分别计费。

(3) 城镇居民用电均应实行一户一表计量。

(4) 同一计量点有正、负向送受电时，应分别安装计量装置来计量正向和反向的有功电量，以及四象限无功电量的电能表或多功能电能计量表。

(5) 任何一个供电点或受电点，都应装设电能计量装置计量供电量或用电量。

(6) 中性点非绝缘系统或三相负载不平衡场合应采用三相四线计量方式；中性点绝缘系统可采用三相三线计量方式。

(7) 地方电网和有自备电厂的企业与电力系统联网者，应在并网点上设置送、受电计量装置计量送、受电量。

3. 计量内容确定

在签订供用电合同时，明确用电人每个受电点安装用电计量装置（包括计费电能表、表用互感器及二次连接线导线）的配置、安装应符合国家标准和行业规程的规定；还要约定用电计量方式是采用高压侧计量还是低压侧计量以及计量点、损耗和电价分类比例等。

(1) 如果多点计量应分别写明用电计量装置分别装设在：

①________________；②________________；③________________。

(2) 用电计量装置安装位置与产权分界处不对应时，线路与变压器损耗由产权所有者负担。每月______（增加/减少）线损电量应分摊到各类用电量中再分别计算电费。

(3) 用电人未按电价分类分别配电时，供电人对难以装表计量的______、______、______用电量，约定按每月______、______、______千瓦时计算，或按每月总用电量的______%、______%、______%计算。随用电构成比例和数量的变化，供电人每年至少对其核定一次，用电人应当予以配合。

二、电价

电价相当于一般买卖合同中的标的物的价格，但在供用电合同中该价格并非双方当事人协商一致确定的，而是根据国家的法律法规和政策，由有权的价格行政部门确定的，任何单位和个人都无权干预电价制订。因为电价对电力的生产、流通、消费起着重要的调节作用。电价的制订是国民经济价格体系中一个重要的组成部分，直接影响着国民经济的发展。《电力法》第四十三条规定，“任何单位不得超越电价管理权限制定电价。规定企业不得擅自变更电价。”2003年《电价改革方案》拟定的电价改革的长期目标：在进一步改革电力体制的基础上，将电价划分为上网电价、输电价格、配电价格和终端销售电价；

发电、售电价格由市场竞争形成；输电、配电价格由政府制定。同时，建立规范、透明的电价管理制度。

1. 电价的制定

电能不能储存，电力企业必须按照客户对电力的最大需求备好发、输、变、配电设施，需要巨大的投资，同时要支出相应的维护费用，这些投资和费用构成电价的基础。但是电力建设投资和维护费用的大小与客户用电条件和时间是密切联系的，为了使客户电费负担合理就要按客户条件（用电方式、用电时间、用电电压等级、电能质量、供电可靠性等）制定差额（分类）电价，即不同类客户有不同的电价。

制定电价遵循的原则是：①合理补偿成本；②合理确定利润，依法纳税；③坚持公平合理，促进电力建设；④促进客户合理用电。

《电力法》第三十六条规定了电价制定的原则，“制定电价，应当合理补偿成本，合理确定收益，依法计入税金，坚持公平负担，促进电力建设。”

《电力法》第三十七条规定了电价制定的权限，“上网电价实行同网同质同价。具体办法和实施步骤由国务院规定。电力生产企业有特殊情况需另行制定上网电价的，具体办法由国务院规定。”

对于销售电价的制定，《电价改革方案》指出，政府制定销售电价的原则是坚持公平负担，有效调节电力需求，兼顾公共政策目标，并建立与上网电价联动的机制。《销售电价管理暂行办法》第二十九条规定，“各级政府价格主管部门负责对销售电价的管理、监督。在输、配分开前，销售电价由国务院价格主管部门负责制定；在输、配分开后，销售电价由省级人民政府价格主管部门负责制定，跨省的报国务院价格主管部门审批。”

2. 电价管理的原则

《电力法》第四十三条规定，“任何单位不得超越电价管理权限制定电价。供电企业不得擅自变更电价。”第四十四条规定，“禁止任何单位和个人在电费中加收其他费用；但是，法律、行政法规另有规定的，按照规定执行。地方集资办电在电费中加收费用的，由省、自治区、直辖市人民政府依照国务院有关规定制定办法。禁止供电企业在收取电费时，代收其他费用。”第四十五条规定，“电价的管理办法，由国务院依照本法的规定制定。”2003 年下半年《电价改革方案》（国办发〔2003〕62 号）颁布，我国电价改革启动。电价改革应坚持统一领导与分级负责相结合。按照改革的整体部署和原则，各地可根据本地区具体情况，因地制宜制定电价改革实施办法，报国务院价格主管部门批准后实施。《销售电价管理暂行办法》第三条明确为，“销售电价实行政府定价，统一政策，分级管理。”

案例4-5　2008年9月6日，某仲裁委员会依据《合同法》和《仲裁法》作出了终局裁决，裁定被申请人安泰机械配件厂业主解某、鸿程机械配件厂业主鲍某、同集机械配件厂业主黄某，于2008年9月10日前给付某州供电公司电费款共113 221.32元，违约金2941元。至此，这起全省首次因差别电费引发的供用电合同纠纷案，以某州供电公司胜裁而终局。

2008年3月，上述3家乡镇民企被某省物价局、某省经贸委、电监办下达的苏价工〔2008〕100号文件列为“53家淘汰类高耗能企业”。为了贯彻落实国家节能减排政策，促进节能减排工作，4月2日，省物价局、省经贸委、电监办联合制定了《关于对53家高耗能企业实施差别电价的通知》，对3家企业从2008年4月1日抄见电量起执行差别电价。省电力公司要求相关供电公司严格按照有关法律法规，加强对执行差别电价企业的预收电费管理，确保电费安全回收，同时做好差价收入账户的征收统计工作，确保国家政策执行到位。

某州供电公司严格按文件要求，做好差别电价的实施和电费回收工作，相继4次派员上门就差别电价与客户沟通，但3家业主对节能减排政策不理解，对新行差别电价不执行，拒绝交纳4月份差别电费。截止到5月13日，3家企业共计拖欠电费113 221.32元，违约金2941元。其间，3家企业先后向某州供电公司申请报停，个别企业私下转移生产设备，以停产等手段抗交和拖欠应交差别电费。为此，某州公司依据苏价工〔2008〕100号文件；省物价局、省经贸委、电监办联合制定了《关于对53家高耗能企业实施差别电价的通知》精神及供用电合同有关条款约定，在做好大量庭外调查取证工作基础上，根据合同约定，向淮安仲裁委员会提出了仲裁申请书。庭审中，他们有理有节，据理力争，运用司法手段追缴拖欠电费。

仲裁庭经审理认为，申请人与被申请人签订的《高压供用电合同》和《电费缴纳协议》，系当事人双方真实意思表示，合法有效。被申请人今年4月9日在申请人送达的《关于对53家高耗能企业实施差别电价的通知》上签了名，知晓从4月1日抄见电量起执行差别电价。申请人按照苏价工〔2008〕100号文件精神和供用电合同约定，要求被申请人补交今年4月1日之前的电费差价和同年4月1日至9日应交电费的未交部分，符合《高压供用电合同》中“发生电价和其他收费项目、费率调整时，按调价文件执行”的约定，仲裁庭予以支持。本裁决书自裁决之日起发生法律效力。

启 示

（1）电费电价约定条款，就应该载明：遇到政府电价调整，执行调整电价。

（2）在合同中应当约定有效的仲裁条款。

案例 4-6 1989 年 6 月 25 日，原告某石墨矿、被告某市供电公司签订《电力使用协议》，原告购买被告用电指标 1543 千瓦，付款 3 085 000 元，用电使用权 20 年，总电量 21 330.432 千瓦时。1998 年国务院国发〔1998〕32 号文件“关于停止执行买用电权等有关规定意见”下发后，原被告的《电力使用协议》终止履行。

原告于 2001 年 5 月 11 日以电业公司单方终止合同，不执行用电权价格，给其造成损失为由，向某市中院提起诉讼，请求返还未用完的用电权款 1 895 794.81元，支付利息 1 638 834.99 元，违约金717 368.76元，返还多收电费1 327 981.86元及违约金 502 508.33 元，共计 6 082 487.75 元。

本案一审驳回原告诉讼请求，受理费 40 410 元全部由原告承担。后经过二审和两次再审，以原告放弃诉讼请求，和解结案。

评 析

（1）本案在电网电力供应紧张时，签订的《电力使用协议》，原告的初衷无疑是保证用电。

（2）购买用电权的电价是执行当时的国务院〔1985〕72 号文件和省计委（1989）鲁计能字 265 号文件确定的统一电价，与其他用户执行一样的电价。

（3）〔1998〕32 号文件“关于停止执行买用电权等有关规定意见”和鲁政〔1997〕72 号文件下发后，自 1998 年 10 月 1 日起，停止购买电权，一律统一执行调整后的电价。

由上可见，某市供电公司一直在遵守法律法规，忠实执行政府与物价部门制订的电价。因为《电力法》第四十三条明确规定，“任何单位不得超越电价管理权限制定电价。供电企业不得擅自变更电价。”当然，供用电双方只能执行政府定价，不能双方约定电价。

由此看来，某市供电公司，并未违约。因为某市供电公司并未减少原告石墨矿的用电负荷。

那么，问题出在哪里呢？就是当时签订的《电力使用协议》没有明确约定电价问题。应当协议约定，保证原告用电负荷 1543 千瓦时 20 年，按照有管理权的物价主管部门批准的电价和用电计量装置的记录，向用电人定期结算电费及随电量征收的有关费用。在合同有效期内，发生电价和其他收费项目费率调整时，按调价文件规定执行。

启示

本案就是因为没有明确约定电价，原告就认为协议中的电价应该 20 年不变。调整后的电价高于调整前的电价，原告就认为被告违约。由此看来，严格遵守有关电价的法律法规和政策，忠实执行政府有权部门制定的电价必须在供用电合同中约定得明明白白。

当然，本案不仅仅是电价问题，涉及到国务院政策变更，用电权取消，供电企业和客户都应当执行。在国家政策停止执行后，应变更或解除合同。对用电人按照合同未执行部分的成本支出予以合理补偿。

3. 电价分类

电力建设投资和维护费用的大小与客户用电条件和时间是密切联系的，为了使客户电费负担合理就要按客户条件（用电方式、用电时间、用电电压等级、电能质量、供电可靠性等）制定差额（分类）电价，即不同类客户有不同的电价。《电力法》第四十一条规定，“国家实行分类电价和分时电价。分类标准和分时办法由国务院确定。对同一电网内的同一电压等级、同一用电类别的用户，执行相同的电价标准。”

（1）按照生产流通环节分类

1）上网电价。上网电价指发电企业与购电方进行上网电能结算的价格。《电力法》第三十七条规定，“上网电价实行同网同质同价。”就是说，按照电能质量分等定价，优质优价，次质次价，同质同价。质的因素包括，电压等级、频率稳定、出力稳定、调峰能力、供电可靠性等。

《电价改革方案》及其实施办法规定，上网电价，由政府价格主管部门根据发电项目经济寿命周期，按照合理补偿成本、合理确定收益和依法计入税金的原则核定。其中，发电成本为社会平均成本；合理收益以资本金内部收益率为指标，按长期国债利率加一定百分点核定。通过政府招标确定上网电价的，按招标确定的电价执行。最终实现上网电价改革的方向是全面引入竞争机制，价格由供需各方竞争形成。过渡时期，上网电价主要实行两部制电价，其中，容量电价由政府制定，电量电价由市场竞争形成。各地也可以根据实际采取部分电量竞价等其他过渡方式。

2）输配电价。输配电价是指电网经营企业提供接入系统、联网、电能输送和销售服务的价格总称。输配电价由政府制定，实行统一政策，分级管理。电网输电业务、配电业务应逐步在财务上实行独立核算。输配电价按“合理成本、合理盈利、依法计税、公平负担”的原则制定，并逐步实现政府定价的规范化、科学化。以有利于引导电网投资、完善电网结构，促进区域电力市场的建立和发展，满足国民经济和社会发展的需要。

3）终端销售电价。销售电价是指电网经营企业对终端用户销售电能的价格。销售电价实行政府定价，统一政策，分级管理。制定销售电价的原则是坚持公平负担，有效调节电力需求，兼顾公共政策目标，并建立与上网电价联动的机制。销售电价由购电成本、输配电损耗、输配电价及政府性基金四部分构成。销售电价改革的方向，是在允许全部用户自由选择供电商的基础上，由市场定价。

（2）销售电价分类

分类电价制度是世界各国都采用的制度，我国也采用分类电价制度，而且不同的电网分类的标准、形式、方法也不尽统一。《电力法》第四十一条规定，“国家实行分类电价和分时电价。分类标准和分时办法由国务院确定。对同一电网内的同一电压等级、同一用电类别的用户，执行相同的电价标准。”《销售电价管理暂行办法》规定，销售电价分类改革的目标是分为居民生活用电、农业生产用电、工商业及其他用电价格三类；销售电价分类根据用户承受能力逐步调整。先将非居民照明、非工业及普通工业、商业用电三大类合并为一类；合并后销售电价分为居民生活用电、大工业用电、农业生产用电、贫困县农业排灌用电、一般工商业及其他用电五大类，大工业用电分类中只保留中小化肥一个子类。

（3）按电力固定成本分摊情况制定电价

电力的生产、输送、销售是同时完成的，与其他工业企业有很大区别，只要用户进网用电，不仅要使用电能（电量），而且要占用电力（容量负荷），就像一座水库，其放水闸门的数量是一定的，你占用了，别人就不能用了。因此用户占用容量负荷直接影响电网进一步扩大新客户进网的能力。电网总的供电容量就叫电力固定成本，也叫容量成本。占用容量就要分担电力工业的成本。

我国目前分担的方式是对变压器容量在315千伏安以上的变压器实行两部制电价，其他用电实行单一制电价。这样，可以使用户合理分担费用，保证电力财政收入，而且促使用户提高设备利用率、减少不必要的设备容量，降低电能损耗、压低尖峰负荷、提高负荷率。随着客户设备利用率和负荷率的提高以及客户功率因数的改善，必然使电网负荷率随之提高，减少无功，降低线路损耗，提高电力系统的供电能力。

（4）根据特殊需要来制定电价

因为电力供应要满足峰值负荷，为用户储备一定的容量，投资成本也是由峰值负荷决定的。但是低谷用电时负荷明显减少，只好使部分发电机组停电，造成机组容量的闲置和浪费。再者频繁起停机组，加大电力生产成本。为了发挥价格的经济杠杆作用，使得用电曲线削峰填谷，减小成本，节约资源，国家制定了峰谷电价。《销售电价管理暂行办法》规定，销售电价实行峰谷、丰枯和季节电价，具体时段划分及差价依照所在电网的市场供需情况和负荷特性确定。具备条件的地区，销售电价可实行高可靠性电价、可中断负荷电价、节假日电价、分档递增或递减电价等电价形式。

（5）功率因数调整电价

如果用户大量采用感性用电设备且拖动配套不合适，使用不合理，变压器的负荷率和年利用小时数过低，加之线路无功和无功补偿不足，就会导致电网和用电设备的功率因数降低，影响电网的供电能力和电压质量，增加线路损耗。对用户而言，设备功率因数低，就会与电网进行无功交换，影响电网供电能力，也影响设备自身的出力，增加投资。为此，《功率因数调整办法》根据各类用户的用电性质及功率因数可能达到的程度分别规定功率因数标准及考核办法。

如按月考核加权平均功率因数，分为以下三个不同级别。级别的划分一般按客户的性质、供电方式、电价类别及用电设备容量等因素进行划分。

1）功率因数考核值为0.9的，适用于高压供电客户，其受电变压器容量与不经过变压器接用的高压电动机容量总和在160千伏安（千瓦）以上的客户，3200千伏安（千瓦）及以上的电力排灌站，以及带有负荷调整电压装置的电力客户。

2）功率因数考核值0.85的，适用于100千伏安（千瓦）及以上的工业客户和100千伏安（千瓦）及以上的非工业客户和电力排灌站，以及大工业客户未划由电力企业经营部门直接管理的趸售客户。

3）功率因数考核值为 0.8 的，适用于 100 千伏安（千瓦）及以下工业客户，和大工业划由电力企业经营部门直接管理的趸售客户。

（6）其他随电费征收的费用

《电力法》第四十三条规定，任何单位不得超越电价管理权限制定电价。供电企业不得擅自变更电价。第四十四条规定，禁止任何单位和个人在电费中加收其他费用；但是，法律、行政法规另有规定的，按照规定执行。地方集资办电在电费中加收费用的，由省、自治区、直辖市人民政府依照国务院有关规定制定办法。禁止供电企业在收取电费时，代收其他费用。

目前政府政策规定的随附征收的费用有如下几种，以青岛市电价为例：①农网还贷资金 2 分钱；②三峡工程建设基金 0.7 分钱；③除农业生产用电外，均含城市公用事业附加费 1 分钱、库区移民后期扶持资金 0.88 分钱（其中居民生活用电 0.83 分钱）；④除农业生产用电外均含可再生能源电价附加，具体标准为居民生活用电、中小化肥用电 0.1 分钱，其他用电 0.2 分钱；农业排灌、抗灾救灾、中小化肥生产用电，分类电价降低 2 分钱执行；采用离子膜法工艺的氯碱生产用电，分类电价降低 1.42 分钱执行。

三、电费与结算方式

1. 电量电费

供电企业应当按国家批准的电价，依据用电计量装置的记录计算电费，按期向用户收取或通知用户按期交纳电费。供电企业可根据具体情况，与用户约定收取电费的方式。用户应按合同约定的期限和交费方式交清电费，不得拖延或拒交电费。

电量电费＝结算电量×电量电价。如果执行峰谷电价的，那么电量电费为：

电量电费＝峰电量×峰电价＋谷电量×谷电价＋平电量×平电价

2. 基本电费

基本电费是我国对受电设备容量在 315 千伏安及以上的工业用户，根据客户变压器容量或最大需量的基本电价计算收取的电费。基本电费为：

基本电费＝变压器容量（或最大需量）×基本电价

计算基本电费的相关规定如下：

（1）基本电费以月计算，但新装、增容、变更与终止用电当月的基本电费，可按使用天数（日用电不足 24 小时的，按一天计算）每日按全月基本电费三十分之一计算。事故停电、检修停电、计划限电不扣减基本电费。

（2）按变压器容量计算时，凡是不通过专变的高压电动机也应该计算基本电费；备用的变压器（含高压电动机），属冷备用状态并经供电企业加封的，不收基本电费；属热备用状态的或未经加封的，不论使用与否都计收基本电费。用户专门为调整用电功率因数的设备，如电容器、调相机等，不计收基本电费。在受电装置一次侧装有连锁装置互为备用的变压器（含高压电动机），按可能同时使用的变压器（含高压电动机）容量之和的最大值计算其基本电费。

（3）按最大需量计算基本电费。所谓最大需量是指用户在全月中15分钟内平均最大负荷值。一般按照供电公司安装的最大需量表的指示值作为计算基本电费的依据。①最大需量以用电户申请并经供电企业核准数为准，超过核准部分加倍收费，低于核准量的40%，按照40%值收取；②最大需量应以15分钟内最大需量表的指示值为标准，如果安装的30分钟的最大需量表应乘以1.04～1.10；③对有两路及以上进线的客户，各路进线应分别计算最大需量。如因供电部门有计划检修或其他原因而造成客户倒用线路，使某一路最大需量增大，其增大部分可在计算客户最大需量时合理扣除。

（4）对转供客户计算电费的应扣减被转供户的实际容量，就是指实际的最大负荷千瓦数和实际变压器千伏安数。扣除转供容量后，不足两部制电价容量时，不得执行两部制电价。

应该缴纳基本电费的变压器（含高压电动机）只要不办理暂停手续就要缴纳基本电费。签订供用电合同时，基本电费的计价方式由用户自主选择。改变基本电费计价方式时，应向供电公司出具签章的书面申请。

案例4-7 2008年2月20日，抄收员到某电容制造厂抄表时发现，该厂经营不景气已经停产一个月，遂通知该厂缴纳上月的基本电费4800元。该厂称，我们已经停产一个月，不用电，哪来的电费呀？抄收员解释说，你厂的变压器容量400千伏安，高供高计，按现行电价政策应该执行两部制大工业电价，电费由两部分构成，一部分是根据变压器容量（或最大需量）计收的基本电费，另一部分是根据用电量计收的电量电费。你厂停产，但变压器没有办理暂停手续，因此还需缴纳上月的基本电费4800元。

评 析

实际上，基本电费就是占用电力资源容量费用，因为电能发、供、用同时完成，容量不能随意增减。只要用电方不办理受电设备暂停手续，电网就要为用电方预留一定的容量，供用电方随时使用，而不能将这部分资源配置给别的用电方，就是不能让新立用户占用该用电方的容量。除非你到管理机构暂时或永久注销——如同用电客户办理暂停或销户。

3. 功率因数调整电费

对不需增设补偿设备，功率因数就可以达到规定的客户或者离电源点较近、电压质量较好、无需进一步提高功率因数的客户，经省级公司批准，可以降低功率因数标准值或者不实行功率因数调整电费办法。

对于降低标准的客户的实际功率因数值高于标准时，不减收费，低于时增收电费。

凡是装有无功补偿装置且有可能向电网倒送无功的客户，应随其负荷和电压变动及时投入或切除部分无功补偿设备，供电部门应在计费计量点加装带有防倒装置的反向无功电能表，按照倒送无功的电量与实用无功电量两者的绝对值之和，计算月平均功率因数。

对于电能表未装在产权分界处的客户，计算功率因数时，应考虑线路和变压器的有功损耗和无功损耗。总表内的居民照明电量，参加功率因数的计算，但电费不参加功率因数的调整。

4. 电费结算方式

电费结算方式应包括，用户执行单一制电价还是两部制电价，两部制电价的计算方法；是否执行峰谷分时电价；是否执行功率因数调整电费；电费每月一次结清还是分几次结清以及每次的间隔时间；具体的电费缴纳方式；每月最终结清电费的时间；不能按时足额结清电费应承担的违约责任。

（1）具体缴费方式

参见本套丛书之《电费风险防范与清欠》第二篇第六章第二节“银行代收电费系统”和第七章第一节“缴费服务创新”。

具体的缴费方式，适用于不同的客户，但是采用哪种方式，一定要在合同中约定。

（2）具体结算方式

一般在结算方式中还约定电费计价依据与方式，如，供电人按照有管理权的物价主管部门批准的电价和用电计量装置的记录，向用电人定期结算电费及随电量征收的有关费用。在合同有效期内，发生电价和其他收费项目费率调整时，按调价文件规定执行。具体结算方式约定：

1）用电人应在供电人规定的期限内全额交清电费。交付电费的方式为：

①用电人直接向供电人交付电费，每月分______次交付。即每月______日，预付______%；______日，预付______%；______日，预付______%；______日，预付______%；并于______日多退少补结清全部电费。

②供电人委托______银行向用电人______（划拨/收取）电费。每月分______次______（划拨/收取）。即每月______日，划拨______%；______日，划拨______%；______日，划拨______%；______日，预付______%；并于______日多退少补结清全部电费。

③____________________。

④按电费结算协议中约定的方式进行结算。

2）用电人对用电计量、电费有异议时，应先交清电费，然后双方协商解决。协商不成时，可请求电力管理部门调解。调解不成时，可向供电人所在地人民法院提起诉讼解决。

3）根据需要，供电人、用电人可另行签订电费结算协议。

5. 缴费信息查询

让客户真正享有知情权。参考移动公司话费查询，引入客户自主参与服务理念，让客户便捷地查询到当月电费信息，将本来由供电公司进行的信息传递工作变更为由客户自主查询。建立供电公司具备电费查询功能的网站，利用因特网来满足上网客户电费查询的需要；建立计算机语音查询电费系统，向目前暂不方便上网查询电费的客户提供电话查询服务；开通手机短信息查询服务系统，给手机使用客户提供即时查询的方便。尽量让客户通过各种方式即时准确获取当月电费数据，以便客户及时交费。供电公司公司建立完善的查询系统，客户真正感觉使用方便，既减少作业量，又可提高客户满意度。

第五节 供电设施维护责任划分

从电源到用户的受电设施之间的输配电设施不是供用电任何一方的产权，而一般是分属于双方的。供电设施的所有权人占有使用设施取得收益，所以当然也要对其设施给他人造成的损害承担责任。另外，通过合同约定对供电设施负有维护责任的供电公司同样也要承担责任。因此在供用电合同中约定供电设施维护责任的划分，对处理人身触电损失赔偿和其他损害纠纷具有极其重要的现实意义。

一、产权分界点

《供电营业规则》第五十一条规定，“在供电设施上发生事故引起的法律责任，按供电设施产权归属确定。产权归属于谁，谁就承担其拥有的供电设施上发生事故引起的法律责任。但产权所有者不承担受害者因违反安全或其他规章制度，擅自进入供电设施非安全区域内而发生事故引起的法律责任，以及在委托维护的供电设施上，因代理方维护不当所发生事故引起的法律责任。”

由此看来，将从电源到用户的受电设施之间的送配电设施的产权划清归属十分必要。怎样划分产权呢？对于管理权发生争议的，参照《供电营业规则》第四十七条规定，“供电设施的运行维护管理范围，按产权归属确定。责任分界点按下列各项确定：

“1. 公用低压线路供电的，以供电接户线用户端最后支持物为分界点，支持物属供电企业。

“2. 10 千伏及以下公用高压线路供电的，以用户厂界外或配电室前的第一断路器或第一支持物为分界点，第一断路器或第一支持物属供电企业。

“3. 35 千伏及以上公用高压线路供电的，以用户厂界外或用户变电站外第一基电杆为分界点。第一基电杆属供电企业。

“4. 采用电缆供电的，本着便于维护管理的原则，分界点由供电企业与用户协商确定。

“5. 产权属于用户且由用户运行维护的线路，以公用线路分支杆或专用线路接引的公用变电站外第一基电杆为分界点，专用线路第一基电杆属用户。

“在电气上的具体分界点，由供用双方协商确定。”

在低压设施上的分界点，电网改造之后，按照投资主体来划分，应该以电表箱进线处作为产权分界点，即电表箱及其后设施属于用电人，电表箱以前部分属于供电人，双方另有约定的除外。

案例 4-8　2008 年 10 月 30 日 20 时许，村民赵某骑摩托车行驶至河南省禹州市一私立中学附近时，撞在府东路东侧非机动车道电线杆拉线上，造成全身多处骨折。住院治疗后，经鉴定为 9 级伤残。赵某以电线杆及拉线的所有人和管理者未设置任何警示标记，应对自己的摔伤承担民事责任为由，将私立中学和该市供电企业告上法庭，要求共同赔偿其医疗费、误工费、护理费等各项费用共计 41 192.76 元。

法院受理此案后，供电企业提交了与用电方私立中学签订的高压供用电合同及事故现场照片，说明线路产权分界点位于城北线周玉香支线7号杆。供电企业与私立中学以书面和示意图形式约定了产权分界点，对产权分界点作了进一步明确。分界点电源侧供电设施属供电方，由供电方负责运行维护；分界点负荷侧供电设施属用电方，由用电方负责维护管理。作为分界点的7号杆位于府东路西侧周玉香支线上，而造成原告伤害的拉线位于府东路东侧，位于私立中学支线第一基电杆上，由用电方负责维护管理。

法院审理后确认，根据两被告签订的供用电合同，线路产权分界点明晰，应由电力设施产权人——私立中学承担赔偿责任，供电企业不承担任何责任。

评　析

《电力法》第六十条规定，“电力运行事故由下列原因之一造成的，电力企业不承担赔偿责任：（一）不可抗力；（二）用户自身的过错。因用户或第三人的过错，给电力企业或者其他用户造成损害的，该用户或者第三人应当依法承担赔偿责任。”《供电营业规则》第五十一条规定，“在供电设施上发生事故引起的法律责任，按供电设施产权归属确定。产权归属于谁，谁就承担其拥有的供电设施上发生事故引起的法律责任。但产权所有者不承担受害者因违反安全或其他规章制度，擅自进入供电设施非安全区域内而发生事故引起的法律责任。”可见，电力设施产权归属是认定责任的重要依据，产权分界点是划清责任的关键。

本案中，赵某因驾驶摩托车撞在府东路东侧非机动车道电线杆拉线上而摔伤，后经法院审理，依据高压供电合同约定，确认发生事故的电力设施属私立中学所有，故应由私立中学承担责任，供电企业无责任。

案例4-9　原告董某诉称：1999年5月3日下午，原告误入被告村委会东南边未装门锁的变压器围墙内，被电击伤，致右前臂被截肢。现诉求被告村委会和供电公司赔偿医疗、护理、营养、交通、伤残补助、残疾抚慰金等共71 691.34元。

被告村委会辩称：①原告父母未尽到监护职责；②原告是接触10千伏高压所致，该高压的管理责任不属村级业务范围，且电工工资系电管站所发；③该变压器房区符合安全要求，从未见过电管部门下发事故隐患通知书。

被告供电公司辩称：我公司与村委签订有《安全供用电合同》以及《高压供用电合同》，合同规定变压器产权归属村委会，其管理、维护的义务也属村委会。故我公司不承担原告的任何责任。

法院经审理认定，1999年5月3日下午17时许，原告独自跑到本村委会东南配电房区的变压器台区内玩耍，在触摸变压器南边相高压桩头接线处时被电击伤，造成右前臂、右小腿肌肉坏死。经某医院治疗，右前臂现已截肢。经某法医鉴定，原告丧失劳动能力70%。花医疗费10 221.84元（出院后花费365.5元）。在治疗过程中，其父母进行护理，护理费1 239.6元，交通费277.5元，住院期间的生活补助费600元，营养费300元，伤残补助费21 420元。另查明：该变压器的产权属村委会，由二被告于1998年10月5日签订的《安全供用电合同》可以证实。变压器围墙上无固定门锁，由公安局的现场勘查笔录及调查现场证人笔录相互印证。庭审中被告供电公司未能提交安全检查验收所下发的事故隐患通知书或整改通知书的证据。上述事实，还有医院结算单据及交通票据以及原、被告的认可。

原告系低智儿童，有计生委保存的《独生子女病残儿医学鉴定诊断申请审批表》所证实。

法院以为：原告系不满10周岁的未成年人，属无民事行为能力，其法定代理人未尽到监护职责，对事故的发生应负次要责任，承担原告医疗费、交通费、住院期间的生活补助费、营养费以及伤残补助费的40%。被告村委会所属的变压器设施围墙门锁安装不牢固，存在事故隐患，所采取的安全措施不力，故负事故的主要责任，承担原告损失的50%。被告电力公司未履行《安全供用电合同》中规定的安全监察义务，对村委会东南地变压台区围墙存在的事故隐患，未提出整改意见和隐患通知书，应负事故的一定责任，承担原告损失10%。二被告的行为使原告致残，给本人和家属造成了精神伤害，应当赔偿原告残疾抚慰金6000元。由村委承担5000元，电力公司承担1000元。原告要求赔偿的医疗费、交通费用中，有出院后花费及车费部分，其不符合法律规定，故本院不予支持。被告村委会辩称：电工系电管站开工资，应由供电公司承担责任；供电公司辩称产权属村委，村委应承担责任的理由符合有关规定，但均不能抵消各自的过错责任，故辩称理由不予采信。依据《中华人民共和国民法通则》（以下简称《民法通则》）第一百零六条第一款、第二款，第一百一十九条，第一百三十一条之规定，以及某省最高人民法院〔1997〕20号《关于审理人身损害赔偿案件中确定赔偿范围及标准的意见》判决如下：

（1）被告村委于判决生效后10日内赔偿原告医疗费、交通费、护理费、生活补助费、营养费、伤残补助费共计16 835.47元。

（2）被告供电公司于判决生效后10日内赔偿原告医疗费、交通费、护理费、生活补助费、营养费、伤残补助费共3367元。

(3) 上述费用余额部分13 468.38元，由原告法定代理人自行负担。

(4) 被告村委赔偿原告残疾抚慰金5000元，于判决生效后10日内支付。

(5) 被告供电公司于判决生效后10日内赔偿原告残疾抚慰金1000元。

案件受理费1600元。由原告承担600元，村委会承担800元，供电公司承担200元。

评 析

本案是一起高压致人损害赔偿案，本应适用《民法通则》第一百二十三条规定的特殊侵权损害的民事责任，但法院没有适用该条款。

(1) 本案村委会应承担主要责任是正确的，但50%的责任又似过少。村委会既然是产权人，其就应管理、维护好变压器设施围墙门锁的安装及消除事故隐患。据此，依据《民法通则》第123条的规定，村委会应承担特殊侵权的无过错责任。董某作为无民事行为能力人，损害不是由其故意造成的，认定其监护人（法定代理人）未尽到监护职责，承担40%的责任要求过苛。

(2) 供电公司不应承担责任。供电公司不是该变压器的产权人，其没有管理、维护之义务。法院认定供电公司未履行《安全供用电合同》中规定的安全监察义务，对村委会变压器台区围墙存在的事故隐患，未提出整改意见和隐患通知书，应负事故的一定责任，是没有法律依据的。综观《用电检查管理办法》的全部条文，没有哪一条款规定了“供电企业不进行检查应承担什么责任”，反而该办法第6条规定，“用户对其设备的安全负责。用电检查人员不承担因被检查设备不安全引起的任何直接损坏或损害的赔偿责任。”这说明即使供电企业未履行或未正确履行“用电检查”义务，也并不需要承担任何因被检查设备不安全引起的任何直接损坏或损害的赔偿责任。

二、电力设施维护责任的划分

1. 电力设施维护责任

电力设施维护责任，就是对电力设施日常的运行、检查、维护、维修方面的事务性、技术性管理，属于微观上的具体的维护，这是设备产权人的责任。在实践中，有的用户和法院将维护责任与监督检查责任混淆了，误认为监督检查责任就是电力设施维护责任，以致法院经常以管理不力判决供电公司承担责任。

实际上，就管理而言，分为微观管理和宏观管理。微观管理，指物之所有人（延伸至使用人）依据所有权原则和规定对该物实施的管理；其目的在于使该物保持正常的功能和价值，并防止物对他人造成伤害；此管理一般以产权为界限，没有特殊的法律事由或授权委托，不得主动对他人之物实施（物权属于绝对权）；管理行为实施的对象即其所有物；管理的方式和内容上，具有日常性、主动性、直接性和事务性的特点；承担因管理不善而产生对他人损害的经济赔偿责任。宏观管理，指机关或组织（如供电公司）依据行政法律、法规或授权，通过对所有人及其物（设备）的指导、监督、检查，使被管理物之状态符合国家颁布的技术标准；管理的范围并不受产权限制，可及于其管理领域（供电营业区）中的所有主体及其物；管理的方式和内容具有随机性、周期性、间接性和宏观性。

值得说明的是，广义的宏观管理，未必一定是指行政管理，经济管理、企业管理同样有宏观而后微观之分。供电企业是民事主体，没有电力行政管理权。供电公司是依据合同的约定对用电客户进行监督检查，应属后者，即宏观上的管理。《用电检查管理办法》第六条规定，“用户对其设备的安全负责。用电检查人员不承担因被检查设备不安全引起的任何直接损坏或损害的赔偿责任。”这说明即使供电企业未履行或未正确履行“用电检查”义务，也并不需要承担任何因被检查设备不安全引起的任何直接损坏或损害的赔偿责任。

不妨退一步讲，即使被误认为行政上的宏观管理，法院也不能在民事审判中判决供电企业为行政管理行为承担民事赔偿责任，而应该由国家承担行政赔偿责任。

《农村安全用电规程》（DL 493—2001）第 4 条 4.2 对电力企业的职责也有具体的责任规定：

（1）接受电力管理部门对安全用电的监督和管理。

（2）执行国家及电力管理部门颁布的电力法律、法规、政策、电力技术规程、行业管理标准中有关安全用电工作的规定。

（3）协助电力管理部门制订农村安全用电管理规章制度及宣传、普及农村安全用电知识。

（4）协助做好辖区内人身触电伤亡事故的调查和处理工作。

（5）依法开展安全用电检查工作。

（6）承办电力管理部门委托的其他事项。

（7）组织对自备电源用户的安全检查及其电气设施的验收。

（8）依法保护电力设施。

（9）建立健全安全用电工作的基础资料、用户档案和保障安全用电的工作制度。

（10）向电力管理部门报告农村安全用电情况。

很明显，供电企业的责任是宣贯法律法规、政策规定，监督、检查安全供用电的宏观管理。

2. 电力设施维护责任的划分

（1）公用供电设施建成投产后，由供电单位统一维护管理。经电力管理部门批准，供电企业可以使用、改造、扩建该供电设施。

（2）公用供电设施的维护管理，由产权单位协商确定，产权单位可自行维护管理，也可以委托供电企业维护管理。如果供电企业受托对公用供电设施的维护管理，一定要与产权部门依法签订公用供电设施的维护管理委托管理协议，载明维护管理的范围、具体职责、违约责任及事故责任划分。

（3）用户专用的供电设施建成投产后，由用户维护管理或者委托供电企业维护管理。用户专用的供电设施尽量由用户自己实施维护管理，以免责任不清。用户确实没有能力管理的，供电企业受托维护管理一定要与用户签订公用供电设施的维护管理委托管理协议，载明维护管理的范围、具体职责、违约责任及事故责任划分。

供电设施的维护责任在《供电营业规则》第四十六条也有相应规定，“用户独资、合资或集资建设的输电、变电、配电等供电设施建成后，其运行维护管理按以下规定确定：1. 属于公用性质或占用公用线路规划走廊的，由供电企业统一管理。供电企业应在交接前，与用户协商，就供电设施运行维护管理达成协议。对统一运行维护管理的公用供电设施，供电企业应保留原所有者在上述协议中确认的容量。2. 属于用户专用性质，但不在公用变电站内的供电设施，由用户运行维护管理。如用户运行维护管理确有困难，可与供电企业协商，就委托供电企业代为运行维护管理有关事项签订协议。3. 属于用户共用性质的供电设施，由拥有产权的用户共同运行维护管理。如用户共同运行维护管理确有困难，可与供电企业协商，就委托供电企业代为运行维护管理有关事项签订协议。4. 在公用变电站内由用户投资建设的供电设备，如变压器、通信设备、开关、刀闸等，由供电企业统一经营管理。建成投运前，双方应就运行维护、检修、备品备件等项事宜签订交接协议。5. 属于临时用电等其他性质的供电设施，原则上由产权所有者运行维护管理，或由双方协商确定，并签订协议。”

在供用电合同中，首先划分出产权分界点，从而界定双方的维护管理范围；其次，约定除非遇到危及电网和安全的紧急情况，一般情况下不得操作更动对方分管的设施；再次，约定各自承担分管设施上依法应当承担的相应责任。

案例 4-10 原告陈某之夫赵甲生前从刘某手中租用某军区某房地产管理处在某村东原部队二营的旧房内从事私营翻砂业。2001 年 12 月 30 日上午 11 时许，该场地承包人刘某发现变压器跌落保险上口中相线烧断，随即通知了某变电所，该所工作人员到现场查看后称下午两点派员来修。下午 13 时 50 分时，赵甲因急需生产，找到刘某说："咱先把准备工作做好"。后两人与同在该场喂猪的赵乙到变压器处，赵甲搬一铁梯靠放在电线杆上，他将梯子抬起来向下垫木块时，铁梯触电，赵甲被击倒，经抢救无效死亡。经某公安局法医鉴定：赵甲系被电击而死亡。2001 年 12 月 25 日，被告供电公司在对该变压器检查过程中，发现无保安器、变压器台高度不够、跌落保险对地距离不够等事故隐患，并通知对以上隐患立即停电整改，验收后送电。

原审法院认为：被告供电公司在安全检查过程中，发现了该跌落保险对地距离不够等事故隐患，虽下发了整改通知书，但未予督促履行。在接到高压故障发生的通知后，本应立即维修、消除危险，但却予以推迟，故对事故的发生应该承担相应的民事责任。受害人赵甲明知高压危险的情况下将铁梯靠放在"高压危险止步!"的电线杆处，致其触电死亡，故存在重大过失，应减轻被告的民事责任。被告辩称：赵甲从事法律、法规禁止的行为，被告应予免责的理由，本院不予采纳。根据某县统计局证明的 2001 年农村居民人均生活消费支出为 1576 元计算。赵甲死亡补偿费为 31 520 元，丧葬费 3000 元，合计为 34 520 元。被告应承担 50%，为 17 260 元。依据《中华人民共和国民法通则》（以下简称《民法通则》）第一百二十三条、第一百三十一条、第一百一十九条之规定，判决如下：被告供电公司赔偿赵甲死亡补偿费、丧葬费 17 260 元，于判决生效后十日内支付给二原告。案件受理费 425 元，由被告承担。

陈某上诉称：①事故形成系事发地高压跌落保险上端中相线烧断漏电所致，该位置正是供电公司的产权范围。②供电公司明知该高压线出现漏电现象而未及时维修，将危险置于公众场合，是造成赵甲死亡的直接原因。③供电公司对发生电力事故的电力设施架设高度不合格及存在事故隐患是明知的，但其未采取措施。④死者赵甲发现断电后因生产急需，在刘某将跌落保险挑掉后做的准备工作，其主观上不存在追求死亡的故意。请求撤销原判，维持上诉人一审的诉讼请求。

供电公司上诉称：①供电公司不应成为原审诉讼中的被告。②赵甲在电力设施维修准备工作中，自冒风险从事了法律、行政法规禁止的行为，电力设施产权人不应承担民事责任。③变压器的产权不属供电公司，且高度不够不是赵甲死亡的直接原因。④赵甲属故意行为，产权人不应负责。⑤原审法院运用法律不当。请求撤销原判，判决供电公司不承担民事赔偿责任。

陈某对供电公司的上诉答辩理由同其上诉理由。

供电公司对陈某的上诉答辩理由同上诉理由。

二审法院认为：供电公司作为发生电力事故电力设施的产权管理人，对于电力设施的安全隐患未及时排除，未尽到管理之责，应承担民事赔偿责任。赵甲明知电力设施的潜在危险，却未尽到注意安全义务，导致事故的发生，本身存在一定过错。赵甲为了生产急需，所作的只是维修准备工作，并非追求死亡结果的发生。故陈某、供电公司的上诉理由均不能成立。其上诉请求不予支持。综上，原审认定事实清楚，适用法律正确。依据《中华人民共和国民事诉讼法》第一百五十三条第一款第一项之规定，判决如下：驳回上诉，维持原判。

二审案件受理费425元，其他诉讼费30元，合计455元。由陈某负担227.5元，供电公司负担227.5元。

评 析

首先，本案是在最高人民法院《关于审理触电人身损害赔偿若干问题的解释》颁布后审理并作出的判决。但令人遗憾的是，一、二审法院都没有依照该解释进行，同时回避了供电公司是不是产权人的事实。一、二审法院没有查清该变压器产权人是否属于供电公司的这个关键问题，判决引用《民法通则》第一百二十三条规定，由供电公司承担无过错责任，显然是错误的。

其次，判决的理由与适用《民法通则》第一百二十三条规定相矛盾。一审法院以供电公司发现了变压器事故隐患，下发了整改通知书，却未予督促履行；接到高压故障发生的通知后，未立即维修、消除危险，而予以推迟为由，判决供电公司承担相应的民事责任。二审法院以供电公司是事故电力设施的产权管理人，对电力设施的安全隐患未及时排除，未尽到管理之责为由，认定供电公司应承担民事赔偿责任。一、二审法院都认为供电公司对该电力设施有管理责任而判决承担责任。以此为由，该适用过错责任原则，而不该适用《民法通则》第一百二十三条规定。

再者，即使供电公司履行监督管理职责不力，也不应与被监督者共同或替代被监督者承担民事赔偿责任，况且本案履行职责到位。《用电检查管理办法》第六条规定，“用户对其设备的安全负责，用电检查人员不承担因被检查设备不安全引起的任何直接损坏或损害的赔偿责任。”《供电营业规则》第五十一条也规定产权归属于谁，谁就承担其拥有的供电设施上发生事故引起的法律责任。本案发生事故的变压器，供电公司一不拥有产权，二不负责维护管理。所以监督管理不力不是供电公司承担民事赔偿的事实和法律依据。

启 示

一、二审法院都认为死者赵甲明知电力设施的潜在危险，但为了生产急需，所作的只是维修准备工作，并没有追求死亡结果的“故意”，所以，供电公司不具备免责的理由。根据《民法通则》一百二十三条关于免责事由的法理解释，就是如果损害是因为受害人故意造成的，作业人就不承担责任。但即使受害人对于损害的发生有过失，作业人也要承担民事责任。显然这里的受害人故意应该理解为对实施行为的故意。否则，如盗窃电力设施者只是追求电力设施财产，而不是追求电死或电伤。因盗窃者没有追求电死或电伤的“故意”，所以应给予盗窃者赔偿，显然与法律相悖。这正是一、二审法院没有全面、准确理解运用《民法通则》第一百二十三条的立法本意。

三、供电设施事故责任承担

《供电营业规则》第五十一条规定，“在供电设施上发生事故引起的法律责任，按供电设施产权归属确定。产权归属于谁，谁就承担其拥有的供电设施上发生事故引起的法律责任。但产权所有者不承担受害者因违反安全或其他规章制度，擅自进入供电设施非安全区域内而发生事故引起的法律责任，以及在委托维护的供电设施上，因代理方维护不当所发生事故引起的法律责任。”《用电检查管理办法》第六条规定，“用户对其设备的安全负责，用电检查人员不承担因被检查设备不安全引起的任何直接损坏或损害的赔偿责任。”

但 2010 年 7 月 1 日起施行的《侵权责任法》第七十三条规定，从事高空、高压、地下挖掘活动或者使用高速轨道运输工具造成他人损害的，经营者应当承担侵权责任，但能够证明损害是因受害人故意或者不可抗力造成的，不承担责任。被侵权人对损害的发生有过失的，可以减轻经营者的责任。

以上条款告诉我们，首先，承担侵权责任的主体是从事高空、高压、地下挖掘活动或者使用高速轨道运输工具造成他人损害的经营者，不是电力设施的所有人。严格地说，供电企业是国有企业，电力设施的所有权人是国家，国家授权国有企业经营。因此，按照通常理解，供电企业就是其经营的电力设施的产权所有人。对于非供电企业产权的电力设施，供电企业成为经营者的情形有承包、租赁、受托经营。以上情形，需要有相关的法律文书如合同、协议来证明。因此产权分界责任划分依然非常重要。其次，高压电力经营者侵权责任适用无过错责任。这种责任构成的要件有三项：一是经营者从事了高空、高压、地下挖掘活动或者使用高速轨道运输工具；二是经营者的行为造成了他人损害；三是经营者的行为与损害后果之间有因果关系。再次，侵权人的免责事由仅有受害人的故意和不可抗力。被侵害人对损害的发生有过失的，只能减轻经营者的责任。

由此可见，对于高压电力经营者的责任承担，不能死盯产权分界责任划分的规定，更要关注《侵权责任法》的新规定，方可全面把握侵权责任承担，立于不败之地。

案例 4-11 2005 年 7 月 4 日，受害人冯某在位于某村的某水产站海岸仓库院内加工扇贝，在插鼓风机电源插头时，不慎触电死亡。原告起诉赔偿 144 716.5元。

原告张某（冯某代理人）认为两被告（供电公司和村委会）未尽管理义务，应该赔偿。

供电公司辩称：①本公司不是肇事电线产权人，没有管理维护义务，不应承担赔偿责任；②受害人用电或临时用电应向当地电力企业申请；③用电设施安装应符合 DL/T 499—2001《农村低压电力技术规程》规定的要求，验收合格后方可接电，不准私拉乱接用电设备。受害人正是违反安全用电规程，私拉乱接，造成触电伤亡，应当责任自负。

法院审理认为，肇事线路产权为水电站（非供电公司和村委会），死者自己从屋内灯口将线拉到院中，并固定在插座上。死者无电工证，又未经向当地电力企业申请，且违反了 DL/T 493—2001《农村安全用电规程》第 5 条 5.24 “家庭用电禁止拉临时线和使用带插座的灯头”之规定，存在严重过错。再者，根据产权归属原则，《供电营业规则》第五十一条“在供电设施上发生事故引起的法律责任，按供电设施产权归属确定。产权归属于谁，谁就承担其拥有的供电设施上发生事故引起的法律责任”驳回原告对两被告起诉。

启 示

（1）本案水产站是适格的被告。

（2）本案水产站系肇事线路的所有权人，应当为生产人员提供安全的用电设施，但水产站没有安装保护器，违反了强制性安全用电规定，应当承担赔偿责任，死者的私拉乱接行为也应当承担部分责任。

第六节 供 电 服 务

供电服务包括咨询查询、日常维修和事故抢修等服务。这些服务虽然在供用电合同中没有详细的约定条款，但是，供电企业向社会所作供电服务承诺却包含着这些内容。实践中，由于这些承诺服务不能兑现引起的纷争往往不是通过对簿公堂来解决的，而是通过媒体的传播和公众评论的途径寻求公道。俗话说，好事不出门，坏事传千里。一旦诉诸媒体，供电公司的形象和声誉就会受到无形的、潜在的、远期的负面影响，这些负面影响的消除，需要供电部门加倍的努力去挽回，还要有长长的时效来淡化。

2008 年 6 月 21 日，某供电公司因欠费错停电，本来就是供电公司工作疏忽，错误在先。户主多次打电话询问停电事由并要求恢复送电却没有得到答复。第一位接电话者没有弄清原委，就简单地挂断电话。第二位接电话者，没有主动弄清欠费属实与否，积极为客户想办法联系恢复送电就将事情推诿给他人。对客户晚间摸黑生活不便的漠不关心与公司之承诺差之千里，以致引发事件曝光，企业形象严重受损，社会影响极为恶劣。这原本是一起错停电的小事，完全可以通过服务得以化解，却因为相关工作人员的疏忽和不负责任被曝光而酿成难以挽回的不良后果，发人深省。

因此，这些不写入合同的承诺，更要依靠供电营销人员的自觉自律来践诺。要不断地检查值班纪律是否松懈，首问责任制是否执行有力，业务流程有无缺陷，快速机制反应是否建立。对照查摆出来的问题，制订出相应措施。特别是要加强值班电话，“8 小时”之后服务机制的改进和管理的有效措施，建立健全户表客户停送电的快速反应机制，做到“服务链”有机衔接，形成闭环管理，24 小时提供优质服务。

从法律的角度看，商业广告的内容符合要约规定的，视为要约。由此看来，供电公司大张旗鼓地向社会做出的服务承诺应该视为要约，与客户签订合同后则视为供用电合同的条款。一旦由于己方不能兑现引起纷争或损失，客户诉诸法律则必败无疑。

践诺，承诺是庄重的承诺；毁诺，承诺则变成美丽的期许或者谎言。

一、有偿服务与无偿服务

有偿服务与无偿服务，一般以供电设施的产权分界点进行划分，产权归属客户的，供电企业提供的服务是有偿的，否则是无偿的。供电企业给供电设施产权客户提供的代维护服务或延伸服务属有偿服务；供电设施产权属供电企业，由供电企业承担维护管理，供电企业所提供的各项服务属无偿服务。

1. 服务报酬

服务报酬，包括常用材料、备品备件价格，安装、施工维修费用，都应由有权的价格行政管理部门审核制定，不可自行定价。其次，应该明码标价，在营业场所公开服务收费标准，以避不正当竞争之嫌。

2. 服务时限

不管是有偿服务还是无偿服务，首先要遵守时限承诺，如，用电报装方案确定时限、停电通知时限、维修抢修到达现场时限、咨询服务回复时限等，都要严格遵守，不得有误。特别是由于供电方违反服务时限，迟延到场抢修，导致事故扩大造成更大损害，用电方就会要求供电方就事故扩大部分承担责任。

案例 4-12 某县供电公司与客户签订的供用电合同中没有约定催费停电的具体时限。春节过后某客户拖欠电费，经多次催缴无果。供电公司在客户欠费逾期 30 天后，于 3 月 20 日向该企业送达了《欠费停电通知书》，通知该企业 3 天后实施停电，请做好准备。三天后，该企业仍未主动结清电费，供电公司便对其实施了停电。该企业遂依据国家电网公司的《十项承诺》向地级供电公司投诉，违反供电服务承诺。该供电公司只好承认时限有误，并向客户道歉。因客户依然不缴纳电费及电费违约金，供电公司只好重新按照 7 天的时限再次给客户送达停电通知。

评 析

该案虽然没有闹出大乱子，也使得供电公司陷于尴尬境地，形象黯然失色。本来客户是违约方，由于供电公司签订合同疏忽，没有约定停电通知时限，只是直接援用《供电营业规则》3～7 天的规定，忘记了国家电网公司的《十项承诺》与此规定冲突，被客户捡到漏子，捅到上级部门，反过来自己又成了违约方。真可谓“有理反成被告人，皆因工作太粗心”。

启 示

(1) 在签订合同中，可以将电力法规和规章条款约定成具体清楚明白的条款，不要直接援用电力法规和规章规定来处理。

(2) 在供电服务条款中，要注意《供电营业规则》与国家电网公司供电服务承诺以及《供电监管办法》的差异，应当按照供电方的承诺来履行自己的义务。否则就是违约。

案例 4-13 某供电公司长期向珠峰冷冻食品厂（下称冷食厂）供电。2008年8月冷食厂地区连降暴雨，中断供电。时值伏天高温，如不及时恢复供电，冷食厂大部分库存食品会解冻变质。冷食厂领导心急如焚，告急供电公司事故抢修。供电公司受理人员李某说，检修人员已外出抢修他处事故，无力前去抢修。次日，冷食厂领导亲自登门找到客户中心主任刘某，刘某又安排副主任王某操办。王某外出脱岗，致使事故拖延三天仍没有派人抢修，导致冷食厂的库存食品变质变味，损失38万元。8月下旬，冷食厂向法院提起诉讼，要求供电公司赔偿经济损失38万元。

事后供电公司对李某、王某、刘某分别给予扣发6个月、9个月、12个月奖金的处罚。

评 析

该案是供电服务承诺不兑现案件。国家电网公司的《十项承诺》第8条承诺：提供24小时电力故障报修服务。供电抢修人员到达现场的时间一般不超过：城区范围45分钟；农村地区90分钟；特殊边远地区2小时。该承诺没有任何附加条件，李某说检修人员抢修他处事故，不能作为拒绝对冷食厂事故抢修的理由。本案冷食厂在城区范围，45分钟拖延到4320分钟，严重违约，给客户造成重大损失，当然应该承担赔偿责任。

3. 服务纪律

《供电监管办法》第十八条规定，供电企业不得对用户受电工程指定设计单位、施工单位和设备材料供应单位。国家电网公司“十个不准”也有规定，如不准违反规定停电、无故拖延送电；不准自立收费项目、擅自更改收费标准；不准为客户指定设计、施工、供货单位；不准对客户投诉、咨询推诿塞责；不准为亲友用电谋取私利；不准对外泄露客户的商业秘密；不准收受客户礼品、礼金、有价证券；不准接受客户组织的宴请、旅游和娱乐活动；不准工作时间饮酒；不准利用工作之便谋取其他不正当利益。

4. 行为规范

行为规范主要来自国家电网公司、南方电网公司的供电服务规范。如通用服务规范，营业场所服务规范，“95598”服务规范，现场服务规范，有偿服务规范，投诉举报处理服务规范。以上所有规范的细节规定，都是国家电网公司向社会的公开承诺，规定营销人员应当遵守履行。

二、咨询查询服务

在咨询查询服务中，承诺首问负责制度，只要您一个电话剩下的事情由我们来做等。每一个营销员工都要按照《国家电网公司供电服务规范》第十四条“95598”客户服务热线服务规范去操作：

（1）时刻保持电话畅通，电话铃响4声内接听，超过4声应道歉。应答时要首先问候，然后报出单位名称和工号；

（2）接听电话时，应做到语言亲切、语气诚恳、语音清晰、语速适中、语调平和、言简意赅。应根据实际情况随时说“是”、“对”等，以表示在专心聆听，重要内容要注意重复、确认。通话结束，需等客户先挂断电话后再挂电话，不可强行挂断；

（3）受理客户咨询时，应耐心、细致，尽量少用生僻的电力专业术语，以免影响与客户交流的效果。如不能当即答复，应向客户致歉，并留下联系电话，经研究或请示领导后，尽快答复。客户咨询或投诉叙述不清时，应用客气周到的语言引导或提示客户，不随意打断客人的话语；

（4）核对客户资料时（姓名、地址等），对于多音字应选择中性词或褒义词，避免使用贬义词或反面人物名字；

（5）接到客户报修时，应详细询问故障情况。如判断确属供电企业抢修范围内的故障或无法判断故障原因，应详细记录，立即通知抢修部门前去处理。如判断属客户内部故障，可电话引导客户排查故障，也可应客户要求提供抢修服务，但要事先向客户说明该项服务是有偿服务；

（6）因输配电设备事故、检修引起停电，客户询问时，应告知客户停电原因，并主动致歉；

（7）客户打错电话时，应礼貌地说明情况。对带有主观恶意的骚扰电话，可用恰当的言语警告后先行挂断电话并向值长或主管汇报；

（8）客户来电话发泄怨气时，应仔细倾听并做记录，对客户讲话应有所反应，并表示体谅对方的情绪。如感到难以处理时，应适时地将电话转给值长、主管等，避免与客户发生正面冲突；

（9）建立客户回访制度。对客户投诉，应100%跟踪投诉受理全过程，5天内答复。对故障报修，必要时在修复后及时进行回访，听取意见和建议。

当你接触客户或者接听客户电话时，要有礼貌地打招呼。永远不要漠视客户的出现和存在，那会使得客户很生气，认为你不尊重他，无视他的出现和存在；在接听电话时应迅速有礼，否则，客户会因为你对他的漫不经心而产生被羞辱的感觉；如果你和客户约好为他提供服务的时间，务请准时赴约，否则，客户就会认为你在欺骗和糊弄他。作为营销人员的你在客户心中的印象非常重要，如果印象不佳，你将要付出十倍的努力来改善，切记，切记！

三、日常维修服务

优质服务，就是使得客户十分满意。现在的消费者不满足于优质服务，最好还带有附加服务，就是说，让客户有额外的收获，这会使客户产生额外的满意。举一个小例子，你作为电工为客户修好了线路还给他搭上电线不收费。真心服务就会换来理解和友谊，经常给客户这样真情的附加服务，客户就会认你为朋友。你与客户的关系是朋友之间的友谊关系，当然一切工作就很好做。当用电申请人成为供电公司的用电客户后，给客户的服务甚至要超过自己原先所承诺的。给客户附加的服务，满足他的特别需求，表示你是真正地关心客户，这样做会获得客户对你的信赖。IBM 说，做的超过所说的且做得很好，是构成稳固事业的基础。经常用问候的方式访问客户，倾听客户的需求，了解客户的信息，并建立完整的记录以保持密切联系，自然而然，客户就成为供电公司的义务宣传员。如，《国家电网公司供电服务规范》第十七条规定的现场服务纪律：

（1）对客户的受电工程不指定设计单位，不指定施工队伍，不指定设备材料采购。

（2）到客户现场服务前，有必要且有条件的，应与客户预约时间，讲明工作内容和工作地点，请客户予以配合。

（3）进入客户现场时，应主动出示工作证件，并进行自我介绍。进入居民室内时，应先按门铃或轻轻敲门，主动出示工作证件，征得同意后，穿上鞋套，方可入内。

（4）到客户现场工作时，应遵守客户内部有关规章制度，尊重客户的风俗习惯。

（5）到客户现场工作时，应携带必备的工具和材料。工具、材料应摆放有序，严禁乱堆乱放。如需借用客户物品，应征得客户同意，用完后先清洁再轻轻放回原处，并向客户致谢。

（6）如在工作中损坏了客户原有设施，应尽量恢复原状或等价赔偿。

（7）在公共场所施工，应有安全措施，悬挂施工单位标志，安全标志，并配有礼貌用语。在道路两旁施工时，应在恰当位置摆放醒目的告示牌。

(8) 现场工作结束后，应立即清扫，不能留有废料和污迹，做到设备、场地清洁。同时应向客户交代有关注意事项，并主动征求客户意见。电力电缆沟道等作业完成后，应立即盖好所有盖板，确保行人、车辆通行。

(9) 原则上不在客户处住宿、就餐；如因特殊情况确需在客户处住宿、就餐的，应按价付费。

在客户遇到困难时，我们想客户所想，急客户所急，施以援手，帮一把，送一程，客户会终身难忘，与供电公司建立起友谊关系，使得以后工作畅通顺利。

案例 4-14 湖北某供电公司，为使每个月 1.7 亿多元电费按月结零，定期召开“大客户座谈会”，尽量为客户搞好各项业务服务及咨询，营销人员经常就企业老板最关心的问题，与他们交心谈心、认真沟通，提供跟踪服务，拉近和客户的心理距离。葛洲坝磷化公司因生产不正常，变压器“大马拉小车”，出了不少“冤枉钱”，在供电公司的帮助下更换了容量匹配的变压器，节约电费马上立竿见影。深为供电公司诚心服务所感动的宜昌安琪酵母公司近两年来为降低资金成本，采取企业付息的方式，累计从银行贷款 1000 多万元缴纳电费。

启 示

本案就是供电公司给予客户附加服务，令客户深深感动。有道是“急人所急解困难，真诚服务真情见。”座谈咨询勤交流，贷款缴费亦心甘。

案例 4-15 贵州电力拯救黄磷、铁合金用电大客户。贵州省资源丰富，基础工业主要是重工业，高能耗产品，尤其是铁合金、黄磷、电解铝等行业在全国的地位举足轻重，就黄磷为例，20 世纪末，占全国总产量 28%。但是，高能耗，低附加值，使得这些用电大户对电价的承受能力差，一个个企业眼见得效益下滑，气力不支。贵州电力勇于承担起艰巨的社会责任，做出了拯救黄磷、铁合金等用电大客户决策，帮助这些用电大户提高产品市场占有率，进而稳定和开拓电力负荷，促进电量增长和电费回收。一是对有潜力、有市场、只是贷款回笼和流动资金较为困难的企业，除了进行让利外，在电费缴纳时间和资金方面给予积极地帮助。二是深化优质服务，组建“电力抢修中心”，24 小时值班，解决大客户受电设备检修难的问题。如贵州省内某铁合金厂，由于拖欠电费，不堪重负，濒临破产，大部分资产已抵押给银行，欠贵阳市南供电公司电费约10万元。如果对其停电催费，只能加速该厂的破产。供电公司在对该厂认真分析后，决定通过对其进行让利扶持，同时深化优质服务，义务为客户的设备进行检修、维护，掌握用户设备的运行情况，保证客户设备安全连续运行。为客户设备服务时，尽量为客户节约成本。还与客户签订了有时限的供用电补充合同，每月根据铁合金市场的变化进行动态调整。在当年对该厂优惠、节约280万元的情况下，该厂电费缴纳实现了多年来的首次结零，用电量也达到了历史最高水平3.5亿千瓦时。

评 析

面临大客户濒临破产，没有采取财产保全，申请破产的措施，而是做出拯救计划，颇具承担责任的大家风范。当然，这靠的是供电公司睿智和胆识，对企业存在问题科学的剖析和为之振兴作出的艰苦努力。终于，该厂电费缴纳实现了多年来的首次结零。这是真诚服务的回报。

四、事故抢修

就《供电监管办法》按时赶到事故抢修现场的规定而言（城区范围不超过60分钟，农村地区不超过120分钟，边远、交通不便地区不超过240分钟），供电公司很容易做到，因为只规定赶到时间的规定，没有规定抢修时间。关键是有备而去，及时到场，作业规范，尽速复电。让客户切实感觉到你在争分夺秒为客户抢时间。千万不要拖拖拉拉，丢三落四，到达现场，缺东少西，毫无应急机制可言。因此，这既要求营销服务人员有扎根头脑的服务意识，又要有雷厉风行的工作作风和高超过硬的业务技术。香港中华电力，为了应急抢修培养技术技能多面手，使得故障表计处理员具备现场查勘、维修、拆换电能计量装置、操作使用现场校验仪等多项技能，这样现场校验损坏部件后就可以直接予以更换、维修。总之现场解决一切问题。这样根据现场校验仪的测试结果准确判定故障原因，解决了由于查勘员故障判定结果不准确，客户更换某一计量部件后发现仍有问题再去查勘再次更换的情况，还可准确判定损坏部件的责任分担，客户可以按照费用清单明细，现场一次性缴偿费用，省去客户专赴服务中心缴费的时间和精力。《国家电网公司供电服务规范》第二十条规定了故障抢修服务规范：①提供24小时电力故障报修服务，对电力报修请求做到快速反应、有效处理；②加快故障抢修速度，缩短故障处理时间。有条件的地区应配备用于临时供电的发电车。

案例4-16 2003年8月28日21时许，上海市松江区车墩镇地区遭遇强雷暴及强降雨，该镇打铁桥村一水产养殖户刘伟的虾塘配电房因遭雷击起火，电能表被毁，造成刘伟虾塘的增氧机因供电中断而无法正常工作，虾塘内投放的南美白对虾处于缺氧状态。当日21时15分，刘伟通过上海市电力公司的故障报修电话95598报修，并在10分钟之后再次通过该电话报修。直至次日凌晨零时50分许，松江公司派员至现场，故障得以解除，但92亩虾塘中养殖的对虾已经大量死亡。刘伟诉至法院，要求上海市电力公司、松江公司赔偿损失930 470元。

法院审理：本案中，被告松江公司与打铁桥村委会之间存在供用电合同关系，但因在日后的用电期间，特别是在用电事故发生之前的数月中，在被告出具的原告缴纳电费的发票中，被告并未如其所述的将用户名写为村委会，而恰恰写为华阳镇官绍村蟹塘，该蟹塘即为原告刘伟承包，故可以认定被告已经明知电能表由原告在使用和缴费。法院认为，村委会已经将其与被告松江公司之间签订的供用电合同的权利和义务均移给原告刘伟，并得到了被告松江公司的同意，故原、被告之间的供用电合同关系已经成立。

法院根据中国水产科学研究院东海水产研究所出具的评估结论，判定南美白对虾在短时间内死亡与配电房遭遇雷击后松江公司未能及时修复之间存在因果关系。至于被告辩称其由于当日抢修业务繁忙，构成不可抗力故存在免责的辩称，法院认为，根据《合同法》第一百八十一条规定，“因自然灾害等原因断电，供电人应当按照国家有关规定及时抢修。未及时抢修，造成用电人损害的，应当承担赔偿责任。”虽然断电并非供电人过错和行为造成，但因自然原因断电，作为供电人予以及时抢修，是其法定义务。根据原告提供的被告上海公司的对外承诺，被告在事发次日零时50分到现场抢修，显然已经超出了其对用户承诺的90分钟，构成违约，且被告辩称的抢修业务繁忙并非不可抗力的法定情形，其不及时抢修的原因系被告主观懈怠所致，故不具备免除法律责任的法定条件。

综上，法院认为原告刘伟与被告之间的供用电合同关系依法成立，该合同对双方当事人具有法律约束力。本案原告的损害事实，与被告的过错和违约行为之间存在因果关系，故被告应当承担违约的赔偿责任。故判决被告上海市电力公司赔偿原告刘伟597 095.10元。

评 析

承诺已非广告，变成合同条款。自古官法如炉，铁心亦可熔炼！铭记优质客服，心忧客户困难，诚信营销为本，履约绝不食言。抢修争分夺秒，承诺必须兑现！

一言九鼎，一诺万金。供电企业要完全履行现行法律、法规中的义务，如保证供电可靠率、电能质量、停电的提前通知、用电检查中的依法操作等。优质服务承诺一定要实事求是，量力而行。国内由服务承诺而引发的案件已不在少数，当以为鉴。

第七节 双方共同认为应当约定的其他条款

供电方与用电方应依照《电力供应与使用条例》第三十三条明确规定的条款签订供用电合同，双方认为仍有未尽的其他事宜需要协商约定的话，就按该条最后一项规定，增加“双方共同认定应当约定的其他事项”，一揽子解决前述未解决的遗留问题。

一、低压供用电合同的其他条款

（1）按国家规定，供电人应在用电人处安装电力负荷管理装置。用电人应当予以配合。

（2）为保证供电、用电的安全，供电人将定期或不定期地对用电人的用电情况进行检查，用电人应当配合。用电检查人员在依法执行查电任务时，应向用电人出示《用电检查证》，用电人应派员随同并配合检查。

（3）用电人应按期进行安全检查和电气设备预防性试验，发现问题及时处理。发生重大设备及人身事故时，应及时向供电人用电检查部门报告。供电人应参与事故的分析并协助用电人制订防范措施。

（4）用电人在受电装置上作业的电工，必须持有电力管理部门颁发的《电工进网作业许可证》，方准上岗作业。

（5）用电人对受电装置一次设备和保护控制装置进行改造或扩建时，应到供电人处办理手续，并经供电人审核同意后方可实施。

（6）用电人的自备发电机组应报供电人备案，需要并网运行的，必须经供电人、用电人签订协议后，方可并网运行。

（7）本合同的履行地点为供电设施运行维护管理责任分界点。提起诉讼时，以合同履行地点人民法院为管辖法院。

（8）供电人更改由供电人负责运行维护管理的供电设施时，只要不改变本合同中分界点的具体位置，则按更改后的实际供电条件为准，双方可不再变更合同内容。

(9) 为使本合同能够顺利履行，依据《合同法》第一百一十五条和《担保法》第89条规定，供电人向用电人收取担保定金，定金金额为________元(以一个月电费额计算)，在用电人欠交电费时，供电人可用以暂时抵作电费及违约金。用电人交清电费及违约金后应补足定金。供用电合同解除后供电人将定金(含银行活期利率计算的利息)退用电人。

二、高压供用电合同的其他条款

(1) 为保证供电、用电的安全，供电人将定期或不定期对用电人的用电情况进行检查，用电人应当配合。用电检查人员在依法执行查电任务时，应向用电人出示《用电检查证》，用电人应派员随同并配合检查。

(2) 用电人在受电装置上作业的电工，必须持有电力管理部门颁发的《电工进网作业许可证》，方准上岗作业。

(3) 安装在用电人处的用电计量装置及电力负荷管理装置由供电人维护管理，由用电人负责保护其完好和正常运行。如有异常，用电人应及时通知供电人处理；如私自迁移、更动和擅自操作的，属于居民用户的，应承担每次500元的违约使用电费；属于其他用户的应承担每次5000元的违约使用电费。(依据《供电营业规则》第一百条的规定，也可协商决定金额)

(4) 用电人的自备发电机组要保证与电网闭锁。经供电人检查认定的接线方式不得自行变动。用电人不得自行引入(供出)电源。否则，未经供电企业同意，擅自引入(供出)电源或将备用电源和其他电源私自并网的，除当即拆除接线外，应承担其引入(供出)或并网电源容量每千瓦(千伏安)500元的违约使用电费。

(5) 合同的履行地点为供电设施运行维护管理责任分界点。提起诉讼时，以合同履行地点人民法院为管辖法院。

(6) 供电人更改由供电人负责运行维护管理的供电设施时，只要不改变本合同中分界点的具体位置，则按更改后的实际供电条件为准，双方可不再变更合同内容。

(7) 为使本合同能够顺利履行，依据《合同法》第一百一十五条和《担保法》第89条规定，供电人向用电人收取担保定金，定金金额为________元(以一个月电费额计算)，在用电人欠交电费时，供电人可用以暂时抵作电费及违约金。用电人交清电费及违约金后应补足定金。供用电合同解除后供电人将定金（含银行活期利率计算的利息）退还用电人。

三、突破性约定

1. 通知形式和送达方式的约定

当供电部门由于客户欠费或者给客户停电产生纠纷时，客户往往以没有收到缴费通知、催费通知、停电催费通知为由来对抗。如果此时供电公司不能提供通知送达证据（送达回执、回签），往往就处于不利的诉讼地位。为此，极有必要对通知形式和送达方式作出约定。

通知形式有：书面通知、信函、传真、特快专递、录音电话（语音提示）、手机信息、电子邮件、传媒公告等，只要能够取得有效送达证据而且为客户所认可的一种或几种最便捷的形式均可。

送达方式有：直接送达、留置送达、邮寄送达、公告送达（如计划检修停电）等。当客户对直接送达不接受，留置送达无见证，邮寄送达原封退回怎么办？只好公证送达或者全程公证送达。由此看来，应当选择先进的电子通信形式来达到送达的目的，以避免传统的纸面通知送达成本太高，客户拒绝接收则取不到送达回执的尴尬。再如提醒用电客户关注《××日报》、政府门户网站等不定期发布的停电公告、限电序位表或线路轮休表等，妥善安排生活、生产，避免不必要的损失。

2. 约定逾期缴费停电期限

依据《合同法》一百八十二条的规定，用电人应当按照国家有关规定，和当事人的约定及时交纳电费，基于此供电企业与电力用户可以约定缩短《电力法》、《电力供应与使用条例》规定的逾期缴费停电的期限，这样有利于督促客户及时全面履行供用电合同的缴费义务。

3. 对流动或临时客户以其受电设备抵押电费的约定

根据《担保法》抵押担保的有关规定，对流动或临时客户可以以其受电设备（如变压器等）抵押电费的约定，可以防范特殊客户的电费风险。有些非本地用户一旦拖欠电费后，可能会销声匿迹，甚至永远不再回来，任凭资产闲置、毁损以致灭失。因此，是否可在供用电合同约定，如果用户发生欠费达到1年且又联系不上的，供电企业可依照约定对用户专用变压器等财产进行变卖，折抵欠费。此举对电费债权的保护有一定积极作用。但在操作上，务必谨慎从事，在申请用电时就办理财产抵押手续，就实物折抵电费的程序，至少应经过财产清单公证、价格评估、作价变卖等步骤。

名人名言

合同是诺言，践诺的“践”字有足字，说明践诺需要脚踏实地去履行。

第五章

供用电合同的履行

供用电合同，是双务合同，供电方负有给用电方提供安全、连续并符合约定质量的电能的义务；用电方负有按时足额给供电方缴费的义务。全面履行供用电合同，是合同法诚实信用原则最完美的体现。供电方应当以身作则，为广大客户作出表率。

第一节　合　同　履　行

当事人应按照合同的约定全面、严格地履行合同义务，任何一方当事人因违反有效合同所规定的义务，均应承担民事责任。

一、合同履行的原则

合同关系存在的法律目的就是通过合同履行，使债权人获得约定的给付。所以说，合同的履行不仅是合同的法律效力的主要内容，而且是合同的核心。那么履行合同依据哪些原则呢?

1. 全面履行原则

全面履行原则，是指按照合同约定准确、完整地履行合同义务。在供用电合同中，供电方更应该理解和把握全面履行原则，全面履行己方的义务。如，主体适当，就是按照合同约定的主体履行，如供电方或者由经供电方同意批准的转供电方给合同约定的用电方供电；履行标的适当，即按照合同规定的标的质量履行，如电能的电压、周波、高次谐波污染和供电可靠率等符合国家标准或行业标准或约定；价款或报酬履行适当，如用电按照合同约定按时足额支付电费；履行期限适当，就是在合同有效期内，按照约定给用户连续可靠的供电。

2. 协作履行原则

(1) 债务人履行合同债务，债权人应适当受领。在供用电合同中，用电人对供电人提供的标的物的适当受领就是通过计量检定部门认可的计量装置进入用电设备接收电网的电能，还包括不给电网倒送无功和注入高次谐波污染等。

(2) 债务人履行债务，时常要求债权人创造必要的条件，提供方便。用电人的主要债务就是及时、足额缴纳电费，供电人应该按照方便用电人的原则，通过约定给用电人提供银行代收、银行划拨、营业厅缴费、网络自助缴费等方便的缴费形式。

(3) 因故不能履行或者不能完全履行时，应该积极采取措施减少损失，否则还要就扩大的损失自负其责。不管是供电方电网、设备出现故障检修、抢修不能履行供电义务，还是用电方设备故障导致供电不能，双方均应本着协作履行的原则，互相配合，尽量减少损失。《供电营业规则》也有相应规定，第五十九条规定“供电企业和用户的供用电设备计划检修应相互配合，尽量做到统一检修。用电负荷较大，开停对电网有影响的设备，其停开时间，用户应提前与供电企业联系。遇有紧急检修需停电时，供电企业应按规定提前通知重要用户，用户应予以配合；事故断电，应尽速修复。”第六十一条规定“用户应定期进行电气设备和保护装置的检查、检修和试验，消除设备隐患，预防电气设备事故和误动作发生。用户电气设备危及人身和运行安全时，应立即检修。多路电源供电的用户应加装连锁装置，或按照供用双方签订的协议进行调度操作。”

(4) 发生合同纠纷时，应该各自承担责任，不得推诿。

案例5-1 2003年底，某县花园镇水泥厂因经营不善，大量产品滞销拖欠电费达18万元。供电公司在得知情况后，主动千方百计帮其联系关系好的建筑企业和房地产企业，开拓市场，打开了销路。在完成积压产品的销售任务后，该水泥厂领导亲自捎上第一笔货款为其拖欠费划上一个“零”。近年来，该供电公司先后帮助10余家负债企业实现扭亏增盈。在回收电费的同时，也盘活了企业，分担了政府和社会的压力。

评 析

本案是协作履行的典型案例，真正体现了协作履行原则的真谛和内涵。协作履行不是一句空话，不仅仅是在合同履行困难的时期双方的配合，以期减少损失，而是施以援手，做已方“份儿外”的事情，这不仅是协作履行原则的最好的体现，也是供电公司优质服务最好的解释。

3. 经济合理原则

经济合理原则要求在履行合同时，讲求经济效益，付出最小的成本，取得最佳的合同效益。该原则在客户用电报装时就应该考虑到供电方式安全性和经济性等；对于客户而言安全经济地使用电能，如充分利用峰谷分时电价，提高设备的功率因数，消除用电设备产生的高次谐波危害，配合供电方的用电检查等，还有选择便捷的缴费方法也是履行经济合理原则的方式。

4. 情事变更原则

情事变更原则，是指合同依法成立后，因不可归责于双方当事人的原因发生了不可预见的情事变更，致使合同基础丧失或动摇，若继续维护合同原有效力则显失公平，允许变更或解除合同的原则。变更合同包括增减标的数额、延期、分期履行、变更标的等。变更仍不能消除显失公平的结果则解除合同。如，遇到国家政策明令停止给不符合产业结构的高能耗企业供电，供电企业则只能与用电方解除合同。

二、违约责任

1. 实际违约

履行期到来之后当事人不履行或不完全履行合同义务，都将构成实际违约。其类型有拒绝履行、不适当履行、部分履行和其他不适当履行。

（1）拒绝履行，是指在履行期限到来以后，一方当事人无正当理由拒绝履行合同规定的义务。根据《合同法》第一百零七条规定，当事人一方不履行合同义务的，应当承担继续履行、采取补救措施或者赔偿损失等违约责任。

（2）不适当履行，是指当事人履行合同义务不符合合同约定条件。不适当履行包括履行合同的标的质量、数量、期限、履行地点和方式等方面不符合合同约定。

1）交付的标的物不符合合同规定的质量要求，也就是说有瑕疵。《合同法》第一百一十一条规定，“质量不符合约定的，应当按照当事人的约定承担违约责任。对违约责任没有约定或者约定不明确，依照本法第六十一条的规定仍不能确定的，受损害方根据标的的性质以及损失的大小，可以合理选择要求对方承担修理、更换、重作、退货、减少价款或者报酬等违约责任。”如供用电合同中的电能质量。

2）部分履行，是指合同虽然履行，但履行不符合数量规定，或者说履行存在数量不足。非违约方有权要求违约方继续履行，如交付货物，提供服务或支付价款，也可以要求违约方支付违约金。如供电方没有按照约定的用电指标供电，要支付违约金。

3）迟延履行，是指当事人的履行违反了履行期限的规定。第九十四条规定，“有下列情形之一的，当事人可以解除合同：（一）因不可抗力致使不能实现合同目的；（二）在履行期限届满之前，当事人一方明确表示或者以自己的行为表明不履行主要债务；（三）当事人一方迟延履行主要债务，经催告后在合理期限内仍未履行；（四）当事人一方迟延履行债务或者有其他违约行为致使不能实现合同目的；（五）法律规定的其他情形。”如用电方迟延缴费，经催缴后在合理的时间内仍不交付。”

4）履行地点不当，如供电方没有将电能送过合同约定的供电设施的产权分界点。

5）履行方式不当，如用电方没有按照约定的方式交付电费。

2. 承担违约责任的形式

违约责任是指合同的依法当事人违反了合同义务，根据合同的约定一定承担的法律责任。承担违约责任的形式包括继续履行合同、采取补救措施、支付违约金、赔偿损失和定金等。

（1）继续履行合同。

违约方违反合同约定，不履行合同时，如果违约方有履行能力，对方（受损害方）认为实现合同权利对己方是必要的，有权要求违约方继续履行合同。如用电方迟延缴费，供电方可以要求其继续履行合同约定的缴费义务。守约方有权要求违约方继续履行合同义务。违约方支付了违约金或赔偿金的并不当然免除其继续履行合同的义务，就是说违约金的支付是独立于履行行为之外的给付，并不当然代替履行合同。对于金钱债务应继续履行，非金钱债务除了不能强制履行的情况外也应继续履行。不能强制履行的情况是指：①法律上或事实上不能履行；②债务的标的不适于强制履行或者履行费用过高；③债权人在合理期限内未要求履行。总之，债权人请求继续履行应当具备可能性和必要性。

（2）采取补救措施。

违约补救措施是指当事人因不履行合同或者不完全履行合同给对方造成损失或者即将造成损失时，所采取的积极挽救或减少对方损失的措施。包括停止违约行为、消除障碍、恢复质量标准、退货、减少价款或报酬等。

（3）支付违约金。

违约金是指当事人双方在合同约定，在合同债务人不履行或不适当履行合同时，向对方当事人支付的一定数额的金钱。《合同法》规定，只承认约定违约金，不再设法定违约金。《合同法》第一百八十二条规定，“用电人应当按照国家有关规定和当事人的约定及时交付电费。用电人逾期不交付电费的，应当按照约定支付违约金。”违约金以补偿为主，兼具惩罚性。《合同法》第一百一十四条规定，“当事人可以约定一方违约时应当根据违约情况向对方支付一定数额的违约金，也可以约定因违约产生的损失赔偿额的计算方法。约定的违约金低于造成的损失的，当事人可以请求人民法院或者仲裁机构予以增加；约定的违约金过分高于造成的损失的，当事人可以请求人民法院或者仲裁机构予以适当减少。当事人就迟延履行约定支付违约金的，违约方支付违约金后，还应当履行债务。”电费违约金，在《供电营业规则》上作了千分之一至三的规定，《合同法》颁布后似有“法定违约金”之嫌，因此，在供用电合同中，应将其写成双方约定的违约金条款，而不要直接概括引用《供电营业规则》第九十八条或者照搬该条原文。

（4）赔偿损失。

赔偿损失有赔偿金、代物赔偿和恢复原状等方式。这里只介绍赔偿金。赔偿金是指因一方的违约行为而给对方当事人造成财产损失时，所支付的赔偿金额。

1）支付赔偿金的条件：违约方客观上有违约行为并给对方造成了损失且损失与违约行为之间有因果关系。

2）损害赔偿范围：既可以约定损害赔偿的计算方法也可以按照直接损失和可得利益损失赔偿。直接损失，是指因违约行为引起的财产减损。如，标的物毁损、灭失、货物积压的损失、银行利息、季节差价等；可得利益是指在合同履行后当事人本来可以获得的利益但因对方违约而损失，如利润损失。

3）赔偿的原则：以赔偿实际损害为原则，只要是实际损害就应全部赔偿，不受标的额的限制，但也有限制：合理预见规则和减轻损失规则。合理预见规则，即损害赔偿额不得超过违约一方订立合同时预见到或者应当预见到的因违约可能造成的损失；减轻损失规则，即当事人一方违约后另一方应当采取适当措施防止损失扩大，没有采取措施防止损失扩大的，不得就扩大的损失要求赔偿。当事人一方因防止扩大损失而支出的合理费用，由违约方承担。

供电企业在赔偿损失上的处理，往往看见芝麻，丢了西瓜。实际赔偿原则贯彻不到位。譬如，卡车司机撞断了线杆，抢修费用自不消说，电杆、导线、铁件等材料费和人工费，更重要的一部分往往不予追究，自己埋单，那就是撞断电杆耽误送出的电量电费以及受到事故波及影响的其他的用户对供电公司的赔偿追索。《供电营业规则》第九十五条第2项规定，“由于用户的责任造成供电企业对外停电，用户应按供电企业对外停电时间少供电量，乘以上月份供电企业平均售电单价给予赔偿。因用户过错造成其他用户损害的，受害用户要求赔偿时，该用户应当依法承担赔偿责任。虽因用户过错，但由于供电企业责任而使事故扩大造成其他用户损害的，该用户不承担事故扩大部分的赔偿责任。”第3项规定，“停电责任的分析和停电时间及少供电量的计算，均按供电企业的事故记录及《电业生产事故调查规程》办理。停电时间不足1小时按1小时计算，超过1小时按实际时间计算。”第九十五条中“用户”应作扩大解释，不限于用户，供电企业之外相对的任何人。

（5）定金。

定金除了作为一种担保方式外，又是一种违约责任形式。定金与违约金不可并用。给付定金的一方不履行约定的债务的，无权要求返还定金；收受定金的一方不履行约定的债务的，应当双倍返还定金。在供用电合同中，当然可以与客户约定定金条款，以促使客户积极履行缴纳电费的义务，如果其不履行义务，则适用丧失定金的罚则，而其缴纳电费义务应当继续履行。供电方违约则双倍返还定金。不过这里应当注意的是，定金虽然由双方当事人约定，但《担保法》第九十一条规定，“定金的数额由当事人约定，但不得超过合同标的额的百分之二十”。对于数额过高或者过低的，法院或仲裁机构根据当事人的请求有权予以适当增减。而20%的定金基数如果是客户一个月的电费，那就很可能出现适用定金罚则远不如适用违约金罚则，对客户履行合同更有督促力度。为什么？《合同法》第一百一十六条规定，“当事人既约定违约金，又约定定金的，一方违约时，对方可以选择适用违约金或者定金条款。”就是说，由于合同法规定的定金是约定定金，它与违约金在目的、性质、功能等方面具有相同性，因此，二者不能同时并用，只能选择其一。如在供用电合同中供电方约定了定金，就不能再适用《供电营业规则》规定的千分之一至三的电费违约金。这样在签订合同时就要仔细斟酌，选择适用。以每天千分之一的电费违约金和20%的违约定金来做比较，就可见出，如果用电客户拖欠电费长达200天，电费违约金应是电费总额的千分之二百，即20%；就是说客户拖欠电费200天的电费违约金相当于适用定金罚则的最高比例20%。因此，供电部门应该根据电费管理规定，作出有利于督促客户交纳电费的违约责任适用选择。

这里有一种提高定金绝对数额的方法，但是要与有的客户协商一致，达成共识。那就是根据合同有效期来确定。假如供用电合同为一年，估算出一年的电费总额作为定金基数。就可提高定金绝对数额 11 倍。客户一旦出现违约，就丧失 2.4 个月的电费，可谓损失惨重，督促履行合同的力度可想而知。当然丧失定金后，客户仍然不能免除履行缴纳电费的义务。

前已述及，定金责任是一种独立的责任形式，其适用不以实际发生的损害为前提，定金责任的承担不能替代赔偿损失；再者，承担定金责任后不得免除继续履行的义务，即定金责任与实际履行并存。当然如果当事人双方约定的不是违约定金而是解约定金，则当事人可以在丧失定金或双倍返还定金后解除合同，免除其继续履行合同的义务。

目前不少供电企业为避免预收电费，违反“先用电，后交费”的习惯之嫌，不敢使用定金罚则。实际上，定金罚则是合同法允许的，只要依法约定即可。因为定金是在合同履行前交付供电方，有助于供电方的电费风险防范。只是因为《供电营业规则》电费违约金的规定，给供电企业形成了电费违约金的思维定式和束缚而已。此框架，该突破矣！

第二节 供用电合同违约责任

《供电营业规则》规定的违约责任赔偿往往执行不到位，一是因为电力事故赔偿额大，当事人难以承受，二是因为《供电营业规则》属于部门规章，法律位阶较低，法院判案只作参考。《合同法》对于供用电合同也没有限额赔偿的规定，可否考虑按《合同法》约定违约责任加以追究。不管是哪方违约，非违约方都会按照实际损失要求违约方承担违约责任。

一、电能质量和电力运行事故责任

电能质量包括电压波动幅值、频率波动范围、电压波形的高次谐波的含量、供电可靠率等。对于一般用户，对电能质量要求不高，而对于高端技术产品用户则要求高。一旦出现电能质量不达标，作为产品制造业的用电企业就会出现次品或废品，引起供用电纠纷。

1. 电压质量

供用电双方在合同中订有电压质量责任条款的，按下列规定办理：

(1) 用户用电功率因数达到规定标准，而供电电压超出本规则规定的变动幅度，给用户造成损失的，供电企业应按用户每月在电压不合格的累计时间内所用的电量，乘以用户当月用电的平均电价的百分之二十给予赔偿。

（2）用户用电功率因数未达到规定标准或其他用户原因引起的电压质量不合格的，供电企业不负赔偿责任。

（3）电压变动超出允许变动幅度的时间，以用户自备并经供电企业认可的电压自动记录仪表的记录为准，如用户未装此项仪表，则以供电企业的电压记录为准。

2. 频率质量

供用电双方在合同中订有频率质量责任条款的，按下列规定办理：

（1）供电频率超出允许偏差，给用户造成损失的，供电企业应按用户每月在频率不合格的累计时间内所用的电量，乘以当月用电的平均电价的百分之二十给予赔偿。

（2）频率变动超出允许偏差的时间，以用户自备并经供电企业认可的频率自动记录仪表的记录为准，如用户未装此项仪表，则以供电企业的频率记录为准。

3. 高次谐波

（1）谐波主要危害表现在：①在三相四线变压器中，3 次整数倍的谐波代数叠加，感应到变压器一侧，造成线圈过热，同时使中线电流过大，发热直至烧坏。②在电动机运行过程中，谐波使交流电压波形严重失真，烧毁电动机。③在无功补偿电路中，谐波会形成谐振，烧坏电容柜。④在日常生活中，日光灯灯管被烧坏，启辉器无法启动等情况都是由谐波造成的。除了对电路造成危害之外，谐波的存在，同时也影响继电保护和自动装置工作的可靠性。⑤电网谐波会增加线路和设备损耗。

（2）谐波污染纠纷处理。运行实践中，高次谐波一般是由客户本身或第三人用户注入电网的谐波电流超标造成的。但是，作为电力供应者供电公司却不能转嫁责任给第三人即注入电网的谐波电流的用户，因为受害者与第三人之间没有供用电合同关系。因此，供电公司应当承担由于电网谐波给高端技术产品用户造成损失的赔偿责任，再向注入电网谐波电流的用户索偿。一般根据《电力法》第六十条第三款，追加第三人为被告，直接判决第三人承担责任。当然谐波问题要依靠日常对注入电网谐波电流客户的严格管理来保证电能质量，消除纠纷。谐波电流的国家标准和管理方式，由《供电营业规则》第五十五条作出规定，“电网公共连接点电压正弦波畸变率和用户注入电网的谐波电流不得超过国家标准GB/T 14549—1993的规定。用户的非线性阻抗特性的用电设备接入电网运行所注入电网的谐波电流和引起公共连接点电压正弦波畸变率超过标准时，用户必须采取措施予以消除。否则，供电企业可中止对其供电。”

案例5-2 2004年初，某市政府部门在招商引资中从上海引进了某炼钢厂项目，在为其提供优惠政策的同时，要求供电公司积极配合尽快上电。由于时间紧、任务重，负责为该厂提供配电装置的供电公司直属企业某市电力器材厂按照厂方要求为其进行了图纸设计并提供相关产品。但令他们没有想到的是，炼钢厂的生产设备是电力谐波危害巨大的中频炼钢炉，由于没有安装滤波装置，对电网的安全运行存在极大危害，随后的纠纷也就发生了。2004年7月，配电设备现场安装完成后不久，炼钢厂就投入了正常生产。但没过几天，就有电话打到电力器材厂，原因是其两面电容柜全部烧毁，他们要求尽快更换。为了妥善处理这一事件，器材厂技术人员与供电公司生产技术部有关人员一同去了事故现场。只见两面电容柜已是面目全非，柜内所有电容器均被烧毁。经检查分析，供电公司生产技术部技术人员认为：电容柜的烧毁是由于用户使用的是中频炼钢炉没有安装滤波装置，在运行过程中产生较大高次谐波，进而将用于无功补偿的所有电容器悉数烧毁。供电企业提出：①炼钢厂在明知自己的生产设备需要滤波装置却没安装的情况下，电容柜的烧毁是用户用电设备对电网注入的谐波电流超标所致，因此更换电容柜的费用由用户承担。②马上对炼钢厂予以停电，因为该炼钢设备还有可能对运行的变压器及其他用户造成危害。③用户要尽快加装谐波滤波装置，否则不予以送电。

炼钢厂辩称：①炼钢厂将本身使用中频炼钢炉的情况已经告诉了电力器材厂，由于厂方人员疏忽造成了设计上的缺陷，导致了这次事故的发生。②很有可能是电网本身携带谐波导致了这次事故，更换电容柜及加装滤波装置的费用应由供电企业承担，炼钢厂没有责任。③若供电企业给炼钢厂停电，炼钢厂就撤资。

在双方争执不下的情况下，这起纠纷最终由市政府出面，本着顾全大局的需要，电力器材厂牺牲自身利益，重新为炼钢厂安装了电容柜，滤波装置由炼钢厂负责购进。

评 析

本案中，首先炼钢厂负有不可推卸的责任，在明知自己的生产设备对电网安全运行有极大危害的情况下，不仅没有安装滤波装置，还把电容柜烧毁的责任推给了供电企业，这显然是不合理的。其次，供电企业自身没能及时做好该用户申请用电时设备滤波设计审查和接电后设备谐波检测的工作，致使谐波危害污染电网，造成了这次纠纷的发生，也负有责任。

启 示

为了减少谐波的不良影响，供电企业必须把谐波管理纳入日常的生产管理中，建章立制，采取技术措施，强化谐波监督管理。

(1) 必须建立谐波监督管理体系，明确职责，认真开展谐波的测试、研究、分析以及技术培训。认真分析产生谐波的原因，积极开展事故预想，制定切实可行的反事故措施，对发生的谐波事故及异常的原因坚持查不清不放过，防范措施不落实不放过。

(2) 认真做好业扩报装接电及现有非线性负荷受电设备工程的设计、审查工作，建立完善的技术资料档案。强化谐波检测仪器、仪表的检验和认证工作，积极推广治理谐波的新技术，切实抓好超标客户的谐波管理。

(3) 整流设备是电网中主要的谐波源之一，通过改造换流装置，采取特殊的接线方式或将相数较少的换流变压器联结成等效的多相形式，增加换流器相数，或利用相互间有一定移相角的换流变压器，有效的消除较大的低次谐波。通过加大技术改造力度，既可节省大量资金，又能够达到抑制或降低谐波分量的理想效果。

(4) 由于中频炼钢炉、电弧炉、电力机车、卷扬机、轧机等用电设备用电负荷不稳定，变动频率较高，不仅会产生较强的高次谐波，而且极易引起电压的波动和闪变，甚至造成系统三相严重的不平衡，严重影响电网的供电质量。采取快速可变的电抗器或电容元件组合，形成静止无功补偿装置与谐波源并联，不仅可有效的减少谐波量，而且具有抑制电压波动、闪变，增加系统阻尼，提高系统功率因数，保证电网电能质量的功能。静补装置一次性投资较大，但是经济和社会效益较好。

(5) 交流滤波装置能够有效的吸收谐波源所产生的谐波电流，降低谐波电压，是抑制谐波“污染”的有效措施之一。由于其一般由电容器、电抗器、电阻器等根据一定技术要求组合而成，结构简单，运行可靠，维护方便，一次性投资较少而得到广泛应用。

(6) 采取技术措施加强电容器管理，通过改变电容器的串联电抗器或将电容器组的某支路改为滤波器，限制电容器的投入量，可有效的防止或减少并联电容器对谐波的放大作用，从而保证电容器的安全运行。

(7) 通过采用高性能的用电设备，改善其谐波的保护性能，提高设备的抗谐波干扰能力，增加系统的承受谐波能力，减少谐波事故的发生。

4. 电力运行事故责任

供用双方在合同中订有电力运行事故责任条款的，按下列规定办理：

(1) 由于供电企业电力运行事故造成用户停电的，供电企业应按用户在停电时间内可能用电量的电度电费的五倍（单一制电价为四倍）给予赔偿。用户在停电时间内可能用电量，按照停电前用户正常用电月份或正常用电一定天数内的每小时平均用电量乘以停电小时求得。

(2) 由用户的责任造成供电企业对外停电，用户应按供电企业对外停电时间少供电量，乘以上月份供电企业平均售电单价给予赔偿。因用户过错造成其他用户损害的，受害用户要求赔偿时。该用户应当依法承担赔偿责任。虽因用户过错，但由于供电企业责任而使事故扩大造成其他用户损害的，该用户不承担事故扩大部分的赔偿责任。

(3) 停电责任的分析和停电时间及少供电量的计算，均按供电企业的事故记录及《电业生产事故调查规程》办理。停电时间不足 1 小时按 1 小时计算，超过 1 小时按实际时间计算。

(4) 本条所指的电度电费按国家规定的目录电价计算。

二、电费违约金

《合同法》第一百一十四条第一款规定，“当事人可以约定一方违约时应当根据违约情况向对方支付一定数额的违约金，也可以约定因违约产生的损失赔偿额的计算方法。”用电客户不按时缴纳电费，违反供用电合同约定，应当缴纳电费违约金。

1. 电费违约金

电费违约金实际上就是由于客户违反缴纳电费时限约定而承担的违约金，也就是迟延缴纳电费违约金。

2. 滞纳金与电费违约金的法律规定

(1) 行政处罚法关于滞纳金的规定。

在行政处罚法中规定的滞纳金是一种执行罚，其目的是迫使义务人履行其应当履行的义务，一旦义务人开始履行义务执行罚就停止。《行政处罚法》第五十一条规定了三种执行措施之一就是到期不交罚款的，每日按罚款数额的3%加处罚款。这种措施属于间接强制执行即执行罚其目的在于迫使当事人迅速而及时履行行政处罚，只要当事人履行了处罚决定的义务，执行罚便当然停止。

因此，尽管说法不重要，但因供电公司没有行政执法权，在供用电合同中还是不宜使用“电费滞纳金”的提法，似有行政处罚之嫌。

（2）电力法律法规关于电费违约金的规定。

《电力供应与使用条例》第三十九条，违反本条例第二十七条规定，逾期未交付电费的，供电企业可以从逾期之日起，每日按照电费总额的千分之一至千分之三加收违约金，具体比例由供用电双方在供用电合同中约定；《供电营业规则》第九十八条用户在供电企业规定的期限内未交清电费时，应承担电费滞纳的违约责任。电费违约金从逾期之日起计算至交纳日止。每日电费违约金按下列规定计算：①居民用户每日按欠费总额的千分之一计算。②其他用户：a）当年欠费部分，每日按欠费总额的千分之二计算；b）跨年度欠费部分，每日按欠费总额的千分之三计算；电费违约金收取总额按日累加计收，总额不足1元者按1元收取。

由上可见，电费违约金有别于行政处罚法中滞纳金，前者为拖欠电费应承担的责任，后者是迟延缴纳处罚金应该承担的责任，前者是约定的，没有惩罚性而后者是法定的，带有惩罚性。

3. 电费违约金纠纷处理

尽管《电力供应与使用条例》和《供电营业规则》均对电费违约金做了明确的规定，但是《合同法》并没有规定法定违约金制度。《合同法》第一百一十四条规定“当事人可以约定一方违约时，应当根据违约情况向对方支付一定数额的违约金，也可以约定因违约产生的损失的计算方法”，即违约金是当事人约定的。如果在供用电合同中供用电双方没有约定违约金，法院将不会支持供电企业援用千分之一至千分之三的规定，而是会按照普通债权来处理，按照实际损失来计算。

案例5-3 某纺织公司因销售不畅存货积压过多，累计共欠某供电公司电费206 398元，违约金62 351元。2002年8月1日，供电公司在履行了欠费停电的法定程序后，对该公司中止供电。停电后，该纺织公司缴清了所欠电费，却拒绝缴纳电费违约金。在政府有关部门的协调下，某供电公司于2002年8月3日恢复供电。与此同时，供电公司再次下达停电通知书，要求某纺织公司于2002年9月3日前缴清电费违约金。2002年8月6日，该纺织公司向人民法院提起民事诉讼，认为在供用电合同中并没有约定违约金事项，供电公司要求其缴纳违约金无合同依据，诉请法院判定原告不承担缴纳违约金的法律责任。

法院经审理认定，原、被告双方于1995年5月5日签订了供用电合同，截至2002年8月1日，原告拖欠电费数额为206 398元，且已于8月2日向被告清偿，但原、被告并没有在供用电合同中约定原告逾期缴纳电费时应缴纳违约金及具体的比例和数额。法院认为，《合同法》废除了法定违约金制度，只允许当事人约定违约金，被告向原告收取违约金应有合同约定，故被告辩称向原告收取违约金于法有据，系根据《电力供应与使用条例》和《供电营业规则》的主张本院不予支持，判定原告不应承担缴纳违约金的法律责任。

该案一审判决书下达后，供电公司认识到供用电合同管理上存在的问题，在与该纺织公司协商的基础上，对供用电合同相关条款进行了补充完善。

评 析

(1) 该起案例对供电部门依法规范合同签订及收取违约金有一定借鉴意义。在供电营销活动中，一些供电企业不注重签订供用电合同，例如，不少地区的供电企业都没有与居民用户和低压用户签订合同或签订合同流于形式，合同条款不完备不严谨，如本案中的供电公司在供用电合同中连违约金这样的重要条款都忽略了，在发生供用电纠纷乃至对簿公堂时，供用电合同文本的瑕疵往往首先受到用户和法院的挑剔与责难，以致陷于被动甚至出现像本案这样惨遭败诉。

(2) 该案例的法院判决是有一定法律依据的，《合同法》颁布前，我国有关的法律法规和行政规章注重违约金的惩罚功能，在允许当事人约定违约金的同时又规定了各种类型的法定违约金，《电力供应与使用条例》第三十九条规定“逾期未交付电费的，供电企业可以从逾期之日起，每日按照电费总额的千分之一至千分之三加收违约金”，《供电营业规则》第九十八条则做出了进一步的具体规定。《合同法》颁布后，这些有关各类法定违约金的规定可谓越俎代庖，供电企业应该理解为对当事人约定的违约金的导向。

(3) 本案所涉供用电合同虽成立于《合同法》生效之前，但本案纠纷发生于《合同法》生效之后，最高人民法院《关于适用〈中华人民共和国合同法〉若干问题的解释（一）》第二条规定“合同成立于《合同法》实施之前，但合同约定的履行期限跨越《合同法》实施之日或履行期限在《合同法》实施之后，因履行合同发生纠纷，适用《合同法》第四章的有关规定”，依据此规定，本案应当适用《合同法》。再者，《合同法》属国家基本法律，是由全国人大通过的，而《电力供应与使用条例》属国务院行政法规，《供电营业规则》属电力行政规章，从法律位阶上看，《合同法》属上位法，《电力供应与使用条例》和《供电营业规则》属下位法，下位法违反上位法规定的条款，在法院审判时将不会被法官适用。

启 示

(1)《合同法》已于1999年10月1日生效实施，在供用电合同的签订和履行时，供电企业必须严格按照《合同法》的要求，规范经营行为，从根本上避免类似本案情况的发生。既然法院在判决电费违约金时按照《合同法》，同理，在停电时间、程序的约定上供电企业也可以按照《合同法》来约定，突破电力法规的束缚，如及时行使不安抗辩权、解除合同等权利。

(2) 电费违约金的设定可以使用电客户预知逾越合同约定日期缴纳电费的后果，通过在合同中明确约定电费违约金条款，用户对违约可能承担的责任大小，能事先了解，有利于督促并引导用户依法按期缴纳电费，是供电企业搞好电费回收工作必不可少的法律手段之一。为了充分发挥该项法律制度的应有功效，供电企业必须与所有的用户都签订完善的供用电合同，尤其切莫忽视《合同法》对违约金制度的规定，切莫忽视与用户对电费违约金条款进行具体明确的约定。

三、违约使用电费

电费违约金是客户违反电费缴纳方式、时间、数额的约定，给供电方造成损失的一种补偿。违约使用电费，是指客户违反了供用电合同中关于用电容量、供电方式、计量方式、用电性质、用电类别和窃电等约定，应该承担的违约费用。

1. 违约使用电费

违约使用电费，顾名思义，是用户使用电能违约而应承担的电费。与电费违约金不是一个概念。电费违约金是客户违反缴费的时限约定产生的违约金，与电费数额和逾期缴纳电费的日期有关。违约使用电费是因为用户违反约定使用电能而产生的电费，其数额与具体违约行为有关。违约使用电费的行政法规、规章规定主要源于《电力供应与使用条例》与《供电营业规则》关于“违章用电”和“窃电”的规定。

《电力供应与使用条例》第三十条规定，“用户不得有下列危害供电、用电安全，扰乱正常供电、用电秩序的行为：(一) 擅自改变用电类别；(二) 擅自超过合同约定的容量用电；（三）擅自超过计划分配的用电指标的；（四）擅自使用已经在供电企业办理暂停使用手续的电力设备，或者擅自启用已经被供电企业查封的电力设备；（五）擅自迁移、更动或者擅自操作供电企业的用电计量装置、电力负荷控制装置、供电设施以及约定由供电企业调度的用户受电设备；（六）未经供电企业许可，擅自引入、供出电源或者将自备电源擅自并网。”

2. 违约使用电费的纠纷处理

《供电营业规则》第一百条规定，“危害供用电安全、扰乱正常供用电秩序的行为，属于违约用电行为。供电企业对查获的违约用电行为应及时予以制止。有下列违约用电行为者，应承担其相应的违约责任：

“1. 在电价低的供电线路上，擅自接用电价高的用电设备或私自改变用电类别的，应按实际使用日期补交其差额电费，并承担二倍差额电费的违约使用电费。使用起讫日期难以确定的，实际使用时间按三个月计算。

“2. 私自超过合同约定的容量用电的，除应拆除私增容设备外，属于两部制电价的用户，应补交私增设备容量使用月数的基本电费，并承担三倍私增容量基本电费的违约使用电费；其他用户应承担私增容量每千瓦（千伏安）50元的违约使用电费。如用户要求继续使用者，按新装增容办理手续。

“3. 擅自超过计划分配的用电指标的，应承担高峰超用电力每次每千瓦1元和超用电量与现行电价电费五倍的违约使用电费。

“4. 擅自使用已在供电企业办理暂停手续的电力设备或启用供电企业封存的电力设备的，应停用违约使用的设备。属于两部制电价的用户，应补交擅自使用或启用封存设备容量和使用月数的基本电费，并承担二倍补交基本电费的违约使用电费；其他用户应承担擅自使用或启用封存设备容量每次每千瓦（千伏安）30元的违约使用电费，启用属于私增容被封存的设备的，违约使用者还应承担本条第2项规定的违约责任。

“5. 私自迁移、更动和擅自操作供电企业的用电计量装置、电力负荷管理装置、供电设施以及约定由供电企业调度的用户受电设备者，属于居民用户的，应承担每次500元的违约使用电费；属于其他用户的应承担每次5000元的违约使用电费。

“6. 未经供电企业同意，擅自引入（供出）电源或将备用电源和其他电源私自并网的，除当即拆除接线外，应承担其引入（供出）或并网电源容量每千瓦（千伏安）500元的违约使用电费。”

案例5-4 某县城有一家土菜馆，自2008年11月8日开业并开始用电。这家土菜馆共有5层，下面4层为营业店面，第5层为套间，店主家用。按照供用电合同，土菜馆共装有2只电能表，分别计量营业店面和自住套间所用电量。按当地现行电价类别与标准，1到4层营业店面执行一般工商业电价，第5层套间执行居民生活电价。土菜馆开业以来，1到4层营业店面用电每月一般为2200千瓦时，5层用电一般每月为300千瓦时。2009年3月28日，供电企业营销部门员工对土菜馆用电例行核查时，发现其用电量比例不正常，自3月份开始，营业店面用电量急剧减少为每月200余千瓦时，而5层套间生活用电增加到每月2300余千瓦时。3月29日，经用电检查人员核实，该客户从5层套间电能表下破皮接线到1层厨房和2、3层包间用电，造成商业用电量大量减少，明显属于高价低接。该客户对此供认不讳，并在用电检查单上签字确认。经核查认定，该客户高价低接实际用电时间为1个月。

当地现行电价标准为一般工商业电价0.8125元/千瓦时，居民生活电价0.5653元/千瓦时。按《供电营业规则》规定，该土菜馆首先要补交差额电费为2000×（0.8125－0.5653）＝494.4元，另外还要交纳违约使用电费494.4×2＝988.8元，共计应交纳1483.2元。土菜馆老板对此处理结果不服，认为其没有破坏表计，不构成窃电，不应交纳违约使用电费，只应补交差额电费494.4元。经去当地律师事务所咨询，了解到根据《电力供应与使用条例》和《供电营业规则》的有关规定，该供电企业的处理合理合法，该客户主动到供电营业厅交纳了电费和违约使用电费1483.2元。

评 析

依照《供电营业规则》第一百条规定，危害供用电安全、扰乱正常供用电秩序的行为，属于违约用电行为。供电企业对查获的违约用电行为应及时予以制止。有下列违约用电行为者，应承担相应的违约责任：在电价低的供电线路上，擅自接用电价高的用电设备或私自改变用电类别的，应按实际使用日期补交其差额电费，并承担二倍差额电费的违约使用电费。使用起讫日期难以确定的，实际使用时间按三个月计算。该土菜馆从电价低的生活用电电能表下破皮接线用于商业用途，人为造成商业用电量大量减少，居民生活用电量大量增加，是高价低接、擅自改变用电类别的行为，应该接受处罚。《电力供应与使用条例》第三十条也规定，客户不得有擅自改变用电类别，危害供电、用电安全，扰乱正常供电、用电秩序的行为。

四、窃电责任

1. 窃电行为

《电力供应与使用条例》第三十一条规定，“禁止窃电行为。窃电行为包括：（一）在供电企业的供电设施上，擅自接线用电；（二）绕越供电企业的用电计量装置用电；（三）伪造或者开启法定的或者授权的计量检定机构加封的用电计量装置封印用电；（四）故意损坏供电企业用电计量装置；（五）故意使供电企业的用电计量装置计量不准或者失效；（六）采用其他方法窃电。”

2. 窃电行为责任

《供电营业规则》第一百零二条对窃电应承担的责任作出如下规定，“供电企业对查获的窃电者，应予制止并可当场中止供电。窃电者应按所窃电量补交电费，并承担补交电费三倍的违约使用电费。拒绝承担窃电责任的，供电企业应报请电力管理部门依法处理。窃电数额较大或情节严重的，供电企业应提请司法机关依法追究刑事责任。”第一百零三条规定了窃电量的计算方法，“窃电量按下列方法确定：1. 在供电企业的供电设施上，擅自接线用电的，所窃电量按私接设备额定容量（千伏安视同千瓦）乘以实际使用时间计算确定；2. 以其他行为窃电的，所窃电量按计费电能表标定电流值（对装有限流器的，按限流器整定电流值）所指的容量（千伏安视同千瓦）乘以实际窃用的时间计算确定。窃电时间无法查明时，窃电日数至少以一百八十天计算，每日窃电时间：电力用户按 12 小时计算；照明用户按 6 小时计算。”第一百零四条规定“因违约用电或窃电造成供电企业供电设施损坏的，责任者必须承担供电设施的修复费用或进行赔偿。因违约用电或窃电导致他人财产、人身安全受到侵害的，受害人有权要求违约用电或窃电者停止侵害，赔偿损失。供电企业应予协助。”

当然对于不能查明窃电时间或容量的可做如下处理：①按产品单耗计算；②总表窃电以分表之和与总表之差计算；③按历史上正常月份用电量计算。

3. 违约使用电费的合同约定

尽管《电力供应与使用条例》和《供电营业规则》对于违章用电和窃电产生的违约使用电费和处理都有量化的规定，但是在案例纠纷实务中仍然存在诸多问题。

（1）如果《供电营业规则》第一百条和第一百零二条的内容在供用电合同中没有协商一致，做出约定，一旦涉案，法院极有可能不按照电力法规和规章的规定裁判案件，因为电力法规和规章的层级比较低，而是按照《民法通则》、《合同法》作为普通民事案件，以赔偿损失为原则来裁量。这样就起不到对违章用电和窃电用户的警戒作用，极有可能起到怂恿违章用电，导致运行事故的负面效应。将牵动工农业生产、国防科技各行各业和千家万户利益。涉及公益行业的案件混同为普通民事案件，有损国家和广大客户的利益。因此，最好将规定通过协商化为条款。

（2）即使将法规规章规定化作条款，也难免挂一漏万，以偏概全。实际供用电过程中，仅就规定的六种违章用电情形，就会引起千变万化的事故，导致不可估量的损失，就是说仅仅将规定内容加以约定是远远不够的。如由于违章用电和窃电，导致电路跳闸、供电设备的损毁、供电量减少、对用户人身、用电设备和产品质量造成的损失、火灾损失；还有用户注入电网的谐波电流超过标准，以及冲击负荷、非对称负荷等对电能质量产生干扰与妨碍，在规定限期内不采取措施的情形；用户在当地供电企业规定的电网高峰负荷时的功率因数不能达到规定而产生的功率因数调整电费的情形等，这些都应该在签订合同时，予以充分考虑，协商约定细密的条款，而不是仅仅依据《电力供应与使用条例》和《供电营业规则》规定解决纠纷。

4. 供电企业反诉追偿损失

供电公司在遭到客户起诉后，惯常的做法是“应诉”，可谓之“应付之诉”。为什么这样说呢？在日常的案件中，缺乏全方位的维权意识，太注重息事宁人，保护形象，误认为让社会知道供电公司当被告是丢人的事情，这是陈旧的概念。尤其如今公民、法人、社会组织的法律意识增强后，当被告是正常的事情。譬如，用户违章用电，导致供电公司网络跳闸，供出电量减少的损失，供电部门一般是听之任之；违章施工破坏电力设施，仅仅请求修理设施，断电损失不予追究；甚至由于第三方原因造成客户损失，供电部门承担责任后也不再追究第三方。

案例5-5　某市大酒店一直是某市供电一公司的客户。2002年以来该酒店因生意下滑歇业，7月更换新的承包人重新开业。开业前该酒店承诺，按时足额缴清电费，由供电一公司继续给大酒店供电。但是开业3个月以来，酒店没有履行承诺，也没有向供电一公司说明拖欠电费的理由，到10月底累计拖欠电费20万元，电费违约金3.6万元。供电一公司多次上门催收，酒店无理拖延。供电一公司按照与酒店合同约定“若用电方拖欠电费达一个月之久的，供电方暂停对用电方供电，因此造成用电方损失的，供电方不负任何责任”以及《电力法》第三十三条、《电力供应与使用条例》第二十七条、第三十九条之规定，于2002年11月依法对该酒店实施停电催费。

该酒店为了达到逃费的目的，未向供电一公司提出任何申请，也未解除合同，单方毁约，擅自解网，拆除供电一公司的进户线，砸毁表计装置，向供电二公司申请用电。

为了维护企业的合法权益，供电一公司坚持酒店没有缴清电费和电费违约金之前不准转网用电。该冲突僵持近20天，后由政府出面调解，先缴清电费后，转由供电二公司供电，随后结清电费违约金。

2002年12月，酒店将供电一公司告上法庭。诉称，供电一公司自1998年以来，违背国家电费电价政策，多收酒店30多万元电费，而且在未通知原告的情况下，拉闸断电，迫使原告停业近20天，要求返还多收电费30万元，赔偿因停电造成的经济损失2万元。

此案经审理后，法院认为酒店更换了新的承包人，变更了营业执照。新的承包人对原承包人的债权债务人没有处分权，原告不具备诉讼主体资格，驳回起诉。该案到此结束。

评 析

该用户纯属恶意逃费，恶人先告状，来掩饰酒店没有缴纳电费违约金的空虚和理亏。且不说多收电费子虚乌有，违法停电更是颠倒是非。该案件如此终结，供电一公司诸方面的合法权益没有得到法律的保护维护。如果该案的诉讼主体合格，供电公司应该就如下几个方面提出反诉：①按照市政府调解会议精神，缴清电费违约金。②请求法院判令原告赔偿拆除供电一公司的接户线，砸毁计量装置造成的损失。③赔偿因酒店擅自解网，违法拉开跌落保险，造成停电的损失。

五、安全用电责任

电力系统是电力生产传输和电能供应的闭环网络系统，具有发、供、用同时性和高速（30万千米/秒）高压（高达1000千伏）的危险特性，一旦发生事故，轻则造成人身伤亡和设备损毁，重则造成火灾或系统瓦解，大面积停电，电力事故往往是惊心动魄的。美国东部时间2003年8月14日16时11分（北京时间2003年8月15日4时11分）开始，美国东北部和加拿大联合电网发生大面积停电事故。事故发生的最初3分钟内，包括9座核电站在内的21座发电厂停止运行。随后美国和加拿大的100多座发电厂跳闸，其中包括22座核电站。负荷损失总计6180万千瓦，停电范围9300多平方英里（1平方英里=2.59平方公里），涉及美国的密歇根、俄亥俄、纽约、新泽西、马塞诸塞、康涅狄格的8个州和加拿大的安大略、魁北克省，受影响的居民约5000万人，到8月15日晚21时30分，纽约城在停电29小时后才全面恢复供电。

目前在相当一部分供用电合同中，缺失供用电安全责任的条款。即使在高压供用电合同中，也只是在其他事项条款中，作为用电检查和预防性试验的目的，提及安全用电的字样。如，“为保证供电、用电的安全，供电人将定期或不定期地对用电人的用电情况进行检查，用电人应当配合。用电检查人员在依法执行查电任务时，应向用电人出示《用电检查证》，用电人应派员随同并配合检查”；“用电人应按期进行季节性安全检查和电气设备预防性试验，发现问题及时处理。发生重大设备及人身事故时，应及时向供电人用电检查部门报告。供电人应参与事故的分析并协助用电人制订防范措施”。

做好安全供用电工作可以在很大程度上减少电力事故和纠纷，因此在供用电合同中，应当有专项条款约定安全供用电责任。

（1）对工业客户，要在合同中明确其在电气设备运行和检修过程中严格遵守《电业安全工作规程》，消除安全隐患，发现问题及时处理。对于注入电网谐波的、冲击负荷、非对称负荷危及电网安全和电能质量的客户要专项签订安全用电和事故责任承担条款。

（2）对农村用户，要依照《农村安全用电规程》约定客户的安全用电责任以及造成事故的责任承担。

1）严禁私自改变低压系统运行方式，禁止采用“一相一地”方式用电。

2）严禁私设电网防盗和捕鼠、狩猎、捕鱼。

3）严禁使用挂钩线、破股线、地爬线和绝缘不合格的导线接电。

4）不准在电力线路上挂晒衣物。晒衣线（绳）与低压电力线要保持1.25米以上的水平距离。架设电视天线时应远离电力线路，天线杆与高低压电力线路的最小距离应大于杆高3.0米，天线拉线与上述电力线路的净空距离应大于3.0米。

5）剩余电流动作保护器动作后，应迅速查明跳闸原因，排除故障后方能投运。

6）家庭用电禁止拉临时线和使用带插座的灯头。擦拭灯头、开关、电器时，要断开电源后进行。更换灯泡时，要站在干燥木凳等绝缘物上。

7）用电器具出现异常，如电灯不亮，电视机无影或无声，电冰箱、洗衣机不启动等情况时，要先断开电源，再作修理，如果用电器具同时出现冒烟、起火或爆炸的情况，不要赤手去切断电源开关，应尽快找电工处理。

8）用电器具的外壳、手柄开关、机械防护有破损、失灵等有碍安全情况时，应及时修理，未经修复不得使用。

以上与客户安全用电有关的条款内容，如果不便写入合同可以作为合同附件。为了固定客户在安装验收合格后的线路和用电设备布局，应当画出客户的线路和用电设备布局图纸，让客户签字确认后，作为合同附件，用于作为一旦出现事故后，界定私拉乱接的证据。

案例 5-6　原告诉称：1999 年 8 月，原告因家庭建房所需，前去找本村四片用电负责人吴某，商量用电事宜。8 月 17 日，原告在自家的电能表下、闸刀上接电施工。当晚 11 时许用电结束收线时，因电线漏电致张某（秦某之夫，张甲、李某之子，张乙、张丙之父）触电死亡。张某死亡的主要原因，在于二被告（村委会和电力公司）的供电安全设施失控所致。理由为：

（1）村委会系县首批农网改造的示范村。村内供电系统触电保护器分为两级保护，即分设了总保护器和家庭保护器。而在张某触电时，保护器未能起到安全跳闸的保护作用，致使张某在长达 5 分钟的电流损伤下死亡。

（2）被告村委会的供电安装保护设施出现技术性错误，从而致使家庭保护器起不到保护作用。

（3）死亡事故发生后，电力公司会同有关部门分四个地点分别对保护器的性能进行了测试，但测试的结果证实触电保护器失控，不起保护作用。所以二被告应对张某的死亡负主要责任。要求二被告赔偿张某死亡补偿费 8 万元、赔偿间接受害人的生活补助费25 000余元、补偿各原告慰抚金 10 万元，诉讼费由二被告承担。

经庭审质证，依据有效证据，本法院确认以下案件事实：1998 年冬季，在国家对农村电网进行改造的大好形势下，村委会也决定对本村的电网进行改造。此次改造，由某电力公司提供技术、设备并负责工程施工。在工程基本完工，尚未验收合格的情况下，即投入使用。以上事实见庭审中二被告的陈述。

1998 年 8 月，村委会张某因自家建房需要用电，就向负责该片的临时电工吴某打了招呼。8 月 17 日，张某在自家的闸刀上接电使用。晚上 23 时左右，施工结束。张某在没有断开电源的情况下，回收电源线，触电死亡。以上事实见原告陈述、居民死亡医学证明书、事故调查报告及本院调查电工吴某的笔录。

事故发生后，电力公司即派人对事故发生的原因进行调查，发现在张某触电时，村委1号台区总保护器（漏电保护器）不动作。但未对总保护器不动作的原因进行调查，以上事实见事故调查报告及被告电力公司陈述。

电网改造中，村委会旧的变压器等电力设施，由电力公司收回，更换为新的设备，其费用由国家投资。村委的临时电工徐某、吴某未经安全技术培训、无证上岗，以上事实见事故调查报告和二被告陈述。

法院认为：国家投资对农网进行改造，其目的在于改造现有陈旧的、事故隐患较多的农网，使之成为高效节能、安全的新农网，从而减少事故发生，保护人身及财产安全。这就要求施工要合乎规范，对改造后的农网要验收合格才能使用，以保证其安全运行。

本案中，张某在未断开电源的情况下，回收电线，造成触电，因总保护器不动作，致其死亡。众所周知，总保护器亦即漏电保护器，安装使用它的目的在于有触电或漏电时，能够有效地保护人身安全及财产安全。因此，总保护器的不动作是造成张某死亡的主要原因。

张某虽然自行接线，但其曾向负责本片的临时电工打了招呼。因此，他的行为不属于私拉乱接。鉴于他带电收线，未尽必要注意，对其死亡有一定责任。

电力公司在村委的农网改造中是负责技术安装与提供设备的。8·17事故中的不动作保护器系电力公司提供与安装的。因此，由该保护器故障所造成的损害，应由电力公司承担。不论该保护器的故障是产品质量所致还是安装技术所致，都不能免除其责任。

未经验收合格的电力设施不能投入使用。村委改造后的农网未经验收合格即投入使用，电力公司具有过错。其庭审辩称已告知村委该农网未验收不能使用，没有举证来证明，故其辩称不能成立。

村委会配置的电工，未经电力主管部门同意，未经过安全技术培训，无证上岗，以致不能及早发现并排除事故隐患（总保护器不动作），对事故的发生也有一定过错。因此，村委会应负一定责任。

农网改造中，村委原有旧的电力设施由电力公司更换为新的电力设施，在未经验收合格前，其产权处于不确定的状态。在此期间发生事故，村委会与电力公司如不能反证推翻对其过错推定，应当承担责任。

电力公司提供的分界点协议书，因协议中设备的更换，加之国家农网改造的目的而失去效力，故该证据本院不予采信。

综上所述，对于张某的死亡，电力公司应负主要责任，以70%计算。村委应负次要责任，以 20%计算。其余 10%的责任由死者自负。

五原告作为张某的亲属，有权在张某因触电保护器不动作而死亡后，要求二被告赔偿丧葬费、间接受害人的抚养费、死亡慰抚金。其中张甲、李某的抚养费按 5 年计算，为33 780.2元。张乙的抚养费按 4 年计算，为13 512.08元；张丙按 1 年计算，为 3378.02 元。二被告的辩称及举证，不能推翻对他们的过错推定。因此二被告应赔偿原告丧葬费、间接受害人的抚养费、死亡慰抚金。依据《中华人民共和国民法通则》第一百零六条第二款和第一百二十三条的规定，判决如下：

(1) 被告电力公司于判决生效后五日内赔偿原告因张某死亡的丧葬费 3000 元，间接受害人的抚养费 50 670.3 元，死亡慰抚金 75 000 元，总计 128 670.3元，它的 70%为90 069.21元。

(2) 被告村委会赔偿原告128 670.3元的 20%，合计为25 734.06元。

(3) 其余损失由原告自负。

本案受理费 4015 元。由电力公司承担 2810.5 元，村委会承担 803 元，原告承担 401.5 元。二被告承担的部分，暂由原告垫付，待执行时一并付给。

评 析

(1) 关于张某所使用电线的产权问题。在农网改造中，按照国家和各级政府的规定，农网改造入户材料费（含电能表）每户收取标准不得超过 200 元。那么，依据《电力法》第三条关于电力事业投资“谁投资谁受益的原则”规定。本案中张某所使用的电线，既然是张某投资，那么产权就归张某所有。据此，依据《供电营业规则》第五十一条规定的“产权归属谁，谁就承担其拥有的供电设施上发生事故引起的法律责任”，以及从张某带电所收电线漏电导致张某触电死亡的情况来看。张某就应该承担主要责任。

(2) 私拉乱接的问题。张某尽管在用电上向分管本片的临时电工打了招呼，但其未经安全技术培训，无证上岗。在其不懂电力专业知识及不按电力专业技术操作规范操作（在漏电保护器上线接电，即接线不通过漏电保护器）的前提下，非经电工操作，自行接线并带电收线是违法的。据此，依据《电力法》及《农村安全用电规程》之规定，张某的行为仍属私拉乱接之范畴。

再者，张某建房施工临时用电，根据《电力供应与使用条例》第二十三条规定，“申请新装用电、临时用电、增加用电容量、变更用电和终止用电，均应当到当地供电企业办理手续，并按照国家有关规定交付费用。”本案张某仅仅向没有上岗资格的电工打了招呼，没有到当地供电企业办理手续，且非经电工操作，自行接线并带电收线，属于私拉乱接。因此法院“他的行为不属于私拉乱接”的判定是错误的。

（3）电力公司的责任。电力公司实施农网改造，由于其管理机构未能及时建立，属于安全供用电管理失缺，依据《民法通则》的公平原则，应当承担一定的次要责任。

（4）本案是低压触电，法院也是按照过错责任原则判决的，但其适用《民法通则》第一百二十三条乃适用法律错误。

启示

（1）首先，应该向法院阐明漏电保护器的作用，是监视线路和设备漏电，提示线路设备维护人员巡查故障，消除故障，保护供电设施安全，其派生的作用也具有触电保安的作用，但不是保命器；其次，漏电保护器的一、二、末级的定值是逐级减少的，在末级触电总保护不跳闸是合乎原理的，否则，会影响其他用户用电；最后，根据漏电保护器的原理，线零、线线触电是不跳闸的。

（2）如果确是厂家产品的质量问题，应当追诉厂家承担责任。

（3）即使是居民照明户，也应该具备布线图并存档。

六、用电方其他违约责任

用电方的违约责任有逾期缴费（恶意拖欠电费）、违章用电、窃电、没有做到安全用电、不配合供电方进行用电检查、不服从供电方调度、未经供电方许可随意操作供电设施、未尽保护计量装置的责任等。其中，违反约定，不能按时足额缴费部分将在第八章第二节论述。本部分只论述用电检查、服从调度、供电设施设备操作部分。

1. 用电检查

《电力法》第三十三条规定，“供电企业查电人员和抄表收费人员进入用户，进行用电安全检查或者抄表收费时，应当出示有关证件。用户应当按照国家核准的电价和用电计量装置的记录，按时交纳电费；对供电企业查电人员和抄表收费人员依法履行职责，应当提供方便。”《电力供应与使用条例》第五条规定，“供电企业和用户应当遵守国家有关规定，采取有效措施，做好安全用电、节约用电、计划用电工作。”供电、用电监督检查管理的具体办法，由国务院电力管理部门另行制定。《用电检查管理办法》第四条规定，“供电企业应按照规定对本供电营业区内的用户进行用电检查，用户应当接受检查并为供电企业的用电检查提供方便。”应该明确，供电企业的查处行为属于民事行为。

该行为是根据电力法律法规的授权而为。虽然供电活动属于《合同法》规定的民事活动，但鉴于供电活动的特殊性和电力管理制度的传统，《电力法》对供电企业和用户的权利义务又作了一些特别规定。例如，第三十二条规定，“用户用电不得危害供电、用电安全和扰乱供电、用电秩序。对危害供电、用电安全和扰乱供电、用电秩序的供电企业有权制止。”这些规定属于特别法的规定，与《合同法》不相抵触。

综上所述，供电企业应该根据《电力供应与使用条例》第六条规定，应当根据平等自愿、协商一致的原则签订和用户供用电合同。同时还要约定，一旦出现客户违章用电、窃电后，供电企业检查取证的程序以及客户履行协助配合检查、确认签字、封存证据的义务。避免出现客户违章用电、窃电后，阻挠供电企业依法检查，否认事实和不承担责任的结局。

通过在供用电合同中的约定，将用电检查行为转化成民事上的意思自治行为，一旦出现纠纷，按照民事纠纷处理。不要争取行政执法权，那意味着电力改革的倒退，一份权力，一份苦涩，真正的企业就要无官一身轻，在商海的大风大浪中奋力搏击，勇立潮头。

2. 服从调度与供电设施操作

为了保障电网安全、优质、经济运行，保护用户利益，电网运行实行统一调度，分级管理的原则。自备电厂并网运行用户、在调度系统内的高压供电的大用户，必须执行调度指令。在确立供用电合同关系时，应当根据《电网调度管理条例》以专门条款或以调度协议的形式与客户约定严格执行调度指令的内容。《电网调度管理条例》第十七条规定，发电、供电设备的检修，应当服从调度机构的统一安排。

《供电营业规则》第四十八条规定，供电企业和用户分工维护管理的供电和受电设备，除另有约定者外，未经管辖单位同意，对方不得操作或更动；如因紧急事故必须操作或更动者，事后应迅速通知管辖单位。第六十三条规定，“用户受电装置应当与电力系统的继电保护方式相互配合，并按照电力行业有关标准或规程进行整定和检验。由供电企业整定、加封的继电保护装置及其二次回路和供电企业规定的继电保护整定值，用户不得擅自变动。”

七、供用电合同的责任免除

1. 合同责任免除

在履行合同中，因出现了法定的免责条件和约定的免责事由而导致合同不能履行的，债务人将被免除履行义务，这些法定的免责条件和约定的免责事由统称为免责事由。

2. 供用电合同供电方责任免除

(1) 电力运行事故免责

电力运行事故发生的原因有不可抗力、供电方网络或设备运行事故、第三人过错或无过错破坏以及有的客户自身责任所致。因此，《电力法》第六十条规定了供电方免责的情况，“因电力运行事故给用户或者第三人造成损害的，电力企业应当依法承担赔偿责任。电力运行事故由下列原因之一造成的，电力企业不承担赔偿责任：(一) 不可抗力；(二) 用户自身的过错。因用户或者第三人的过错给电力企业或者其他用户造成损害的，该用户或者第三人应当依法承担赔偿责任。”

1) 不可抗力，《合同法》第一百一十七条第二款规定，“本法所称不可抗力，是指不能预见、不能避免并不能克服的客观情况。”不可抗力一般包括如下几种情况：①自然灾害，如地震、台风、洪水、海啸等。②政府行为，主要指当局政府的新的法律、政策和行政措施使得合同不能履行。③社会异常现象，如罢工、骚乱等事件。在风雨季节，供电部门常常会因为风雨造成停电事故，给客户带来损失引起客户投诉，从不可抗力的解释来看，一般情况很难以不可抗力与客户抗辩，除非暴风雨、飓风等，再者目前天气预报比较准确的提前预告，不可抗力的条件之一不能预见则不复存在。《合同法》第一百一十七条还规定，“因不可抗力不能履行合同的，根据不可抗力的影响，部分或者全部免除责任，但法律另有规定的除外。当事人迟延履行后发生不可抗力的，不能免除责任。”即使是不可抗力，也不能当然免除全部合同责任，在很多情况下只是暂时不能履行合同，事由消除后要继续履行合同。如供电方由于暴风雨导致停电，应当在风雨过后尽快抢修，恢复送电。其次，因不可抗力暂时不能履行合同，应及时向对方说明不能履行合同的原因和持续时间，帮助对方应对事故，减少损失。这也提醒供电公司，在暴风雨等不可抗力发生后，应该及时与主要客户沟通，一是取得谅解和协作，二是预计一下抢修时间通报客户，使得客户自救减损。最后，为了避免客户事后起诉，要求供电方赔偿经济损失，供电方应当向气象部门取得不可抗力的证据，存档备用。

2) 至于第三人责任造成停电给客户带来损失，供电方仍然不得免责，因为客户与第三方没有直接的合同关系。因此，根据合同相对性，供电方承担责任后，再向第三者追偿。一般是追加第三人为被告，判决其承担责任，而不是另案起诉。

（2）电能质量免责

电网供出的电能质量不仅取决于电网自身，还取决于有的客户的用电设备的特性，如用户倒送无功，向电网注入高次谐波污染等都会影响电能质量。因此，《供电营业规则》作出如下规定：用户用电功率因数未达到规定标准或其他用户原因引起的电压质量不合格的，供电企业不负赔偿责任。用户的非线性阻抗特性的用电设备接入电网运行所注入电网的谐波电流和引起公共连接点电压正弦波畸变率超过标准时；用户的冲击负荷、波动负荷、非对称负荷对供电质量产生影响或对安全运行构成干扰和妨碍时，供电企业不仅难以保证该客户的规定质量，而且可以中止对该客户供电。

（3）人身触电责任免除

详见本套丛书《人身触电事故防范与处理》分册的相关论述。

本节的违约责任的处理大都来自部门规章的规定，鉴于部门规章，法律位阶较低，法院判决时只是参考规章。因此，在签订合同时不要直接援用条文来约定供用电合同违约责任的处理，应该以条文为指导，写成约定条款，以得到法院的支持。

第三节 行使不安抗辩权

供用电合同中，供电方在作为先履行合同的一方时，在合同履行的任何时段，当用电人存在不能履行合同义务的法定情形时，可以行使不安抗辩权。

一、不安抗辩权

1. 不安抗辩权

不安抗辩权，也称为先履行抗辩权，是指在双方合同依法成立后，应当先履行合同义务的一方当事人有证据证明合同当事人不能履行合同义务或者有人不能履行合同义务的可能时，在对方当事人没有履行或者提供担保之前，有权中止履行合同义务。《合同法》第六十八条规定，“先履行债务的当事人，有确切证据证明对方有下列情况之一的，可以中止履行：（一）经营状况严重恶化；（二）转移财产、抽逃资金以逃避债务；（三）丧失商业信誉；（四）有丧失或者可能丧失履行债务能力的其他情形。”这条规定法律上称之为不安抗辩权。《合同法》第六十九条规定：“当事人依照本法第六十八条的规定中止履行合同的，应当及时通知对方。对方提供担保时，应当恢复履行。中止履行后，对方在合理限期内未恢复履行能力并且未提供适当担保的，中止履行的一方可以解除合同。”不安抗辩权，是指先给付义务人在有证据证明后，给付义务人出现《合同法》六十八条的情形之一，可中止自己的履行；后给付义务人接到中止履行通知后在合理的期限内提供了适当担保的，先给付义务人应当履行其义务；在合理的期限内未恢复履行能力并且未提供适当担保的，先给付义务人可以解除合同。

2. 不安抗辩权的发生条件

在合同履行中不安抗辩权的发生条件为：

(1) 只有在双务合同中，方可发生。供用电合同，就是一种双务合同，因此该合同主体可以行使不安抗辩权。

(2) 只能由应当先履行合同义务的一方当事人行使该项权利。供用电合同中，先供电，后收费，供电企业就是先履行合同的一方。如果客户预付电费后再供电，供电公司就不能行使不安抗辩权。

(3) 应当先履行合同义务的当事人必须提出确切证据证明对方不能履行合同义务或有不能履行合同义务的可能。具体而言，实践中，先履行合同的供电人必须用证据证明用户存在《合同法》第六十八条所列举的一种或几种情形。

案例5-7 某厂截至2003年5月欠某供电公司电费与电费违约金150万元，经协商供用电双方达成“一年内分三次在本年度8月，次年1月、4月按照5∶3∶2比例清偿全部欠款”的协议。次年2月，某厂因充当另一民事活动连带责任保证人，被银行起诉，涉案标的2000万元，被担保人无偿债能力，该厂资产总值2300万元。很明显，该厂极有丧失履行本供用电合同的债务能力的可能。

供电公司要求该厂为其拖欠电费提供担保，该厂无力提供，供电公司遂运用不安抗辩权中止供电，同时中止欠费还款协议的履行，向法院申请诉前财产保全，继而提起诉讼。

评 析

该厂的总资产与涉案标的基本持平，一旦败诉，就会丧失或者可能丧失履行债务的能力。供电公司中止供电，停止履行还款协议，向法院申请诉前财产保全，继而提起诉讼，符合《合同法》第六十八条的规定。

二、行使不安抗辩权

(1) 供电人作为应当先履行合同义务的一方当事人时，有权暂时中止履行供用电合同的义务。

（2）供电人在行使不安抗辩权后，应及时通知用电方，并可要求对方当事人提供适当担保。

（3）用电方提供适当担保的，供电人应恢复履行合同。

（4）中止履行（停电）后，用电方在合理期限内未恢复履行能力并且未提供适当担保的，供电人可以解除合同。

可见，最后步骤（解除合同）是以前边步骤为前提的，就是供电公司只能先中止履行合同（中止供电），要求欠费客户履行合同（缴纳电费和电费违约金）或者提供担保，如果客户履行了合同或者提供了担保，供电公司就应该恢复履行合同（恢复供电），否则，供电公司才可采取最后步骤——解除合同。供电公司无确切证据或者没有给予欠费客户履行合同或者提供担保的补救机会，就单方解除合同应承担违约责任。

案例 5-8 某塑料制品厂，经营情况恶化，致使该厂拖欠供电公司电费100万元。供电公司多次催费无果，便通知其为拖欠电费和下月电费提供担保，否则，中止供电。该厂未予理会。供电公司便依照法定程序予以中止供电。该厂便将供电公司告上法庭，诉称供电公司违约停电，请求判令被告立即恢复供电，并赔偿由停电而引起的损失。

供电公司积极举证，向法院提交了供用电合同、原告的欠费证据、该厂的财物报表和工商局的年审资料以及产品滞销情况资料等，证明该厂出现了《合同法》第六十八条规定的情形，经营状况恶化，丧失了偿债能力。据此，法院驳回原告的诉求。之后，双方达成协议，该厂以其5亩土地使用权为其欠费和后来将发生的电费提供担保。

评 析

行使不安抗辩权不须在合同中约定，只要用电客户出现《合同法》第六十八条规定的情形，供电公司就可以行使该项权利，但要注意，因为没有具体约定，停电程序要合法。如果在签订合同时就依据《合同法》第六十八条和第一百八十二条规定，约定欠费停电，就不必受《电力供应与使用条例》和《供电营业规则》关于欠费停电的限制。

三、行使不安抗辩权的注意事项

（1）供电企业行使不安抗辩权时要全面把握《电力法》和《合同法》的相

关规定。实际上，只要符合条件（证据确凿）在合同履行的任何阶段，企业都可以行使不安抗辩权——中止供电。但应当注意通知义务，这在《合同法》第六十九条中已有规定。《电力法》第二十九条对停电事先通知早有规定，“因供电设施检修、依法限电或用户违法用电等原因，需要中断供电时，供电企业应按国家有关规定事先通知用户。”

（2）运用不安抗辩权时要特别注意以下几个方面：

1）运用不安抗辩权一定要证据确凿，否则，应当承担违约责任。

2）先要求提供担保而不中止供电，若拒不提供或不能提供担保再停电。中止供电后，客户继续怠于履行义务，就会转化成解除合同，终止供电。如用电人在一定期限内提供了担保就达到了供电方的目的，能不停电尽量不要停。供电方主张只对信用等级较低（C 级或 B 级）的用电人可视情况采取这种措施。

3）如果采取停电措施，一定要慎重操作。如果在供用电合同中没有约定其他中止供电方式和相关时限，采取停电措施，程序务必符合《供电营业规则》第六十七条之规定操作：①应将停电的用户、原因、时间报本单位负责人批准。批准权限和程序由省电网经营企业制定；②在停电前三至七天内，将停电通知书送达用户，对重要用户的停电，应将停电通知书报送同级电力管理部门；③在停电前 30 分钟，将停电时间再通知用户一次，方可在通知规定时间实施停电。

4）前已述及，如果客户预付电费购买相应电量，变传统的赊电制为购电制方式。将一直以来约定俗成的“先用电、后付费”的用电方式改变为“先付费、后用电”的交易模式，用电人成为合同义务的先履行一方，而供电人成为后履行义务人，就不再具备行使不安抗辩权的主体资格了。

从以上分析中不难看出，《电力供应与使用条例》与《合同法》的规定在适用上存在冲突。但《合同法》属于法律的范畴，《电力供应与使用条例》属于行政法规。根据《立法法》规定，上位法效力大于下位法，法律的法律效力大于行政法规的法律效力，当二者为对同一问题的适用上出现法律冲突时，应当适用法律的规定。可见，在欠费停电中，当《电力供应与使用条例》与《合同法》的相关规定发生冲突时，应优先适用《合同法》，因此，供电企业在对用户欠费停电中适用《合同法》中关于不安抗辩权的规定是合法的。

案例 5-9　某食品厂由于受市场影响，产品严重滞销，经营严重恶化，导致欠某供电公司电费达60余万元。若不及时采取措施，该厂可能破产倒闭，供电企业将蒙受巨额经济损失。供电公司依据《电力法》、《合同法》有关规定，通知该厂于5日内缴清电费，同时告知用电客户，由于其经营状况严重恶化，供电企业已符合《合同法》第六十八条、第六十九条规定的行使不安抗辩权的法定条件，用电方必须为下期用电电费提供担保，否则将中止供电。该食品厂缴清了电费，却拒绝提供担保。供电公司按规定程序中止对该厂供电。该食品厂以供电公司停电属违约行为为由，向基层人民法院提起民事诉讼，认为供电公司要求其提供担保，《电力法》无明确规定，要求供电公司恢复供电，并赔偿停电导致的损失15万元。供电公司积极应诉，向法庭提交了供用电合同、近半年来该厂电费发票存根（证明多次未按期缴纳电费、履约能力明显降低），从工商行政管理局复制的该厂企业法人营业执照年审材料及从该厂主管部门复制的食品厂财务会计报表（证明该厂经营状况严重恶化）等证据材料。经审理法院认为，原告食品厂与被告供电公司在本案中系供用电合同关系，该法律关系属民事法律关系，应受《民法通则》、《合同法》等民事法律规范调整，供用电合同为双务合同，供电企业有先供电、后收费的义务，但当用电方出现《合同法》第六十八条所列的经营状况严重恶化，转移资产、抽逃资金以逃避债务，丧失商业信誉，有丧失或者可能丧失履行债务能力等情形且供电方有确切的证据予以证明，供电方在履行了通知义务后，在用电方恢复履行能力前，可以要求用电方提供电费担保，用电方拒绝提供担保的，可以中止供电。据此，法院判令驳回原告的诉讼请求。

一审判决后，原告、被告均未提起上诉。不久，原告即与供电公司达成协议，自愿将其厂区内一块面积达1900平方米的无地上定着物的土地使用权对将要发生的电费提供担保，双方签订了《电费缴纳合同》、《抵押合同》，并在土地行政管理部门办理了抵押登记手续，使《抵押合同》合法生效。

评 析

在这起案例中，供电公司依法行使不安抗辩权后，客户缴付电费但不提供担保后，没有停止法律行动，进而依法给客户中止供电。在用电方起诉后，积极举证应诉，证明该厂经营状况严重恶化，赢得了法院的支持，取得了该厂无地上定着物的土地使用权的优先受偿权，在抵押物所担保的电费债务已到《电费缴纳合同》约定清偿期而该厂未履行债务时，供电公司可通过行使抵押权，选择使用以土地使用权折价、拍卖和变卖等方式实现未受偿电费债权，有效地降低经营风险。

第四节 及时运用撤销权

有的欠费用户为了达到其恶意欠费之目的，利用民法关于财产所有权中处分权的规定，与其朋友关系或亲戚关系的受让人恶意磋商，采取赠与方式或明显低于市场价格转让自己所有的财产或者放弃到期债权。该行为导致其财产急剧减少，偿债能力迅速降低或丧失，以致侵害了债权人的债权。供电企业遇到这种情形，应当在法定期间行使己方的撤销权，维护自己的债权。

案例5-10 个户张某欠电费20万元，欠银行贷款50万元。将价值60万元的厂房和土地使用权、价值30万元的轿车各以30万元、10万元的低价转让给了亲友李和王。李、王知道上述事实。

张某的30万元已经用于还贷款，10万元挥霍。现供电公司向李索要轿车以抵电费。

评　析

该客户总债务为20＋50＝70（万元），总资产为60＋30＝90（万元），具有偿债能力。但低价转让财产以后，总资产为30＋10－30－10＝0，就是说其财务状况已到了分文不名的地步，对供电公司20万元的电费债务无力偿还。供电公司当然应及时行使撤销权，保护自己的债权。

一、撤销权的概念

所谓撤销权，是指债务人、第三人（受益人）有侵害债权人债权的行为，如，采取赠与方式或明显低于市场价格转让自己所有的财产或者放弃到期债权，对债权人造成了损害，债权人因而取得可以请求人民法院撤销债务人行为的权利。

二、取得撤销权必须符合的条件

（1）用户拖欠电费，已逾缴费期限。

（2）债务人（欠费用户）有放弃到期债权、无偿转让财产或以明显不合理的低价转让财产的行为。具体表现为赠与、贱卖、免除债务、提供担保等。

（3）债务人（欠费用户）的行为妨害了债权人债权（供电人电费债权）的实现。用电客户的行为危害了供电公司电费债权的实现。

（4）债务人（欠费用户）的行为必须是以财产或财产权利为标的，否则不能行使撤销权。

（5）对于债务人（欠费用户）以赠与、贱卖、免除债务、提供担保等方式处理自己的财产，故意损害债权人的权益其行为第三人（相对方或财产受让人）主观上必须知道或者应当知道该情形。

三、撤销权的行使

（1）撤销权的请求范围以债权人的债权为限。

（2）撤销权诉讼应将债务人（欠费用户）列为被告，而以财产受让人（受益人）为第三人；若只起诉债务人（欠费用户），法院可以追加受让人为第三人。

（3）撤销权诉讼，由被告住所法院管辖，即应由欠费户住所地有管辖权的法院管辖。

（4）债权人行使撤销权的必要费用，由债务人负担（律师费、诉讼费、差旅费等在诉讼请求中提出）；受让人有过错的，应当分担。

（5）撤销权的诉讼时效期间为1年，自当事人知道或应当知道撤销事由之日起算。撤销权的除斥期间为5年，自债务人行为发生之日起超过5年的，撤销权丧失。

（6）该行为被撤销后，债权人立即启动其他法律手段，如诉前财产保全、起诉等法律手段实现其债权。

四、行使撤销权的注意事项

（1）电费债权必须是合法存续的债权，正在发生或已逾时效的，不能行使。

（2）行使撤销权可以直接向债务人、第三人提出，通过协商解决或者诉请法院予以撤销。仲裁机构不受理撤销权的仲裁申请。

（3）诉讼费、律师代理费、差旅费等由供电企业垫付，撤销权诉讼诉胜的，费用由用户承担，第三人有过错的，应当分担。

（4）通过诉讼取回的财产，若存在其他债权人的，与供电企业同等地位受偿。

案例5-11　某电力器材厂与某电力工程公司签订了一份线路工程铁件买卖合同，合同约定在付清全部价款之前由电力器材厂保留对该批铁件的所有权。电力工程公司收到铁件后，经过检验认为质量低于约定，遂按原价的80%支付了货款，双方争执不下。在争议期间，电力工程公司与某供电公司签订了一份架设30千米110千伏输电线路的合同。电力工程公司就使用从电力器材厂购买的部分铁件施工生产。两个月后，线路工程竣工，经验收符合SD J3—1979《架空送电线路设计技术规范》和GB J232—1982《电力安装工程建设施工及验收技术规范》等国家和电力行业的有关标准和规程。供电公司支付了线路建设工程款项给电力工程公司。电力器材厂获悉后，行使撤销权，向管辖法院提起诉讼，请求判决电力工程公司和供电公司签订的架设30公里110kV输电线路的合同无效。被法院驳回起诉。

评 析

(1) 本案中的电力器材厂不能行使撤销权。因为撤销权只能在债务人行为危害债权的情况下行使，电力工程公司与供电公司之间的合同，属于正常的施工建设行为，不会危害电力器材公司的债权，根据《合同法》第七十四条"因债务人放弃其到期债权或者无偿转让财产，对债权人造成损害的，债权人可以请求人民法院撤销债务人的行为。债务人以明显不合理的低价转让财产，对债权人造成损害，并且受让人知道该情形的，债权人也可以请求人民法院撤销债务人的行为。"

(2) 根据撤销权的行使范围以债权人的债权为限之规定，显见本案不属于可以行使撤销权的情形。再者，电力工程公司通过合法有效的合同进行线路施工建设，铁件已经成为线路不可或缺的一部分，所有权属于供电公司。因此，电力器材厂只能要求电力工程公司支付余下的20%的货款，不能行使撤销权。

名人名言

担保人与债务人是连体双头人。

第六章

供用电合同担保

原能源部和财政部于1989年12月发布了《实行电费、电表保证金制度的暂行规定》为了保证国家电费的回收，保障电度表资产的安全，特实行电费、电表保证金制度。1995年6月30日，国家正式颁布《担保法》使电费担保具有了法律依据。但随着我国社会主义市场经济体制的逐步建立，国家对市场经济的干预从微观管理也在逐步转变为宏观调控。1999年底，原国家计委、国家经贸委《关于利用价格杠杆促进电力消费有关问题的通知》为纠正行业不正之风，减轻企业负担，明令取消了供电企业执行了十余年的电费保证金制度。不收电费保证金，又要保证电费的回收，供电公司就无所作为了吗？答案是否定的。《民法通则》、《担保法》和《合同法》为保证债的履行，规定了多种担保方式。《最高人民法院关于适用〈中华人民共和国担保法〉若干问题的解释》（法释〔2000〕44号）第1条规定，当事人对由民事关系产生的债权，在不违反法律法规强制性规定的情况下，以担保法规定的方式设定担保的，可以认定为有效。供电企业为保证对电费的回收，与用电人协商确立了电费担保约定机制。一旦与客户之间发生电费纠纷就不至于落得个“赢了一纸判决书”的后果。就是说，取消向用户收取电费保证金的行政性规定不等于取消供电企业的民事主体资格和民事行为能力，更不能据此“规定”永远限制供电企业依法对电费债权设定担保。

第一节　供用电合同担保概述

为了供用电合同的全面履行，供电公司应该强化担保意识，在供用电合同签订和履行过程中，因人而异选择恰当的担保方式有利于促进客户积极履行其缴纳电费的义务。

一、合同担保的概念

合同担保是为了确保债权实现而以特定财产或者第三人的信用为保证的制度。担保具有从属性、补充性和相对独立性。就是说担保的发生、存在和效力要受到主债的制约；只有债务人不履行债务时才产生担保责任；担保是独立于主债务的单独债务，而不是主债务的一部分。

二、供用电合同担保

供电企业是自然垄断企业，不能等同于一般的企业，不应完全享有一个普通企业在签订合同时的全部权利。供电企业应以普遍服务为前提，一般情况下应当采用“先用电，后付费”的方式。不能一概要求用电客户提供担保，应该根据客户的资信、信用状况确定是否需要提供担保，采用《担保法》中的保证、抵押、质押、留置、定金等方式中适当的方式。

第二节 灵活运用担保手段

担保包括保证、抵押、质押、留置和定金等方式，供电企业在签订供用电合同或者在合同履行过程中，可以灵活选择与本公司供电营销模式相适应的方式。

一、保证

1. 保证的概念

保证，是指保证人和债权人约定，当债务人不履行其所负的债务时，由保证人按照约定履行债务或者承担责任的担保方式。保证人即为第三人。保证的实质是由第三人提供的信用担保，是由第三人的一般财产作为担保的担保方式。

2. 保证的种类

（1）一般保证和连带责任保证。

1）一般保证。一般保证是指当事人在保证合同中约定，当债务人不履行债务时，由保证人承担保证责任的保证。保证人依法享有先诉抗辩权，即一般保证的保证人在主合同纠纷未经审判或者仲裁，并就债务人财产依法强制执行仍不能履行债务前，对债务人可以拒绝承担保证责任的权利。可见，在一般保证中，保证人仅在债务人的财产不足以完全清偿债权的情况下，才负保证责任。

《担保法》第十七条第三款规定了先诉抗辩权三种阻劝事由。有下列情形之一的，保证人不得行使前款规定的权利：①债务人住所变更，致使债权人要求其履行债务发生重大困难的；②人民法院受理债务人破产案件，中止执行程序的；③保证人以书面形式放弃前款规定的权利的。

2）连带责任保证。连带责任保证是指当事人在合同中约定，保证人在债务人不履行债务时与债务人负连带责任的保证。在连带责任保证中，只要有债务人履行期届满不履行债务的事实，保证人的保证责任即发生效力，债权人既可以要求债务人履行债务，也可以要求保证人在其保证范围内承担保证责任，而不论债权人是否就债务人的财产实行强制执行。连带保证的保证人依法不享有先诉抗辩权。

（2）一人保证和数人保证。一项债务，保证人为一人的即为一人保证，保证人为两人或两人以上的为数人保证。共同保证又分为连带共同保证和按份共同保证。《担保法》第十二条规定，同一债务有两个以上保证人的，保证人应当按照保证合同约定的保证份额，承担保证责任。没有约定保证份额的，保证人承担连带责任，债权人可以要求任何一个保证人承担全部保证责任，保证人都负有担保全部债权实现的义务。已经承担保证责任的保证人，有权向债务人追偿，或者要求承担连带责任的其他保证人清偿其应当承担的份额。按份共同保证的保证人按照保证合同约定的保证份额承担保证责任后，在其履行保证责任的范围内对债务人行使追偿权。连带共同保证的债务人在主合同规定的债务履行期届满没有履行债务的，债权人可以要求债务人履行债务，也可以要求任何一个保证人承担全部保证责任。连带共同保证的保证人承担保证责任后，向债务人不能追偿的部分，由各连带保证人按其内部约定的比例分担。没有约定的，平均分担。

（3）单独保证和最高额保证。《担保法》第十四条规定，“保证人与债权人可以就单个主合同分别订立保证合同，也可以协议在最高债权额限度内就一定期间连续发生的借款合同或者某项商品交易合同订立一个保证合同。”

3. 保证人的资格与违法作保

（1）保证人资格

根据《担保法》第七条的规定，保证人必须是具有代为清偿能力的法人、其他组织或公民。另外，保证人必定是债务人之外的第三人。

下列法人或其他组织，禁止作为保证人：①国家机关不得作为保证人，但经国务院批准为使用外国政府或者国际经济组织贷款进行转贷的除外；②学校、幼儿园、医院等以公益为目的的事业单位、社会团体不得为保证人；③企业法人的分支机构、职能部门不得为保证人，但企业法人的分支机构有法人书面授权的，可以在授权范围内提供保证。

(2) 违法作保的处理

1) 如果禁止作为担保人的法人或其他组织与债权人签订保证合同，那么，该保证合同无效。债务人、保证人、债权人有过错的，根据各自过错承担相应的民事责任。

2) 根据《最高人民法院关于适用〈中华人民共和国担保法〉若干问题的解释》(以下简称《解释》)第七条规定，“主合同有效而担保合同无效，债权人无过错的，担保人与债务人对主合同债权人的经济损失，承担连带赔偿责任；债权人、担保人有过错的，担保人承担民事责任的部分，不应超过债务人不能清偿部分的二分之一。”

3)《解释》第十七条第四款规定，“企业法人的分支机构提供的保证无效后应当承担赔偿责任的，由分支机构经营管理的财产承担。”

企业法人有过错的，按照《担保法》第二十九条，即要区分企业债权人与企业法人的过错责任，分别处理。若债权人无过错，由企业法人承担责任；若债权人与企业法人均有过错，根据各自过错承担相应责任。

4) 根据《解释》十八条规定，“企业法人的职能部门提供的保证无效的，债权人知道或应当知道的，造成的损失由债权人自行承担。”

4. 保证合同的内容

(1) 被保证的主债权种类及数额。

(2) 债务人履行债务的期限。

(3) 保证的方式。

(4) 保证担保的范围。保证担保的范围包括主债权及利息、违约金、损害赔偿金和实现债权的费用。保证合同另有约定的，按照约定。

(5) 保证的期间。《司法解释》第三十二条规定，“保证合同约定的保证期间早于或者等于主债务履行期限的，视为没有约定，保证期间为主债务履行期届满之日起六个月；”《司法解释》第三十七条规定，“最高额保证合同对保证期间没有约定或者约定不明的，如最高额保证合同约定有保证人清偿债务期限的，保证期间为清偿期限届满之日起六个月。没有约定债务清偿期限的，保证期间自最高额保证终止之日或自债权人收到保证人终止保证合同的书面通知到达之日起六个月。”

(6) 双方认为需要约定的其他事项。

5. 主合同变更、转让，保证和担保并存对保证责任的影响

(1) 主债权、债务的变更对保证责任的影响。保证期间，当事人双方协议

变更主合同的，应当取得保证人的书面同意。否则，除当事人另有约定外，保证人不再承担保证责任。

（2）主合同的转让对保证责任的影响。保证期间债权人转让主债权的，保证债权作为从债权也随之转移，保证人在原担保范围内继续承担保证责任；如经债权人许可，债务人转让债务的，应当取得保证人的书面同意。否则，保证人不再承担保证责任。

（3）保证与物权担保并存时的保证责任。《担保法》第二十八条规定，“同一债权既有保证又有物的担保的，保证人对物的担保以外的债权承担保证责任。债权人放弃物的担保的，保证人在债权人放弃权利的范围内免除保证责任。”

6. 保证担保的注意事项

（1）要严格考查保证人资格，尽量避免由于保证人资格不合法而导致保证合同无效的情况发生。

（2）选择恰当的保证方式。尽量采用“连带责任保证”和“最高额保证”。

（3）一定要签订书面保证合同。

（4）要约定好保证期间。《司法解释》第三十二条规定，“保证合同约定的保证期间早于或者等于主债务履行期限的，视为没有约定，保证期间为主债务履行期届满之日起六个月。保证合同约定保证人承担保证责任直至主债务本息还清时为止等类似内容的，视为约定不明，保证期间为主债务履行期届满之日起二年。”保证期间简单记忆：有约定从约定，无约定，按6个月计算；约定明，从约定；约定不明，按两年。最关键的是，保证期间内保证人也不能清偿债务，债权人还有二年的保证合同诉讼时效！债权人千万别忘记在保证期间行使权利，过了保证期间不行使权利，保证人就免责了！

（5）要注意保证合同的诉讼时效期间为2年。《司法解释》第三十四条规定，“一般保证的债权人在保证期间届满前对债务人提起诉讼或者申请仲裁的，从判决或者仲裁裁决生效之日起，开始计算保证合同的诉讼时效。连带责任保证的债权人在保证期间届满前要求保证人承担保证责任的，从债权人要求保证人承担保证责任之日起，开始计算保证合同的诉讼时效。”

案例6-1 原告深圳某供电公司与第一被告某水泥厂属供电与用电关系，但第一被告从1996年开始一直未能按期缴纳电费。1999年2月2日，原告与第一被告、第二被告某集团签订一份《电费缴款协议书》，约定：第一被告承诺在1999年3月1日前将1999年2月前所欠电费4 077 662.65元缴清；第一被告保证对1999年2月以后的电费做到当月电费当月缴清；第二被告为第一被告提供担保，如第一被告拒不履行协议，第二被告有代为履行之义务。由于第一被告仍未切实履行该协议，经原告催讨，1999年10月19日，第一被告又向原告出具一份《电费交款计划》，确认拖欠原告电费600多万元，并拟定还款计划：1999年10月底付人民币140万元，1999年底付人民币200万元，余款从2000年1月起以每月50万元至80万元不等的额度偿还，直至偿清。但第一被告仍未按此还款计划履行，原告遂于2001年12月20日诉至法院，要求第一被告支付所拖欠的截止2001年10月31日的电费8 089 121元及违约金174 963.41元，并要求第二被告承担连带清偿责任。

法院经审理认为：①第二被告只应承担一般保证责任；②因保证期间已过，应免除第二被告担保责任。理由如下：第二被告作为保证人，其在《电费缴款协议书》中承诺的内容属于一般保证，但并没有约定保证期间，按照《担保法》的规定，保证期间应确定为主债务履行期限届满之日起六个月。本案中，第一被告1999年2月前所欠电费的保证期间届满之日为1999年9月1日，1999年2月以后每月所欠电费的保证期间届满之日为当月再加六个月，即使是最后一期当月电费（即原告于2000年10月正式停止对第一被告供电的时间）的保证期间届满之日也为2001年4月，在上述保证期间内原告均未对第一被告提起诉讼或申请仲裁，因此第二被告的一般保证责任依法应予免除。遂作出判决如下：

一、第一被告应于本判决生效之日起十五日内偿付原告电费人民币8 089 121元及违约金（违约金计至2001年10月31日为人民币174 963.41元，以后的违约金以每日千分之一的标准计至款项付清之日止）。

二、驳回原告要求第二被告承担连带清偿责任的诉讼请求。

启示

《担保法》第十七条规定，“当事人在保证合同中约定，债务人不能履行债务时，由保证人承担保证责任的，为一般保证。”第二十五条规定，“一般保证的保证人与债权人未约定保证期间的，保证期间为主债务履行期届满之日起六个月。在合同约定的保证期间和前款规定的保证期间，债权人未对债务人提起诉讼或者申请仲裁的，保证人免除保证责任；债权人已提起诉讼或者申请仲裁的，保证期间适用诉讼时效中断的规定。”可见，在合同中明确约定保证方式及保证期间、保证范围等事项对于债权人是至关重要的，如未约定保证期间，则按上述规定，保证期间只有短短的六个月，一不小心就会超过时效，从而丧失胜诉权，则后悔晚矣！

案例 6-2　2001 年第一被告化工公司与原告供电公司形成事实供用电关系，2002 年双方正式签订《高压供用电合同（一）》及《电费结算协议》，原告全面履行了合同义务，但化工公司未按照《电费结算协议》约定的时间缴纳电费。2004 年第一被告化工公司向原告出具《还款协议书》，第二被告投资公司与原告签订《电费还款保证协议》，愿意对第一被告化工公司的还款计划承担连带保证责任。2005 年第一被告化工公司又出具《新还款计划书》，同时第二被告投资公司也承诺对《新还款计划书》继续进行担保。鉴于化工公司多次拖欠履行债务，2006 年供电公司向中级法院提起诉讼。

庭审中，第二被告投资公司辩称：①根据与原告签订的担保合同，投资公司同意担保的是电费欠款，担保合同并没有约定被告投资公司必须承担逾期付款利息的连带清偿责任。②《电费还款保证协议》中约定“保证人的连带责任由保证人在债权人处所拥有的股东权益及保证人其他可兑现的资产提供保证”，投资公司与原告签订的《电费还款保证协议》实质上是一份“股份权利质押合同”，根据我国《担保法》之规定，质押合同自股份出质记载于股东名册之日起生效。本案投资公司与原告签订的“股份权利质押合同”并没有生效，原告要求被告投资公司承担连带清偿责任没有依据。

针对本案焦点：①原、被告签订的《电费还款保证协议》的性质是否是“股份权利质押合同”？②被告投资公司是否应对本案债务承担连带保证责任？

法院经审理认为：①《电费还款保证协议》中“保证人的连带责任由保证人在债权人处所拥有的股东权益及保证人其他可兑现的资产提供保证”的约定，已明确保证人实现保证责任的财产有股东权益及保证人其他可兑现的资产，说明其有能力提供保证，而不是仅仅以“股东权利”提供“质押”意义上的担保方式。原被告签订的《电费还款保证协议》的性质是连带保证合同，该合同载明“保证人愿意对债务人的上述还款计划提供连带责任保证”。且被告投资公司在被告化工公司 2005 年出具《新还款计划书》时，仍与原告签订补充协议，表示同意继续为化工公司的新还款计划书进行担保。被告投资公司辩称该合同实际上是一份“股份权利质押合同”，系对该条款的曲解，其抗辩理由不能成立。

②被告投资公司对本案债务担保范围是否包括逾期利息？从双方签订的

《电费还款保证协议》可以看出，被告投资公司提供保证的是被告化工公司出具的《还款计划书》，被告投资公司是为整个计划提供保证，而《还款计划书》明确表明“2004年8月8日之后的违约金另行计算”，因此本案的保证范围显然包括2004年8月8日之后的违约金。《电费还款保证协议》是被告投资公司为被告化工公司于2004年出具的还款计划书提供连带责任保证，该还款计划书的总欠款金额包括尚欠电费及违约金。因此，被告投资公司辩称该保证协议没有约定其必须承担逾期付款利息的担保责任的抗辩理由也不能成立。

被告化工公司经法院合法传唤，未到庭参加诉讼，法院依法缺席判决如下：被告化工公司应偿还尚欠原告电费并支付逾期付款利息；被告投资公司对上述债务承担连带清偿责任；被告投资公司在承担保证责任后，有权向被告化工公司追偿。

启 示

(1) 签订保证合同时，明确担保的方式，明确保证范围和性质，以免引起歧义。本案《电费还款保证协议》中“保证人的连带责任由保证人在债权人处所拥有的股东权益及保证人其他可兑现的资产提供保证”的约定，极容易误导为股份权利质押合同；“为整个还款计划提供保证”不如明确为“为电费和电费违约金提供保证”。这样，连带责任也自然及于电费违约金。

(2) 把握诉讼时效，争取在债权到期前及时提起诉讼。本案诉讼时效的把握非常关键。供电公司及时提起诉讼实现债权，挽回了经济损失，避免资产流失。

二、抵押

1. 抵押的概述

(1) 抵押。所谓抵押，是指债务人或者第三人不转移对特定财产的占有，将该财产作为债权的担保，债务人不履行债务时，债权人有权以该财产或以该财产拍卖、变卖的价款优先受偿的制度。前款规定的债务人或者第三人为抵押人，债权人为抵押权人，提供担保的财产为抵押物。

(2) 抵押物的范围。《担保法》第三十四条规定，下列财产可以抵押：①抵押人所有的房屋和其他地上定着物；②抵押人所有的机器、交通运输工具和其他财产；③抵押人依法有权处分的国有的土地使用权、房屋和其他地上定着物；④抵押人依法有权处分的国有的机器、交通运输工具和其他财产；⑤抵押人依法承包并经发包方同意抵押的荒山、荒沟、荒丘、荒滩等荒地的土地使用权；⑥依法可以抵押的其他财产。抵押人可以将前款所列财产一并抵押。

《物权法》扩大了担保财产的范围。担保法中关于动产担保物的范围过于狭窄，不利于动产担保价值发挥、不利于企业尤其是中小企业融资、不利于金融产品创新、不利于信贷人权利保护和银行贷款风险防范。而物权法中，允许以协议方式对现有或将有的生产设备、原材料、半成品、产品抵押；允许抵押人将其财产一并抵押等。

物权法不再要求对担保物进行具体描述，而由当事人书面进行约定。使担保物权体系渐趋完善，融资担保渠道大大拓宽。增加的种类有四个：一是正在建造的建筑物、船舶、航空器可以抵押；二是经当事人约定并签订书面协议，企业、个体工商户、农业生产经营者可将现有及将有的生产设备、原材料、半成品、产品作抵押；三是基金份额可以质押，但是要到其证券登记结算机构登记；四是应收账款可以质押，但是要到中国人民银行信贷征信机构办理登记。

《物权法》第一百八十条规定，债务人或者第三人有权处分的下列财产可以抵押：①建筑物和其他土地附着物；②建设用地使用权；③以招标、拍卖、公开协商等方式取得的荒地等土地承包经营权；④生产设备、原材料、半成品、产品；⑤正在建造的建筑物、船舶、航空器；⑥交通运输工具；⑦法律、行政法规未禁止抵押的其他财产。

抵押人可以将前款所列财产一并抵押。该规定体现了“法不禁止即为允许”的法治理念，极大地扩充了担保物的范围，其他规范性文件应该不妨碍抵押。

（3）不得抵押的财产。《担保法》第三十七条规定，下列财产不得抵押：①土地所有权；②耕地、宅基地、自留地、自留山等集体所有的土地使用权，但本法第三十四条第（五）项、第三十六条第三款规定的除外；③学校、幼儿园、医院等以公益为目的的事业单位、社会团体的教育设施、医疗卫生设施和其他社会公益设施；④所有权、使用权不明或者有争议的财产；⑤依法被查封、扣押、监管的财产；⑥依法不得抵押的其他财产。

《司法解释》第四十八条规定，以法定程序确认为违法、违章的建筑物抵押的，抵押无效。

（4）最高额抵押。《物权法》第二百零三条规定，为担保债务的履行，债务人或者第三人对一定期间内将要连续发生的债权提供担保财产的，债务人不履行到期债务或者发生当事人约定的实现抵押权的情形，抵押权人有权在最高债权额限度内就该担保财产优先受偿。最高额抵押权设立前已经存在的债权，经当事人同意，可以转入最高额抵押担保的债权范围。

2. 抵押合同的内容

（1）被担保的主债权的种类和数额。《司法解释》第五十六条规定“抵押合同对被担保的主债权种类、抵押财产没有约定或者约定不明，根据主合同和抵押合同不能补正或者无法推定的，抵押不成立。”

（2）债务人履行债务的期限。

（3）抵押物的名称、数量、质量、状况、所在地、所有权权属或使用权权属。

（4）抵押担保的范围。主债权及利息、抵押权实现的费用、违约金、损害赔偿金。当事人可以有特别约定。

（5）当事人认为需要约定的其他事项。

3. 抵押合同的订立及生效

（1）抵押合同应以书面形式订立。

（2）一般情况下，抵押合同自双方当事人签订之日起生效。

（3）法律规定需要办理抵押物登记的抵押合同，自登记之日起生效。《司法解释》第五十九条规定，“当事人办理抵押物登记手续时，因登记部门的原因致使其无法办理抵押物登记，抵押人向债权人交付权利凭证的，可以认定债权人对该财产有优先受偿权。但是，未办理抵押物登记的，不得对抗第三人。”

（4）以法定抵押财产以外的其他财产抵押的，自抵押合同签字之日起生效。

《担保法》第四十二条规定，办理抵押物登记的部门如下：①以无地上定着物的土地使用权抵押的，为核发土地使用权证的土地管理部门；②以城市房地产或者乡（镇）、村企业的厂房等建筑物抵押的，为县级以上地方人民政府规定的部门；③以林木抵押的，为县级以上林木主管部门；④以航空器、船舶、车辆抵押的，为运输工具的登记部门；⑤以企业的设备和其他动产抵押的，为财产所在地的工商行政管理部门。

当事人以上述之外的其他财产抵押的，可以自愿办理抵押物登记，登记部门为抵押人所在地的公证部门。未办理者不得对抗第三人。

案例 6-3 供电公司诉称，某市化肥厂长期拖欠其电费，造成其大量财务费用损失和资金周转困难。根据双方 2003 年 12 月 31 日电费核对情况显示，某市化肥厂共欠供电公司电费款15 196 298.56元，其中 2000 年及以前所欠电费款为8 758 469.40元，因2005年1月14日某市化肥厂缴2000年前旧欠电费款100 000元，所以到2005年某市化肥厂实际拖欠供电公司2000年及以前电费款为8 658 469.40元。为保证供电公司债权的安全和实现，供电公司与某市化肥厂曾于2002年7月签订了《财产抵押合同》并在工商部门办理了抵押登记。考虑到某市化肥厂的偿还能力，供电公司先对2000年及以前旧欠电费行使诉权，对余款保留起诉权并仍采用正常的催费程序催收。故请求法院判令：①某市化肥厂缴纳其所欠供电公司2000年及以前部分电费款4 500 000元；②供电公司对某市化肥厂所提供的抵押设备享有优先受偿权；③本案诉讼费由某市化肥厂承担。

经过法院审理认为，供电公司与某市化肥厂签订的供用电合同系双方当事人真实意思表示，合法有效。供电公司依约履行了供电义务，某市化肥厂应依约履行相应的缴纳电费义务。然而，从供电公司与某市化肥厂双方核对的情况显示，截止2003年12月31日，某市化肥厂尚欠供电公司2000年及以前电费款8 758 469.40元。虽然2005年1月14日某市化肥厂缴纳了2000年及以前电费款100 000元，但到起诉之日，某市化肥厂仍实际欠供电公司2000年及以前电费款8 658 469.4元。供电公司请求某市化肥厂缴纳其所欠2000年及以前电费款8 658 469.4元中的4 500 000元，既考虑了某市化肥厂的实际缴纳能力，又于法有据，本院予以支持。2002年6月20日，供电公司与某市化肥厂就某市化肥厂所欠电费缴纳问题达成的《财产抵押合同》，既是双方当事人的真实意思表示，又符合抵押合同的形式要件和实质要件，也不违反法律禁止性规定，且依法办理了抵押登记手续，本院认定其合法有效。故供电公司提出的其对某市化肥厂所提供的抵押设备享有优先受偿权的主张，依法应予支持。依照《中华人民共和国合同法》第六十条第一款、第一百八十二条、《中华人民共和国担保法》第五十三条第一款之规定，判决如下：

一、被告某市化肥厂在本判决生效之日起十日内一次性缴清所欠原告供电公司2000年及以前电费款8 658 469.4元中的4 500 000元。

二、原告供电公司对被告某市化肥厂提供的〔2002〕某工商抵押（城登）字第001号企业抵押物登记证记载的主变器1、2，直流盘，110千伏断路器，真空断路器等190台（套、组）设备抵押物，在上述债权范围内享有优先受偿的权利。

案件受理费39 012元，由被告某市化肥厂承担。

评 析

本案被告偿债能力不足，供电公司采取暂时放弃新债，追索陈债策略，现金与财产双管齐下。实事求是，只追要部分债务，并就某市化肥厂所欠电费缴纳问题达成的财产抵押合同，既是双方当事人的真实意思表示，又符合抵押合同的形式要件和实质要件，也不违反法律禁止性规定，且依法办理了抵押登记手续，得到法院认定和支持，通过现金偿还和抵押担保实现了陈旧电费债权。

4.《物权法》承认浮动抵押

《担保法》未承认浮动担保。《物权法》承认浮动担保是一大进步。

（1）浮动抵押适用主体。《担保法》并未将适用范围仅仅限定于公司法人，企业、个体工商户、农业生产经营者也可以享受。

（2）浮动抵押适用客体。现有及将有的生产设备、原材料、半成品、产品均可作为浮动抵押担保财产。《物权法》第一百八十一条规定，“经当事人书面协议，企业、个体工商户、农业生产经营者可以将现有的以及将有的生产设备、原材料、半成品、产品抵押，债务人不履行到期债务或者发生当事人约定的实现抵押权的情形，债权人有权就实现抵押权时的动产优先受偿。”

（3）浮动抵押的特点：①浮动抵押设定后，抵押财产处在不断变化状态下，只有双方约定和法定（《物权法》第一百九十六条）的事由发生后才能确定抵押财产实现抵押权；②主体限定为企业、个体工商户、农业生产经营者，其他机关、事业单位、非经营的自然人不许设立浮动抵押；③浮动抵押在其抵押期间，抵押人可以自由处分抵押财产而不必经过抵押权人同意。

（4）浮动抵押财产的确定。抵押财产自下列情形之一发生时确定：①债务履行期届满，债权未实现；②抵押人被宣告破产或者被撤销；③当事人约定的实现抵押权的情形；④严重影响债权实现的其他情形。

5.《物权法》关于最高额抵押主债权的确定

（1）最高额抵押。为担保债务的履行，债务人或者第三人对一定期间内将要连续发生的债权提供担保财产，债务人不履行到期债务或者发生当事人约定的实现抵押权的情形，抵押权人有权在最高债权额限度内就该担保财产优先受偿。

最高额抵押权设立前已经存在的债权，经当事人同意，可以转入最高额抵押担保的债权范围。最高额抵押权担保的债权确定前，部分债权转让的可以转让；最高额抵押权不得转让，但是当事人另有约定的除外；明确规定了最高额抵押权的债权确定期间和诉讼时效，从法律的角度最大限度的给予当事人是否转让债权的自由，同时为电费债权抵押提供了方便。

《物权法》遵循意思自治原则，允许当事人就抵押权实现的事由自由约定，不一定非要等到债务履行期届满而担保权人未受清偿时才可行使担保物权，更有利于保护债权。

（2）最高额抵押权的债权确定期间。《物权法》第二百零六条规定，有下列情形之一的，抵押权人的债权确定：（一）约定的债权确定期间届满；（二）没有约定债权确定期间或者约定不明确，抵押权人或者抵押人自最高额抵押权设立之日起满二年后请求确定债权；（三）新的债权不可能发生；（四）抵押财产被查封、扣押；（五）债务人、抵押人被宣告破产或者被撤销；（六）法律规定债权确定的其他情形。

最高额抵押扩大了用户对其电费债务抵押的财产范围，简化了手续，这对供电企业回收电费，开辟了另一条切实可行之路。

6.《物权法》简化了担保物权的实现程序

《物权法》中一个非常大的变化是，简化了担保物权的实现程序，对担保法第五十三条予以了颠覆性的修改。《物权法》中明确规定，债务人不履行到期债务的，首先抵押权人要与抵押人协商实现担保物权，一旦协商不成，抵押权人可以不经过诉讼程序，径行请求人民法院参照市场价格直接拍卖、变卖抵押财产。但是抵押权人与抵押人协议有损害其他债权人利益的，其他债权人（后位债权人）可以在知道或应当知道撤销事由之日起一年内请求人民法院撤销该协议。这既降低了担保物权的实现成本，又有力地保障了其他债权人的合法权益。

7.抵押担保的注意事项

（1）要合理选择抵押物：①法律规定允许抵押的财产或权利，以免合同无效；②科学估算抵押物价值，应略大于最大电费额；③抵押物价值稳定并易于受偿；④考查抵押物上是否存在其他权利，避免重复抵押。

（2）选择具体抵押方式。电费债权连续发生，宜采用最高额抵押，额度略高于一年期间内根据合同可能发生的电费总额。

（3）严格依法订立完善的书面抵押合同。

（4）及时办理抵押物登记手续。①法律规定应当登记的，及时办理登记。不同的抵押物到不同的部门，按不同的手续办理如国家工商总局发布的《企业动产抵押物登记管理办法》、公安部的《机动车登记办法》；②对法律没有规定必须办理登记的，最好也办理登记，以对抗第三人。

（5）要注意经常检查抵押物的状况。①抵押物价值减少或可能灭失的，可以要求用户投保或者再提供担保；②因抵押人行为使抵押物价值减少的，供电企业应当要求停止该种行为、恢复价值或提供担保；③《解释》第七十条规定，“抵押人的行为足以使抵押物价值减少的，抵押权人请求抵押人恢复原状或提供担保遭到拒绝时，抵押权人可以请求债务人履行债务，也可以请求提前行使抵押权。”

（6）要注意避免流押，即在抵押合同中，不得约定在供电企业电费债权未受清偿时，抵押物的所有权就转归供电企业；否则，该约定本身无效。

（7）在保证、抵押、质押三种形式中，应优先采用抵押，尤其是优先采用法定登记的抵押、浮动抵押、最高额抵押。

案例6-4 丰盛食品公司主要生产苹果脯，由于产品滞销，拖欠供电公司电费50万元。供电公司通知丰盛食品公司提供担保，否则依法中止供电。丰盛食品公司接到通知后，以两部汽车做了抵押，并办理了抵押登记；但两部汽车只值20万元，丰盛食品公司又请求信利商场、百利公司和兴发公司帮忙为该笔电费提供担保，他们同意承担连带保证责任，但互相之间没有约定份额。供电公司便与丰盛食品公司签订了《缓缴电费协议》，约定到下个月收电费时，旧费偿还，新费不欠。下月缴费期限截止，丰盛食品公司缴清新的电费后，仅仅偿还拖欠电费10万元。供电公司起诉信利、百利、兴发三被告追回余下的20万元电费。

启　示

本案属于物的抵押与人的保证并存的担保，物的担保优先于人的保证，供电公司起诉时只能偿还10万元和汽车抵押的20万元，仍有20万元电费未被偿还；其次，三被告之间没有约定具体份额，可以要求任何一个公司承担20万元的保证责任，也可以要求他们共同承担保证责任。本案对全部被告起诉，共同承担责任减小风险，且期待法院调解或判决时会给三被告确定具体的责任份额。

三、质押

1. 质押的概述

所谓质押，是指为了担保债权的履行，债务人或第三人将其动产或权利移交债权人占有，当债务人不履行债务时，债权人享有就其占有的财产折价或者以拍卖、变卖该财产优先受偿权利的担保方式。提供财产的债务人或者第三人为出质人，债权人为质权人，移交的财产（或权利证书）为质物。

2. 质押合同的内容

质押合同的内容由当事人约定，根据《担保法》第六十五条规定，包括以下内容：①被担保的主债权种类和数额；②债务人履行债务的期限；③质物的名称、数量、质量、状况；④质权的担保范围；⑤质物移交的时间；⑥当事人认为需要约定的其他事项。《物权法》第二百一十条规定，质权合同一般包括下列条款：①被担保债权的种类和数额；②债务人履行债务的期限；③质押财产的名称、数量、质量、状况；④担保的范围；⑤质押财产交付的时间。

3. 动产质押

《担保法》第六十三条规定，“本法所称动产质押，是指债务人或者第三人将其动产移交债权人占有，将该动产作为债权的担保。债务人不履行债务时，债权人有权依照本法规定以该动产折价或者以拍卖、变卖该动产的价款优先受偿。前款规定的债务人或者第三人为出质人，债权人为质权人，移交的动产为质物。”

（1）动产质押合同是要物合同，自质物移交质权人占有时，质押合同生效。出质人代质权人占有质物的，质押合同不生效；质权人将质物返还于出质人后，以其质权对抗第三人的，人民法院不予支持。

（2）出质人以间接占有的财产出质的，质押合同自书面通知送达占有人时视为移交，此时，质押合同生效。

4. 权利质押

权利质押是指债务人或第三人（出质人）以法定的享有处分权的特定财产权利出质的担保方式。

《担保法》第七十五条规定，下列权利可以质押：（一）汇票、支票、本票、债券、存款单、仓单、提单；（二）依法可以转让的股份、股票；（三）依法可以转让的商标专用权，专利权、著作权中的财产权；（四）依法可以质押的其他权利。

《物权法》第二百二十三条规定了“可以出质的权利”，债务人或者第三人有权处分的下列权利（一）汇票、支票、本票；（三票）；（二）债券、存款单；（三）仓单、提单；（三单一券）；（四）可以转让的基金份额、股权；（基、股）；（五）可以转让的注册商标专用权、专利权、著作权等知识产权中的财产权（三权）；（六）应收账款；（一款）；（七）法律、行政法规规定可以出质的其他财产权利。

比较可见，《物权法》关于权利质押登记的规定远较《担保法》全面。其中，明确了普通公司股权质押以工商行政管理部门登记为准，取消了担保法记载于股东名册的规定，在客观上有公示的效果。值得一提的是，物权法对应收账款出质的登记做了规定，拓宽了质押权利的范围。

为明确起见，对《担保法》和《物权法》中规定的可以出质的权利作如下说明：

（1）汇票、本票、支票、债券、存款单、仓单、提单。①以票据和公司债券出质的，如果出质人与质权人没有背书记载“质押”字样，质权人无权对抗公司和善意的第三人；②以上 7 种权利出质的，出质人再转让和质押无效；③以载明兑现或提货日期的二票、二单、一券出质的，其兑现和提货日期先于债务履行期的，并与出质人将兑现的价款或提取的货物用于提前清偿所担保的债权或向与出质人约定好的第三人提存。

（2）依法可以转让的股份、股票。①以无记名股票出质的，出质人与质权人应当订立书面合同并向证券登记机构办理出质登记，质押合同自登记之日生效。以记名股票出质的，以股东在记名股票上背书并交付于质权人之日生效；②以公司的股份出质的应当适应《公司法》关于股份转让的规定。以有限责任公司和非上市股份公司的股份出质的，质押合同自股份出质记载于公司名册之日生效。以上是股份有限公司股份出质的，质押合同自股份出质向证券登记机构办理出质登记之日生效。

（3）依法可以转让的商标专用权、专利权、著作权中的财产权。质权合同自向管理部门办理出质登记之日生效。知识产权出质后，出质人不得转让或许可他人使用。双方同意转让或许可使用的所得的费用应当向债权人提前清偿所担保的债权，或者向与出质人约定的第三人提存。

（4）依法可以出质的其他权利，如债权。

案例 6-5 2009 年 3 月 22 日，重庆永川供电公司与鞍钢贝卡尔特轮胎帘线（重庆）有限公司签订了电费最高额质押合同。该公司向永川供电公司提供了 150 万元的银行承兑汇票，作为该公司持续用电产生的尚未结清的最高不超过 150 万元的电费债务担保。该承兑汇票 6 个月到期，这期间客户若发生电费风险，该公司就可以在承兑汇票中提取现金。之所以能够签订这份开先河的电费最高额质押合同，在于多年来永川供电公司给予客户提供优质服务赢得了客户的信任。

评 析

不断加强电费回收管理，采取多种电费风险预控措施。积极尝试新的收费方式；另一方面，积极为客户提供优质服务，特别是在夏季用电高峰期，主动走访大客户，并坚持每天向供区内重要客户、高危客户发送手机短信，告知其电网负荷情况，以方便客户及时调整生产安排。该供电公司以其优质的服务，得到了客户的认可，也使该公司在电费回收等工作上，得到客户的理解和支持。

启 示

注意承兑汇票到期时间，这期间用电客户若发生电费风险，供电公司就可以在承兑汇票中提取现金。

5. 质押担保的注意事项

(1) 要合理选择质物：①在动产质押场合，应选择那些没有瑕疵，价值较稳定、不易损坏的物。质权人自己接收自己负责。②质物有损坏或价值明显减少的，可能足以危害质权人权利的，应要求出质人提供相应担保。

(2) 质物应该按照约定时间交付质权人（供电企业），否则质押合同不能生效。

(3) 质权人（供电企业）应履行对质物的妥善保管义务。否则给出质人造成损失的，应当承担民事责任。

(4) 避免流质的约定，即不能在质押合同中约定，当用户未按时交纳电费时，质物所有权即转归供电企业。否则无效。

(5) 应依法签订完善的书面质押合同。

(6) 质押担保的电费债权额度宜确定为用户在二或三个月期间内的供用电合同所可能发生的电费额。

案例 6-6 个体户张某从事面粉加工，拖欠上月电费 300 元，供电公司下达停电催费通知后，张某到当地供电所说，不要给他停电，他愿意用家里刚买的价值 800 元的全兼容 DVD 机作质押，到下个月一定按时足额缴费并偿还全部欠费。但是由于其弟弟结婚需用 DVD 机，暂时不能移交，过几天就送来。10 天后，张某还没有送来，供电所追要 DVD 机，张某于次日将带包装的 DVD 机送到供电所。可是，缴费依据逾期数日，仍不见张某来缴费，供电所遂给张某下达催费通知。张某次日来到供电所声称缴费还债，但要验证一下 DVD 机。结果，DVD 机损毁。

启 示

(1) 本案没有当即缴付 DVD 机，质押合同不成立。

(2) 质押合同应该签订书面合同，不是口头合同。像本案这样，一个不成立的口头质押合同就使得供电公司的停电催费通知成为一纸空文，在营销管理上太不严肃，太不严谨，容易造成负面效应。

(3) 供电公司应该选择合适的、没有疵瑕的抵押物，在接受抵押物时应该检查并封存。否则遇到本案DVD机损毁的情形，应该给予赔偿。

签订合同前的担保措施不能一概而论，应根据资信调查和审查情况，区别对待，因为采取担保手段，并非是强制的，而是当预期的电费债权可能受到威胁时才能使用。由于供用电合同具有强制缔约性，如果与客户协商不成，不予签订供用电合同，否则，供电公司就会违背《电力法》第二十六条“供电营业区内的供电营业机构，对本营业区内的用户有按照国家规定供电的义务；不得违反国家规定对其营业区内申请用电的单位和个人拒绝供电”之关于强制缔约的义务。

第三篇

纠纷是一团乱麻，
法律是一把利刀。

供用电合同纠纷处理

供应电合同由于在签订时存在缺陷，或者在履行中一方违约，而造成纠纷。其中，电费电价纠纷居于纠纷数量的首位；其次是各种情形的停电纠纷；再次是计量纠纷和其他种类的纠纷。本篇旨在将供用电合同纠纷分门别类的加以阐述并辅之以相应案例，帮助读者理解纠纷处理的法理和防范纠纷的方法。

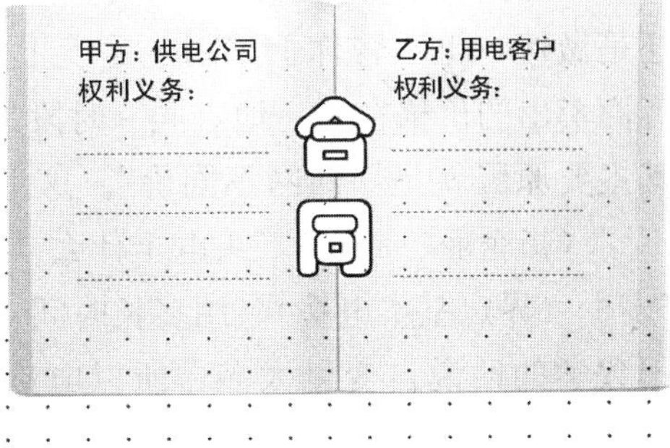

名人名言

一般买卖合同的价格是协商确定的，供用电合同的价格是法定的。

第七章

电价电费纠纷处理

根据国家电力监管委员会《2008 年上半年发电企业与电网企业电费结算情况通报》，截至 2008 年 9 月底，仅国家电网公司系统的社会用电客户拖欠的电费额高达 266 亿元。因此说，电费拖欠是供电营销管理的重中之重。电费拖欠的原因有社会的外部原因，如客户信用缺失、错误的用电观念、电力法制建设滞后、某些地方的行政干预、用电企业经营不善，恶意逃费；也有供电企业管理的内部原因，如组织制度、技术流程缺陷、没有运用合适手段及时追缴电费等原因。详见本套丛书之《电费风险防范与清欠》第一篇第三章相关内容。

第一节 电价纠纷处理

电费拖欠纠纷中，由电价引起的纠纷为数不少。其中的主要原因有，客户对电价的法律法规不理解或者理解有偏差；对国家电价政策的适用跟不上；供用电合同中关于电价的约定不明确或者遗漏；日常电费电价的宣贯不到位，加之在签订合同时，就电价条款与客户沟通不充分等。

一、电价纠纷

以居民到市场上购买煤炭为例，不管你是工人、农民还是老板，不管你购买煤炭是为了取暖还是做饭，也不管你上午用还是晚上用都不会影响其价格，就是说同一个煤炭客商卖出的价格在同一地点同一时段是一视同仁的。电价之所以会引起纠纷，其主要原因就是“同网不同价”。这里的意思是，同一供电网络的客户的身份不同（指企业、居民）、买电干什么（行业）、什么时间买电用（峰谷分时）、买多少（界定基本电费）、用多长时间（临时、长期）诸多因素都会影响电价，用数学的话说自变量太多，所以电价这个因变量就变数多多，麻烦也就多多。不过这是世界各国普遍采用的电价体系，差异在于我国的电价管理机制和运作机制为国家控制，电价由政府组织核定，发达国家有听证会、价格审议委员会等形式，电价管理更加民主、透明。

案例 7-1 某区人民法院日前依法对一起电费纠纷案作出判决：被告耿某在规定期限内给付原告市供电公司某区供电所电费及违约金共计17 470.59元，并承担案件受理费、诉讼费。

耿某是某区镇个体经营户，主要从事饲料、粮油的加工和零售。1999 年，某供电公司某区供电所对耿某用电量进行分类计价，即每月 150 千瓦时以居民照明电价每千瓦时 0.61 元计算电费，500 千瓦时以农业生产用电价每千瓦时 0.65 元计费，其余电量以非、普工业电价每千瓦时 0.87 元计费。但自 2000 年 11 月起，耿某一直欠电费不缴。他认为自己的生产用电应全部以农业生产用电价计算。

某区供电所在多次向耿某追要电费未果的情况下，于 2001 年 7 月将耿某告上法院。

某区人民法院在审理中认为，原告某区供电所依照省、市物价部门规定的价格向被告耿某收取电费，并无不当。原告实行的分类电价，符合有关价格政策规定，并未侵害被告的合法权益。据了解，1999 年 12 月 17 日，省物价局在关于某市实行农村统一销售分类电价的批复中，明确某市某区居民生活照明电价为每千瓦时 0.61 元，农业生产电价为每千瓦时 0.65 元，非、普工业电价为每千瓦时 0.87 元。2001 年 8 月 23 日，市物价局在关于粮食加工等用电价格问题的复函中明确：为农户加工口粮、饲料用电价格，从 2001 年 6 月 1 日起按农业生产用电价格执行。文件中的为农户加工口粮、饲料，是指非商品性的，如属商品性粮食、饲料加工用电，则应执行非、普工业电价。而某区供电所提供的证据表示，耿某确是在从事商品性粮食加工。

法院依据《电力供应与使用条例》有关规定，作出如上判决。

评 析

本案胜诉自不待言，提醒供电营销人员要将电价工作做透做细，帮助客户按照其用电的实际负荷，根据电价文件核算负荷定比和电价，使之心悦口服。本案看来是电价问题，实际上牵涉一个很敏感的问题，就是下一部分阐述的电价定比问题。定比不合理客户就有意见，就不愿意交电费。

1. 电价

《电力法》所称的电价是指电力生产企业的上网电价、电网之间的互供电价和电网销售电价。供电企业面向客户执行的就是电网销售电价。国务院2002年《电力体制改革方案》和2003年《电价改革方案》在进一步改革电力体制的基础上，将电价划分为上网电价、输电价格、配电价格和终端销售电价。

2. 销售电价的定价原则

销售电价是指电网经营企业对终端用户销售电能的价格。销售电价实行"分类分时定价"和"同网同价"原则，分类定价按照客户的用电性质、电压等级及其他用电特征进行分类。不同类别的用户实行不同的电价。分时定价是指按照发电丰枯季节、用电负荷高低分布情况划分丰枯差别和峰谷时段差别电价的电价制度。"同网同价"，即对同一电网内的同一电压等级、同一用电类别的用户执行相同的用电标准。《销售电价管理暂行办法》第三条规定，"销售电价实行政府定价，统一政策，分级管理。"第四条规定，"制定销售电价的原则是坚持公平负担，有效调节电力需求，兼顾公共政策目标，并建立与上网电价联动的机制。"

3. 电价体系和电价制度

（1）电价体系

我国现行电价体系是国家实行分类电价和分时电价。销售电价因素一般包括电价分类、电压等级、电价制度以及电费附加费。①分类电价，是指对用户按用电性质、电压等级及其他用电特征进行分类，不同类别的用户实行不同电价。现行电价分为：居民生活用电电价；非居民照明用电电价；商业电价；普通工业用电电价；非工业用电电价；大工业用电电价；农业生产用电电价；趸售电价。②分时电价，是指水电丰、枯水期的差别电价，电网年用电高峰、低谷季节差别电价，法定休息日与正常工作日差别电价，每日用电高峰、低谷时间差别电价的总称。

（2）现行电价制度

电价制度是以电能价格为基础制定的，需要供用电双方共同遵守计算电费方式的规定或行为准则。目前我国现行的电价计价方式（电价制度）有：单一制电价、两部电价制、分时电价（峰谷电价）、功率因数调整电价、优惠电价和临时电价等。①单一制电价用于居民生活用电、农业生产用电等；②两部电价制用于以电力为原动力的，如冶炼、烘焙、熔焊、电解、电化等工业生产，客户受电变压器总容量在315千伏安以上的所有工业用电；③功率因数调整电费，对功率因数达不到要求的工业客户适用；④峰谷电价实施范围：大工业用户，非、普工业用户均可；⑤优惠电价，为扶持某些产业，所用的电量价格给予不同程度的优惠。如，电石、电解烧碱、合成氨、电炉黄磷定等产业实行优惠用电；⑥农村生产用电电价，农村乡镇、国营农场、牧场、电力排灌、垦殖场和学校、机关、部队以及其他单位举办的农场或农业基地的农田排灌、电犁、打井、打场、脱粒、积肥、育秧、非商业性粮食加工和黑光灯捕虫用电。

《销售电价管理暂行办法》对销售电价定价与新的分类：平均销售电价按计算期的单位平均购电成本加单位平均输配电损耗、单位平均输配电价和政府性基金确定。《销售电价管理暂行办法》规定，销售电价分类改革的目标是分为居民生活用电、农业生产用电、工商业及其它用电价格三类。销售电价分类根据用户承受能力逐步调整。先将非居民照明、非工业及普通工业、商业用电三大类合并为一类；合并后销售电价分为居民生活用电、大工业用电、农业生产用电、贫困县农业排灌用电、一般工商业及其它用电五大类，大工业用电分类中只保留中小化肥一个子类。

4. 电价调整和管理

《电力法》第三十五条第二款规定，电价实行统一政策，统一定价原则，分级管理。

第四十一条规定，国家实行分类电价和分时电价。分类标准和分时办法由国务院确定。对同一电网内的同一电压等级、同一用电类别的用户，执行相同的电价标准。

第四十三条规定，任何单位不得超越电价管理权限制定电价。供电企业不得擅自变更电价。

第四十四条规定，禁止任何单位和个人在电费中加收其他费用；但是，法律、行政法规另有规定的，按照规定执行。地方集资办电在电费中加收费用的，由省、自治区、直辖市人民政府依照国务院有关规定制定办法。禁止供电企业在收取电费时，代收其他费用。

全国区域网、省网、独立网实行不同的电价。但电价的调整政策由省级及以上有行政管理权的部门制定，大多由国家发改委、国家电力监管委员会、国家能源局等部门制定。优惠电价至少由省级有行政管理权的部门制定。《销售电价管理暂行办法》第二十七条规定，销售电价的调整，采取定期调价和联动调价两种形式。定期调价是指政府价格主管部门每年对销售电价进行校核，如果年度间成本水平变化不大，销售电价应尽量保持稳定。联动调价是指与上网电价实行联动，适用范围仅限于工商业及其它用户。第二十九条规定，各级政府价格主管部门负责对销售电价的管理、监督。在输、配分开前，销售电价由国务院价格主管部门负责制定；在输、配分开后，销售电价由省级人民政府价格主管部门负责制定，跨省的报国务院价格主管部门审批。

5. 常见电价纠纷的原因

（1）对电力法律法规理解不透彻。

法律法规的规定都是笼统抽象的、原则性的体现，不可能体现出具体的实施方法。因此，有时候为了贯彻执行一个法律或法规还需要再制定条例、细则或办法。对于业外的客户，不可能对电力法律法规理解得很透彻。因此，有时候客户依据原则性规定来对抗具体的实施政策和方法。如只知“同网同价”，不知其前提是同一电压等级、同一类别的用户，同一电网的商业照明用户比之于居民生活照明当然会疑窦顿生；停产不用电也要收基本电费，客户肯定不理解。

案例7-2 1998年3月，某居委会在原农用电管站建设玻璃纤维厂，使用电力进行生产，同年4月，市供电公司按照非工业电价向居委会收取电费。居委会以供电公司擅自改变提高电价为由拒付。截至10月已拖欠电费10 849.64元。供电公司催缴多次无果，向当地法院依法起诉。

被告说，他们还是原来的单位，就因为建了个玻璃纤维厂，供电公司就擅自提高电价收费；原告向法庭出示了非工业电价的适用范围“凡以电为原动力或以电冶炼、烘焙、熔焊、电解电化的试验和非工业生产者，其容量在3兆瓦以上者……”。

1998年7月，法院判决某居委会向供电公司交付拖欠电费和电费违约金22 356.74元。案件受理费由被告承担。

评 析

这是一个很简单的案子。如果供电公司电价政策规定宣贯到位，让客户心服口服，很可能不必对簿公堂。

案例7-3 2008年2月20日，抄收员到某电容制造厂抄表时发现，该厂经营不景气已经停产一个月，遂通知该厂缴纳上月的基本电费4800元。该厂称，我们已经停产一个月，不用电，哪来的电费呀？抄收员解释说，你厂的变压器容量400千伏安，高供高计，按现行电价政策应该执行两部制大工业电价，电费由两部分构成，一部分是根据变压器容量（或最大需量）计收的基本电费，另一部分是根据用电量计收的电度电费。你厂停产，但变压器没有办理暂停手续，因此还需缴纳上月的基本电费4800元。

评 析

本案在签订合同时，客户对基本电费的概念就不明确，所以发生本案纠纷。实际上，基本电费就是占用电力资源容量费用，因为电能发、供、用同时完成，容量不能随意增减。只要客户不办理受电设备暂停手续，电网就要为其预留一定的容量，供其随时使用，而不能将这部分资源配置给别人，就是不能增加新立用户占用你的容量。这好像一个水库，供水闸门的数量是一定的，只要登记注册就占用了一个或几个闸门，不管你是否使用，其他用户都失去了使用闸门的机会，除非你到管理机构暂时或永久注销。

启 示

对于大客户的电工，要进行必要的供用电知识培训，是使之既懂变配电及维修技术，又明白供用电政策法律知识，以便更好的配合供电企业的收费管理工作。

（2）法律法规规章和电价政策宣讲不够。

上述情况提示供电公司，法律法规规章和电价政策要年年讲、月月讲、天天讲，要通过不同方式宣贯，要在不同的场合宣贯。关于电价政策要及时对相关客户沟通、渗透，使之理解并配合执行。特别在签订供用电合同时，要把与客户电费电价相关的法律法规和政策一一细说，最好出示国家关于电费电价政策规定的原文给客户细阅，使之明理晓道，心悦诚服，自然就自觉执行了。

（3）合同约定电价条款缺失或者不明。

古语说，勿谓言之不预也。今人言，话不说不知，木不钻不透。电价条款约定不明，不会自明，没有约定，条款也不会自己跳进供用电合同。不少电费电价纠纷合同中，存在电费电价条款约定不明或者遗漏的情形，从而引起纠纷。

案例7-4 1997年12月12日，原告某供电公司与被告石油公司签订了供用电合同，合同有效期一年，即1997年12月12日至1998年12月11日。合同除规定了用电地址、容量、性质、规定方式、计量方式和记录装置维护责任、供电设施维护责任之外，还规定了电价、电费及其结算方式：

（1）电价。供电方根据国家电价政策对用电方执行国家规定的电价。基本电费按照变压器容量计收，执行功率因数调整办法，核定功率因数标准为0.90，奖罚办法按国家规定执行。供电方对用电方实行大工业电价。

（2）每月固定非居民照明用电量为全部电量的5%。

（3）抄表时间为每月24日。

（4）电费结算方式：用电方每月15日按上月缴费金额的70%向供电方交付电费；用电方与次月5日向供电方结清本月电费。用电方对电量电费结算有异议，当月不得拒交电费，事后协商解决。逾期缴费，供电方可以停止供电，直到用电方缴清电费和违约金后恢复供电。停电产生的一切后果由供电方负责。违约金的计算自逾期之日起每日按照欠费总额的2‰收取，跨年度欠费每日按照欠费总额的3‰收取。

合同签订后，原告给被告供电。原告依据省制定的用电计划和国家规定的电价政策，用两种电源给被告供电，按两种电价收取电费。一是指标内的电量，按国家电价收取电费（国家电价即目录电价。目录电价根据用途和变压器的容量确定其用电类别，不同的类别规定不同的电价）。被告用电时用于石油采掘，变压器容量为315 000千伏安，属于大宗工业用电类别，因此适用目录电价中的大宗工业电价：0.291元/千瓦时，基本电价为12元/千伏安/月。二是指标以外的电量，其价格按照省物价局授权某市物价局制定的电价0.39元/千瓦时。所谓指标，即国家根据各地供用电的实际情况，每年自上而下逐级下达用电指标（用电计划），用户所用指标内的电量执行目录电价，所用指标以外的电量，按不同属性资源的价格收费。被告的用电指标是某省三电办公室、某省经贸委和某省电力局直接制定的，其1998年和1999年的用电指标均为4279万千瓦时。原告将被告的用电指标分解在12个月，每月供足被告指标电量之后，再用地方小火电电量进行补充，原告1997年12月至1998年4月给被告所供的电量，被告全额交付了电费。到1998年6月，被告在交付5月份电费时，均按目录电价交割，拒绝交付该月小火电电费差额，同时又扣除了已经交付的1998年1～4月的小火电差价款。从此之后，被告一直拒付小火电差价款项。

法院经审理认为，原被告签订的供用电合同符合有关法律规定，属有效合同。原告按照国家计划并按照被告使用电力资源不同的价格向被告收费，并不违反供用电合同所规定的“供电方根据电价政策对用电方执行国家电价”和国家法律对电力价格的有关规定。根据国家经贸委、国家物价局、水利电力部《关于小火电电价的规定》之规定，小火电有省级物价部门核定。原告向被告收取的小火电电价是省级物价局授权市物价局核定的电价，符合国家现行电价政策。合同中的“用电方实行大宗工业电价”是目录电价中一种类别，由用电方用电用途和变压器容量大小决定，被告受电用于石油采掘，变压器容量为315 000千伏安，用电类别为大宗工业电价，则目录电价适用大工业电价，但目录电价是受国家电力指标限制的。《电力法》和《电力供应与使用条例》规定，国家对电力供应和使用，实行安全用电、节约用电、计划用电的管理原则。计划用电就是国家对电力资源实行统一配置，由上到下分配电力指标。任何单位和个人都无权擅自更改指标。被告的用电指标是省政府有关部门直接确定。《南方电网电力电量分配及销售基本原则》（经贸调〔1999〕155号）规定“各级供用电部门要按照供用电计划进行销售，在销售中应首先按照用户的用电计划结算其统配电量，不足部分由其他资源补充”。原告供足目录电价指标以后，再用小火电进行补充，以保证被告的正常生产用电，符合国家有关法律规定和政策。被告提出的国家计委、原电力部《关于1997年电价调整方案有关规定问题的通知》（计价管〔1997〕437号）文件中规定的“实行全省统一销售电价”问题，国务院减负办的复函中已经进行了答复“实行全省统一销售电价的范围是指京津唐电网所属北部电网……南部电网在全国统一销售电价以外，存在着小火电、小水电和退役机组等电价”。国务院减负办是国家经贸委、国家计委、财政部、监察部、审计署、国务院纠风办六部委组成，且该复函是国家计委和经贸委同意的，因此答复是有效的。被告用电属于南网，不执行统一电价。国家经贸委《关于下达1997年度华北、东北、华东和华中四大电网重点企业用电安排的通知》（〔1997〕87号）也明确规定了“尚未实行统一销售电价的省份……国家统一配置资源中含有国家目录电价和其他部分资源，应按不同属性资源的价格结算”。因此，被告以应实行全省统一电价为由拒付小火电差额电费的理由不能成立，应补齐小火电电费差额，并支付逾期付款的违约金。在诉讼中，被告已将小火电差额电费全部补齐，但尚未缴纳逾期小火电电费差额款项的违约金。为此，根据《合同法》一百八十二条，《供电营业规则》第九十八条的规定，判决如下：被告付清原告逾期交纳电费的违约金19 906 416.99元，于本判决生效后10日内付清。案件受理费151 523元由被告负担。

被告不服一审判决上诉高院。高院审理认为，原告执行电价没有错误，但供用电合同中只约定“实行大宗工业电价”，没有约定小火电，因此完全按照供用电合同收取被告违约金不妥。其间，国务院减负办又根据中国石油天然气集团公司的第二次报告出具书面意见，建议免收违约金。

鉴于上述情况变化，原告决定在保证收取一定额度的违约金基础上，妥协退让，免于败诉。结果在高院的多次调解下，达成协议。被告支付600万违约金，并承担一、二审受理费30余万元。历时两年半的电价案件终于落下帷幕。

评 析

本案原告在签订合同时存在失误，未约定“小火电”。在履行合同中却以小火电电价收取电费。虽说没有违法收费，却存在违约收费，有悖于合同法“自愿原则”和“诚实信用原则”。试问，合同中只约定“执行大宗工业电价”违法吗？当然不。既然约定不违法就应该受到法律的保护，即按照约定电价收费！而本案在合同中没有约定的，反而寻求法律保护，即使存在相关法律法规的规定，根据《合同法》的自愿原则，法院也不会支持。因为意思自治是民法、合同法的核心。如同供电企业与用电企业客户没有约定电费违约金的具体比例，而在客户逾期缴费时主张每日按欠费总额的欠费2‰或3‰的加收违约金一样，一般得不到法院支持。详见本套丛书《电费风险防范与清欠》第二篇第八章第一节内容与本章本节第四部分“电费违约金纠纷”中的案例7-11。

（4）没有电价管理行政权限，也没有被地方政府或基层单位授权，擅自变更电价或加收费用。

案例7-5 1996年6月24日上午，某村电工刘某来到村民常某家，收取其经营的饲料厂6月的电费，刘某告诉常某，你厂本月用电675千瓦时，表损6千瓦时，按照0.57元/千瓦时计算，共388元，照明费10元，再加15%的其他费用，共计457.7元，并当即拿出报纸，上面刊登了某省调整农村电价的报道。常某看后问道，“那15%的其他费用是怎么回事?”刘某无言，常某拒交。后村主任徐某亲自出马，要求常某缴费。常某问道，“那15%的其他费用是怎么回事?”徐某亦无言以对，常某仍不肯缴费。

1996年7月5日，徐某亲率电工队长和民兵连指导员来到常某家中，告诉常某，“家有家规，国有国法。缴纳15%的其他费用是村委会规定，你是本村村民，必须执行。今天不立即缴费，马上掐线断电!”常某仍拒绝。徐某恼羞成怒，欲强行断电。常某上前阻拦。徐某大怒，并撕碎了常某的上衣，拂袖而去，并扬言走着瞧。

7月8日，乡党委副书记亲自来到某村坐镇指挥。村主任徐某带领电工和民兵十余人给正在生产的饲料厂强行断电，直至7月19日在市供电公司和物价局的多次敦促下才给予恢复送电。断电期间，饲料厂损失5000余元，但村委会拒绝赔偿和道歉。常某便将村委和乡党委告上法庭。

法院审理认为，《电力法》规定，任何单位和个人不得超越电价管理权限制定电价，禁止任何单位和个人在电费中加收其他费用，乡党委支持村委会加收其他费用，并给用户强行停电，造成经济损失，属于违法行为，应当给予赔偿。

1998年6月14日，一审法院作出判决：判决两被告承担连带赔偿责任，赔偿原告经济损失5150元，赔偿上衣60元。

评 析

本案暴露了乡党委和村委会领导，狼狈为奸，横行乡里，执法犯法，欺压百姓的丑恶行径，证明了真正的民主法治还很远，很遥远。因此，中国应该建立健全公平、公正、公开干部考试选拔制。特别是行政公务人员，应该保证政治中立，才能使得他们一视同仁地为人民服务。

案例7-6 上诉人宣威市太金制钢有限公司（以下简称“太金公司”）因与被上诉人宣威市宾和电力开发有限公司（以下简称“电力公司”）供用电合同纠纷一案，不服云南省某市中级人民法院〔2007〕某中民初字第138号民事判决，向本院提出上诉。

2004年11月3日，电力公司与太金公司对双方供用电过程中出现的新问题及原耿某某铁厂所欠450 000元老电费偿还事宜进行协商，并签订供用电补充协议（以下简称“补充协议”），约定电力公司允许太金公司正常生产，但电价在10月电价的基础上提高0.02元/千瓦时，即0.38元/千瓦时，并再次重申当月发生电费必须在次月5日前交清，原耿某某铁厂所欠450 000元老电费，由太金公司在2004年12月31日前分两次付清。2005年6月，太金公司停止使用电力公司的电力，改用革香河水电公司的电力。经查，自2004年8月至2005年6月，太金公司共计用电6 015 648千瓦时，电费合计2 548 552.31元，加上原耿某某铁厂2004年6月31日前所欠老电费452 859.84元，太金公司共欠电力公司电费3 001 412.15元；而太金公司自2004年10月至2005年6月共向电力公司支付电费1 963 016.64元，2006年11月17日又补交电费10 000元，因此太金公司实际欠电力公司电费为1 028 395.51元。

2007年9月6日，电力公司以太金公司拖欠电费为由，向法院起诉，要求判令太金公司立即偿还所欠电费1 041 521.71元，并承担本案诉讼费。

原审法院审理认为，电力公司和太金公司签订的供用电合同是双方真实意思表示，合法有效。据此，原审法院根据《中华人民共和国合同法》（以下简称《合同法》）第六十条、第一百八十二条之规定，判决太金公司于判决生效后10日内给付电力公司电费欠款1 028 395.51元。案件受理费14 173元，由太金公司承担。

宣判后，太金公司不服，向本院提出上诉。二审审理中，双方当事人对原审判决认定事实，除对太金公司实际用电量、应缴纳电费总金额和是否欠缴电费等情节存在异议，对其余部分均无异议。对双方当事人无异议的事实，本院予以确认。根据双方当事人上诉理由和答辩意见，本院认为本案存在如下争议焦点：一是电力公司的诉讼请求是否超过诉讼时效的问题；二是电量问题；三是电价问题；四是电费问题。对这些问题，本院根据当事人提交的证据和查明的案件事实综合评判如下：

1. 电力公司的诉讼请求是否超过诉讼时效的问题

太金公司认为，自2005年6月其最后一次向电力公司缴纳电费后，电力公司就再也没有向其主张过权利，直至2007年9月电力公司才向法院起诉要求其付清电费，因此，电力公司的诉讼请求已超过诉讼时效。电力公司认为，2005年7月，在宣威市荷香水电开发有限公司（以下简称“荷香公司”）主持下，并有某市供电局宣威供电分局、电力公司和太金公司共同参加的“供用电协调会议”会上，太金公司和电力公司达成协议，太金公司欠电力公司的电费必须在2005年12月31日以前还清，但太金公司仍然没有清偿电费，直至2006年11月17日，太金公司才向电力公司支付了10 000元电费。由此可见，电力公司一直在向太金公司催收电费，并没有放弃自己的权利，其诉讼请求没有超过诉讼时效。为证明自己的主张，电力公司先后向法院提交了“供用电协调会议纪要”（以下简称“会议纪要”）、2006年11月17日电力公司电费入账现金凭证等证据材料。经查，2005年6月太金公司停止使用电力公司的电力以后，双方就电费问题进行过交涉：在2005年7月14日的供用电协调会议上，双方就太金公司清偿电力公司所有电费问题进行过协商；2005年10月，双方就太金公司已缴纳电费金额进行过对账；2006年11月，太金公司向电力公司缴纳10 000元电费。这一系列行为，均说明电力公司对太金公司欠缴电费问题一直在主张自己的权利，因此2007年9月电力公司向法院起诉要求太金公司偿还拖欠电费时，其诉讼请求并没有超过诉讼时效，太金公司关于本案已超过诉讼时效的主张不能成立。

2. 关于电量问题

太金公司认为，由于电力公司未经其同意擅自更换电压互感器、电流互感器和电能表，并擅自使用4800倍率，而未按双方合同约定使用2400倍率计算电量，因此电力公司计量的用电量不准确。电力公司认为自2004年8月至2005年6月太金公司共计用电6 015 648千瓦时，在此期间更换互感器和电能表的主要原因是由于此前太金公司的用电负荷与互感器等供电设备不匹配，经常造成供电开关跳闸，影响供用电安全，电力公司根据国家电力法及相关规定更换相关设备，并无不当，而且对电量计量的准确性没有影响。为支持其主张，电力公司向法院提交了2004年8月至同年10月的“6千伏高压室运行日志”、“来宾煤矿电站抄表计费卡片”、“639号开关底数表”等证据材料。经查，电力公司确实在未经太金公司认可的情况下更换过太金公司使用的相关供电设备，此举确有不当之处，但更换的原因是为了保证太金公司用电安全、正常，虽然太金公司认为其更换供电设备导致电量计量不准确，但其没有证据和技术理论证实或支持这一说法，对于电力公司根据抄表计费卡片记载核算的其2004年8月至2005年6月总用电量6 015 648千瓦时，其除了不认可，但也没有反驳证据加以推翻。据此，本院支持电力公司主张，认定自2004年8月至2005年6月太金公司共计用电6 015 648千瓦时。

3. 电价问题

太金公司认为双方合同约定电价为0.336/千瓦时，但电力公司却从未按照这个电价执行过，擅自提高了电价，因此不认可电力公司的电价。而电力公司认为虽然双方约定过电价，但双方同时还约定如果省电网直供电价调整，太金公司使用电力的电价也要按照省电网直供电价表中的电价同步执行，因此电力公司在合同期内三次调整电价，就是按照省电网直供电价调整而同步执行的。为证明其主张，电力公司向法院提交了云南省发展和改革委员会云发改价格〔2004〕588号和云发改价格〔2005〕325号关于调整省电网销售电价的通知两份文件（以下简称“省发改委文件”）。经查，电力公司在合同期内先后三次调整电价，其中2004年8月和2005年5月调整电价就是根据省发改委的上述两份文件，这一调整符合双方合同约定，本院予以支持，但2004年12月电力公司把电价从0.38元/千瓦时调整到0.432元/千瓦时，据电力公司自己承认，是由于某市供电局对其实施丰枯峰谷电价，其据此决定调整电价，本院认为电力公司这次调整电价不符合双方合同约定的调整电价条件，因此本院认为

2004年12月太金公司的电价还是应该按照0.38元/千瓦时执行。

4. 关于电费问题

太金公司认为，由于电力公司对其实际用电量、电价所使用的数据错误，据此计算出来的电费也是错误的，因此其对电力公司主张的电费金额不予认可，相反，太金公司认为其已经缴清了所有电费，当然包括原耿某某铁厂所欠的450 000元老电费。电力公司认为太金公司总共欠缴电费1 041 521.71元，为证明其主张，电力公司向法院提交了供用电合同、供用电补充协议、太金钢厂639号开关2004年8月至2005年6月用电情况等大量证据材料。经查，自2004年8月至2005年6月，太金公司用电量为6 015 648千瓦时，2004年8、9、10三个月，电价按0.366元/千瓦时计算，2004年11月至2005年3月，电价按0.38元/千瓦时计算，2005年5、6两个月，电价按0.406 5元/千瓦时计算，据此合计太金公司使用电力公司电力应当缴纳的电费金额为2 512 979.32元，再加上其自愿代替耿某某铁厂垫付的老电费450 000元，太金公司总共应支付的电费为2 962 979.32元，扣减其已缴纳的1 973 016.64元，太金公司总共欠电力公司电费989 962.68元。二审审理中，太金公司提交四份电力公司出具的收款收据，欲证明450 000元老电费早已付清，应当从应缴电费中扣减。经查，这四份收据所反映的缴费金额已经被计入太金公司已缴纳电费金额中，也就是说，太金公司已缴纳电费金额中，既包括老电费，也包括太金公司自己使用的电费，因此，在核算太金公司应缴电费金额时，同样应当把老电费和太金公司自己使用的电费相加，而用应缴电费扣减已缴电费，所得就是太金公司欠缴电费。据此本院认定太金公司总共欠缴电费金额为989 962.68元。

综上所述，本院认为太金公司与电力公司签订的供用电合同符合合同法第一百七十六条的规定，双方之间建立的是供用电合同关系，依法受法律保护。合同签订后，电力公司按照合同约定履行了供电义务，太金公司却没有按照双方合同约定完全履行缴纳电费的义务，因此，根据合同法第一百八十二条，电力公司作为权利人有权要求太金公司付清拖欠电费。原审判决适用法律正确，程序合法。但在电费金额的认定上略有差错，本院予以纠正。据此，根据《中华人民共和国民事诉讼法》第一百五十三条第一款第（三）项之规定，判决如下：

（1）撤销云南省某市市中级人民法院（2007）某中民初字第138号民事判决；

（2）由宣威市太金制钢有限公司于本判决生效之日起十日内给付宣威市宾

和电力开发有限公司电费欠款人民币989 962.68元。

原审案件受理费按原审判决执行，二审案件受理费14 173元，由上诉人宣威市太金制钢有限公司承担。

本判决为终审判决。

启 示

(1) 以任何理由改装计量装置应该与客户协商并说明理由，取得客户的认可签字，作为证据保存（如原表号码、电量底数等数据）。尤其是本案计量装置改装导致变比加倍，尽管不影响用电千瓦时计量，也容易引起客户的疑虑，更应该与客户充分沟通。

(2) 遇到电价调价应当及时通知并组织相关客户的领导或者其他管电人员学习贯彻政府调价文件，并提供政府文件给客户阅读、认证。本案电力公司盲目执行无电价管理权的上级供电公司擅自调整的电价，多计量客户电费，属于违法营销行为。

(3) 不间断地追索电费，并保存证据，以证明己方债权没有超过诉讼时效。本案电力公司举证的“会议纪要”和太金公司缴纳电费的单据有力地证明了电力公司的诉求没有超过诉讼时效。

二、电价定比纠纷

前已述及，由于电价按行业和用途分类繁杂，不同类的客户之间有比价，同类客户之间也有比价。当同一客户的用电类别在两种及以上，又不便于分表计量或者“不值得”分表计量时，就出现了光力比。《供电营业规则》第七十一条规定，“在用户受电点内难以按电价类别分别装设用电计量装置时，可装设总的用电计量装置，然后按其不同电价类别的用电设备容量的比例或实际可能的用电量，确定不同电价类别用电量的比例或定量进行分算，分别计价。供电企业每年至少对上述比例或定量核定一次，用户不得拒绝。”

1. 光力比

客户有两种以上类别的用电，经供电部门同意不予分表计量时，就由供电部门将各类用电的数量确定一个比例，这就是电价定比，俗称光力比。如，给某商铺确定的电价定比：居民生活用电量占20%，商业用电量占80%。居民生活用电/商业用电=2/8。收费时按照表计记录并根据该比例核算电费。

2. 电价定比产生纠纷的原因

作为业内的供电营销人员，根据客户各类用电的用电设备容量、时间、时段和目录电价及其他政策电价，可以大致准确计算核实出一个比较客观的电价定比。该比例使用半年或一年后，根据客户用电类别比例的变化，再组织专业人员和营销管理人员进行重新计算核定，是能够做到比较客观合理的。但是，这些操作却是人为的，是否正确取决于供电企业人员素质、法律政策水平的高低。因为这里面包含着类似法官的极大成分的良心裁判。供电企业的电价定比也存在这个问题，对大客户大领导决定，小客户小领导拍板，对农村客户则由分片管理人员说了算。定比的确定决定着电费的多少，为此一些客户会通过表示方式让有权确定电价定比的人员捞到好处。而那些不会或者不善于表示的客户自然就得不到电价定比的优惠，他们就会攀比、就会通过拒交电费来抗议，从而引起电费纠纷。

案例 7-7 供电公司在营销审计中发现某县电力局所属宾馆在上次申请用电变更后，按商业 11%、居民照明 20%、非普工业 35%、自用电 20%，测算其综合电价为 0.523 元/千瓦时。事实上该宾馆仅非工业和商业两种电价，与按实际用电类别计收电费相比，一年内即损失电费近 30 万元。

评 析

(1) 出现这种情况，更深的原因现不追究。就此次用电变更，只在电力局内部有一会议纪要商定的，明确承包期为 5 年（2000 年 10 月始）。该局以为在 5 年期内不能修改定比。实际上会议纪要并无法律效力，该局可以尽快与承包人签订电价定比协议，并可追补相应的差价电费，这样每年可以减少将近 30 万的电费损失。

(2) 供电方与用户签订定比协议时，所定比例应与实际情况相符，而不是随客户意志改变。

启 示

用户在履行协议的过程中电价结构发生明显变更，如新增大量临街门面从事商业用途，使商业电价比例大大增加。由于电价定比工作带有一定主观性，因此在协议中所定比例不可能完全与事实相符。比较常见的问题是所定比例与实际比例相差极大，明显与事实不符，如高电价比例明显偏少，低电价比例明显偏高。遇到这种情况，根据《合同法》第五十四条规定，“在订立合同时显失公平的，当事人一方有权请求人民法院或者仲裁机构变更或者撤销”，杜绝某些电价定比的决策人员慷公家之慨，肥个人荷包。

只要多种类电价体制和结构不改，电价定比就会长期存在。供电公司在电价定比管理方面，如确定、检查、重新核定时要有组织，循制度，按照用电类别，结合用电负荷适当给予管理人员决策权。一人为私，二人为公，一定要遵循集体决策制度。对电价定比的确定以及重新核定的条件和周期等都写进供用电合同。

供电方与用户签订定比协议时，所定比例与实际情况相符。但用户在履行协议的过程中电价结构发生明显变更，如私自新增大量临街门面从事商业用途，使商业电价比例大大增加。此种情况，因用户违约在先，供电方可依据《合同法》第一百零七条（当事人一方不履行合同义务或履行义务不符合约定的，应当承担继续履行、采取补救措施或赔偿损失等违约责任），与用电方重新签订定比协议，并追补在此期间相应的差价电费。

三、电费缴纳方式纠纷

供电企业为了拓广缴费渠道，提高电费回收率，可谓绞尽脑汁，殚精竭虑，使出了十八般武艺：守株待兔式营业厅现金缴费（坐收），货郎穿街式上门收费（走收），银行托收收费（托收承付），委托银行代收电费（委托协议），电费储蓄，自助缴费等等。但是，方式越多，出错的概率也就越高。追根溯源，还是由于在签订供用电合同时缴费方式约定不明确、不细化，致使由于缴费方式引起纠纷，供电公司有苦难言。如，有的银行为了本人或本单位完成储蓄任务，不顾职业道德和财经纪律的约束，故意压票，使得供电企业的电费不到账；有的供电公司的财务人员基于与客户同行的个人关系和信任，不缴费先开票，发生纠纷又举证不能，只好白吃哑巴亏；也有供电公司内部管理混乱，营销人员浑水摸鱼，中饱私囊，贪占电费，拒不上交。

案例7-8　某商贸公司欠缴本年度12月电费100万元，答应月底一次付清。12月30日，开出转账100万元支票缴至供电公司。供电公司当日将支票解缴银行。元旦节日过后，银行通知供电公司说，转账支票因空头退票。供电公司立即联系商贸公司，商贸公司说账户有钱，退票与其无关，合同约定，现金或转账支票缴费方式均可。而实际情况是，银行为了完成年底资金余额，违反与商贸公司之间的合同，故意压票。供电公司与银行没有合同关系，无权找银行理论，只好多次与商贸公司协商，让其另行偿付电费和电费违约金，但已经逾期一个月了。

评　析

由于供电公司的缴费方式条款签约不明确、不细化，给银行送达支票算不算履行了缴费义务？没约定。这既冤枉用户，又无资格追究银行的责任。如果当时约定缴费条款：转账支票缴费以资金到供电公司账户方为完成缴费。那就有充分的理由追究商贸公司的责任，但该案中没有约定。总之，这仍属于合同瑕疵和服务不周问题。

案例 7－9 某县一名供电公司职工在供电公司下属东关供电所负责人的许可下，利用职务之便，与物业管理公司的员工相互勾结，采取变换电能表手段，将用户上交的电费152 556.97元截留私分。2008 年 2 月 1 日，某县人民法院以贪污罪分别判处某县供电公司东关供电所职工魏某、副所长张某有期徒刑五年和有期徒刑三年，缓刑五年。法院同时以贪污罪判处某县信合房地产开发公司下属的物业管理公司职员游某有期徒刑二年，缓刑三年。

法院查明，2008 年 6 月，被告人魏某征得张某的许可，与被告人游某合谋，利用职务之便，截留某县城关镇踏月寺街碧桂苑小区的用户应缴电费。为此，被告人魏某、被告人游某采取先由游某以物业公司名义，按各用户电能表显示的用电量，收取该小区内部分用户电费，然后二被告人将收取的电费私分。为掩盖罪行，被告人魏某先后将供电公司用以直接收取碧桂苑小区电费的总电能表更换三次。自 2008 年 6 月至 2009 年 6 月，三被告人共侵吞电费152 556.97元。其中魏某分得赃款100 000元，张某得赃款30 000元，游某得赃款20 000元。案发后，三被告人退出全部赃款。被告人游某投案自首。

法院审理认为，被告人魏某、张某、游某合谋利用职务便利，采取盗窃电力、截留私分电费的手段，非法侵吞公款152 556.97元。其中被告人魏某得赃款100 000元，被告人张某得赃款30 000元，被告人游某得赃款20 000元。其行为构成贪污罪，且属共同犯罪。被告人魏某在共同犯罪中，具体实施了偷电的行为，起主要作用，系主犯。被告人张某虽系国家工作人员，但其未具体参与实施偷电的行为，仅从中分得部分赃款，所起作用是次要的，系从犯，应当从轻或减轻处罚。被告人游某在共同犯罪中，未具体参与实施偷电的行为，仅从中分得部分赃款，所起作用是次要的，系从犯，应当从轻或减轻处罚。被告人游某案发后投案自首，应当从轻或减轻处罚。三被告人积极退赃，酌情从轻处罚。法院遂作出前述判决。

评 析

该案系供电部门内部管理问题，供电部门的用电管理人员利欲熏心，法治观念淡薄，截留私分电费，难免牢狱之灾。但是从电费管理的角度上看，由于客户原因和员工原因导致电费不到位没有什么不同，如果不是东窗事发，后者往往会进一步导致供电部门与客户之间的纠纷。因此，在供电公司内部加强法治教育和职业道德培育，应该常抓不懈，使员工不仅业务技术过硬，还要思想政治过关。

四、电费违约金

电费违约金实际上就是由于客户违反缴纳电费时限约定而承担的违约金，也就是电费滞纳违约金。《合同法》第一百一十四条第一款规定，“当事人可以约定一方违约时应当根据违约情况向对方支付一定数额的违约金，也可以约定因违约产生的损失赔偿额的计算方法。”用电客户不按时缴纳电费，违反供用电合同约定，应当缴纳电费违约金。

1. 电费违约金的法规规章规定

《电力供应与使用条例》第三十九条规定，“违反本条例第二十七条规定，逾期未交付电费的，供电企业可以从逾期之日起，每日按照电费总额的千分之一至千分之三加收违约金，具体比例由供用电双方在供用电合同中约定；”《供电营业规则》第九十八条规定，“用户在供电企业规定的期限内未交清电费时，应承担电费滞纳的违约责任。电费违约金从逾期之日起计算至交纳日止。每日电费违约金按下列规定计算：1. 居民用户每日按欠费总额的千分之一计算；2. 其他用户：(1) 当年欠费部分，每日按欠费总额的千分之二计算；(2) 跨年度欠费部分，每日按欠费总额的千分之三计算；电费违约金收取总额按日累加计收，总额不足 1 元者按 1 元收取。”

2. 电费违约金的合同约定

尽管《电力供应与使用条例》和《供电营业规则》均对电费违约金做了明确的规定，但是《合同法》并没有规定法定违约金制度。《合同法》第一百一十四条规定，“当事人可以约定一方违约时，应当根据违约情况向对方支付一定数额的违约金，也可以约定因违约产生的损失的计算方法”，即违约金是当事人约定的。如果在供用电合同中双方没有约定违约金，法院将不会支持供电企业援用《供电营业规则》每日 1‰～3‰的规定，而是会按照普通债权来处理，按照实际损失来计算。本部分补充参考本书第二篇第五章第二节第二部分“电费违约金部分”。

案例 7-10　2005 年新疆维吾尔自治区高级人民法院对新疆石河子八棉纺织公司拖欠新疆天富热电股份有限公司电费及违约金一案，做出了〔2005〕新民二初字第42号民事判决，结果如下：

一、八棉公司向天富公司支付欠付电费款23 184 719.63元。

二、八棉公司向天富公司支付欠付电费期间的利息损失（按中国人民银行同期贷款利率分段计息，至还清本息之日止）。一审案件受理费195 979.56元，八棉公司负担90%，即176 381.6元，天富公司负担10%，即19 597.96元；保全费186 489.56元由八棉公司负担。

八棉公司不服上述民事判决，向二审法院（最高人民法院）提起上诉称：八棉公司拖欠天富公司电费23 184 719.63元属实。造成拖欠的原因是电费基数太大，并非八棉公司故意违约。八棉公司自2005年2月至8月相继向天富公司支付电费1035万余元，通过股权转让、出让土地使用权、依法转让资产等方式，累计为天富公司盘活资金4447万元。八棉公司没有对天富公司造成损失，反而对天富公司作出了贡献。天富公司至今未中断与八棉公司的供用电关系，正说明了这一点。八棉公司一直是支付电费本金。对是否支付滞纳金或者利息，双方没有合同（含口头）约定。原审判决八棉公司支付利息不当。八棉公司是一家国有大中型企业，固定资产上千万，职工5000余人，不可能转移资产。天富公司申请财产保全不符合法律规定。八棉公司不应承担诉讼保全费。综上，请求撤销原判第二项，撤销原判关于诉讼费和保全费由八棉公司负担的内容；请求判令二审诉讼费用由天富公司承担。

被上诉人天富公司答辩称：因八棉公司不交电费，导致天富公司的资金不能及时回收，只能靠向银行贷款购买煤和燃料来维持电力生产，由此给天富公司造成的经济损失是显而易见的。在八棉公司拖欠巨额电费的情况下，天富公司之所以不中断供电，完全是出于国家照顾国有困难企业所作出的行为。对于八棉公司提出的其为天富公司作出了贡献，与事实不符。八棉公司拖欠电费已经影响到了天富公司正常的生产经营。原审判决正确。请求维持原判，驳回上诉。

本院经二审审理，除对原审查明的事实予以确认外，还查明：2003年以前，天富公司的子公司与八棉公司签订过供用电合同，合同中约定有滞纳金的内容。2005年11月以来，天富公司与八棉公司也签有供用电合同，其中约定了滞纳金的内容。仅本案所涉及2003年至2005年10月期间双方没有签订书面供用电合同，也未对滞纳金的处罚标准进行口头约定。但对此间双方客观上存在的供用电关系，以及八棉公司欠电费23 184 719.65元的事实，双方均无异议。至于八棉公司所称其通过股权转让、出让土地使用权、依法转让资产等方式为天富公司盘活资产的问题，与本案不具有关联性。二审法院经审理认为，天富公司与八棉公司对2003年至2005年期间双方客观上存在着供用电关系以及八棉公司拖欠天富公司电费23 184 719.65元的事实均予以确认。基于上述事实，根据《合同法》第一百八十二条和《电力供应与使用条例》第二十七条规定，用电人八棉公司理应偿还其所拖欠供电人天富公司的电费23 184 719.65元。关于拖欠电费应否支付违约金的问题，《合同法》第一百八十二条规定，"用电人应当按照国家有关规定和当事人的约定及时交付电费。用电人逾期不交付电费的，应当按照约定支付违约金……"。《电力供应与使用条例》第三十九条规定，"违反本条例第二十七条规定，逾期未交付电费的，供电企业可以从逾期之日起，每日按照电费总额的千分之一至千分之三加收违约金，具体比例由供电双方在供用电合同中约定……"。上述法律、法规中虽有对用电人违约供电人可向其收取违约金的规定，但因该条款不是法律、法规强制性规定，用电人违约是否处以违约金以及违约金收取比例的确定，完全取决于供用电合同当事人双方的意愿。因此，在本案当事人双方没有签订书面供用电合同，对是否收取违约金以及违约金的收取比例也没有口头约定的情况下，天富公司向八棉公司主张收取违约金，显然没有法律和事实依据。但因八棉公司拖欠巨额电费，已导致天富公司资金无法及时收回，靠向银行贷款购买原材料来维持电力生产。而银行贷款存在着法定利息，必须要向银行支付。故在本案当事人双方没有书面合同，对违约金的收取比例以及损失的计算方法也没有口头约定的情况下，原审法院参照拖欠银行贷款的违约金计算标准，判决八棉公司向天富公司赔偿的损失额按照逾期支付电费其资金占用期间中国人民银行同期贷款利率分段计算，是符合客观实际的，体现了权利义务对等和公平原则，二审法院认为应当予以维持。八棉公司上诉主张其不应承担所欠电费利息，理由不足，二审法院不予支持。至于诉讼费和保全费的负担问题，因上述费用的负担体现着当事人双方在民事诉讼中的胜败以及各方责任的承担，因此，原判八棉公司负担90%一审案件受理费和诉讼保全费，并无不当。综上，原判事实清楚，适用法律正确，应当予以维持。依照《中华人民共和国民事诉讼法》第一百五十三条第一款第（一）项规定，做出了中华人民共和国最高人民法院民事判决书〔2006〕民二终字第141号民事判决，结果如下：

驳回上诉，维持原判。一审案件受理费195 979.56元和保全费186 489.56元，按照一审判决执行；二审案件受理费195 979.56元，由上诉人新疆石河子八棉纺织公司负担。本判决为终审判决。

评析

《合同法》第一百八十二条和《电力供应与使用条例》第三十九条都强调“约定违约金”，就是说法律、法规中虽有对用电人违约供电人可向其收取违约金的规定，但因该条款不是法律、法规强制性规定，用电人违约是否处以违约金以及违约金收取比例的确定，完全取决于供用电合同当事人双方的意愿。本案当事人双方没有签订书面供用电合同，对是否收取违约金以及违约金的收取比例也没有口头约定的情况下，收取电费违约金当然没有法律和合同依据。

启示

(1) 没有合同约定，法院不会主动地参照《电力供应与使用条例》、《供电营业规则》支持供电企业2‰～3‰电费违约金的诉求。甚至有的法院根本就不予计算客户占用供电公司资金的损失。如，广东阳江某县级市供电公司，一直没有与某私营工业客户签订合同，因此该客户多次拖欠电费而拒不缴纳电费违约金，依法实施停电后供电公司反而败诉。该客户尝到“甜头”，坚持不与供电公司签订供用电合同。这种情况下，供电公司应该给客户发出签订合同的律师函，依据民事法律和合同法规定，协商签订合同，再拒签供用电合同的话，就公证供电方的提请签订供用电合同的法律行为和过程，客户拒签，就解除合同。

(2) 即使有合同，没有约定电费违约金计算方法的，法院也不会参照《电力供应与使用条例》和《供电营业规则》规定的比例判决。

(3) 是否收取电费违约金，怎样计算，具体比例是多少，在供用电合同中都要约定清楚。否则，就不会得到法律保护。

第二节 电费纠纷处理

电费纠纷主要是形形色色的欠费纠纷，大致上有善意的欠费、恶意的欠费，还有政府干预欠费。各类客户欠费千变万化，供电公司处理原则如一，那就是针对不同情形，采取不同措施收回国家的资费。

一、善意拖欠电费纠纷

善意拖欠电费是指客户已经尽到努力，但由于客观原因仍无法按时足额缴纳电费，从而造成拖欠电费的情形。怎样判定客户是善意拖欠还是恶意赖账，要从如下方面入手。

1. 综合判断客户欠费的善意性

（1）根据缴费记录，客户每年、每月、每次的缴费记录是最真实可靠的信用表现，因此，在电费日常管理中，要做好记录统计和排名，在做客户信用评估时，应作为占有最大的权重。

（2）根据其他部门的意见综合评估。客户的信用当然还表现在其他方面，比如在停送电的配合承诺践行，在调度命令的执行、用电变更、安全检查、用电检查方面的配合等行为都会表现出客户的信用程度。因此，供电企业营销部门以外的其他部门的意见也应该纳入客户信用评估。

（3）根据本企业或社会的客户信用管理系统信息。如果本企业有客户信用管理系统，可以调用或并参照其信息。同时还应该参考社会客户信用管理系统出具的信用信息，如金融系统、税务系统的客户信用管理系统提供的客户信用等级。

（4）根据工商、税务、司法等行政部门的登记资料评估客户信用等级。根据工商机构对客户登记注册的情况、年检情况以及是否有被行政处罚的违规记录；税务部门是否有迟延纳税、偷漏抗税记录以及法院是否有涉案标的巨大的经济纠纷案件等情形也可以辅助分析客户的信用等级。

（5）根据最近的经营实况。最近的经营实况是现实客观的信用表现，如根据客户企业产品质量、销售情况、盈利水平、员工工资奖金发放情况等，判断客户的信用变化。

2. 对于善意拖欠电费纠纷如何处理

经过如上综合分析，客户确属善意欠费，对于纯粹属于等待资金到账时间的客户，就耐心等待或施以援手，不必苦苦相逼。如，对于因为用电设备拖动或计量配置不当，增加成本，导致效益下滑，拖欠电费的客户，作为倡导优质服务的供电公司应该帮助用电企业找出供电方式或者用电设备增大电耗，加大成本原因，给予解决，帮助用电企业走出困境，保住供电企业客户的生存。对于遇到其他暂时困难的企业，不要坐视不管，要伸出援手，施以救助，客户会感激不尽，积极缴费的。

因此，对善意拖欠电费的纠纷，采取宽容、扶持和帮助的策略来解决，是具有战略眼光的，也展现了供电企业主动担当社会责任的浩然正气，会赢得社会和客户的尊重和信任。

二、恶意拖欠电费纠纷

信誉不良，恶意拖欠电费的客户，往往占用了供电公司追费成本的大部分。因为要投入人力物力，全过程全方位紧盯，以免电费变成呆账死账。如，在签订合同时是否要求提供担保，如保证、抵押等，最好实行最高额担保，是否预交电费或者安装预付费计量装置等；合同履行过程中，客户出现合同法规定的行使不安抗辩权的情形，要及时行使不安抗辩权，中止供电，要求提供担保。对于电费债权构成实际威胁，又不提供担保者，可以依法解除合同；如果前述的措施均无效，最后就要提出诉前保全，进而起诉解决电费拖欠问题了。起诉追费的成本当然不菲。

案例 7-11 2007 年 4 月 5 日，内蒙古某旗供电公司向某旗人民法院执行局提出申请，要求执行某旗人民法院对某企业拖欠电费一案作出生效的判决。在执行未果的情况下，执行局依法对企业负责人陈某实施行政拘留。

2004 年，辽宁省朝阳市的陈某在某旗某镇投资建设选铁厂和球团厂。为了支持地方经济发展，营造良好的招商引资环境，某旗供电公司在陈某各项手续齐全的情况下，批准其用电申请，并在短时间内为其提供电力供应，保证了企业基础建设的顺利进行，并很快投入生产。

企业建立之初，陈某还能按时缴纳电费。后来，由于经营管理不善及其他因素的影响，企业效益不佳，便开始出现拖欠电费现象，虽经多次催收，但是欠费始终未能结清。2005 年 11 月，企业经营陷入困境，被迫停产，此时已拖欠电费和违约金合计30 572.12元。此后，供电公司多次上门催要，该企业总是推诿塞责，拒不偿还欠费。为了维护企业利益，早日收回欠款，2006 年 5 月 11 日，某旗供电公司向某旗人民法院提起诉讼，把该企业告上法庭。法院在掌握大量事实和证据的情况下依法作出判决，要求该企业偿还原告电费15 542.06元，违约金15 030.06元。判决生效后，陈某拒不执行判决，继续拖欠。某旗供电公司又向某旗法院执行局提出强制执行的申请。执行局立即对该企业资产进行查封、扣押，并实行财产保全。2007 年 4 月 5 日，执行局工作人员依法拆除选铁厂变压器，折款偿还部分电费，而控压机、卷扬机等资产却被转移。陈某闻听执行局准备执行扣押资产，急忙想乘车逃离，结果被堵个正着。执行局工作人员向陈某说明来意，要求其偿还欠款，并查询控压机、卷扬机等设备去向时，陈某既不偿还欠款，又不说出被转移物资下落。鉴于陈某态度恶劣，视法律为儿戏，遂对其实施行政拘留。

评 析

对于故意欠费的客户，不要轻信其缓兵之计，如签订还款协议等，要弄清欠费户的财产情况，不失时机地起诉，如果被告拒不履行判决，那么尽管新民诉延长了申请强制执行的期限为2年，也要抓紧时间申请强制执行，以免夜长梦多，并积极协助法院弄清被告转移隐匿财产的去向或所在地。

三、政府扶持的企业客户拖欠电费纠纷（政府干预）

正确处理政府扶持企业欠费案件。政府是国家行政管理机关，对各行各业之间的关系进行协调，有时或许会有失偏颇。在对待政府扶持企业的电费问题上，提出如下建议：

（1）在签订供用电合同前，做足调查掌握该企业资信的工作。如果资信不佳，令供电企业于心不安的话，就向政府提出来，明确要求企业提供担保，从行业经营和法律法规方面做好政府的工作，以得到支持。

（2）在合同履行过程中，出现了令人不安的情况，要及时向政府汇报，争取政府允许行使不安抗辩权，及早停止供电，中止合同，直至解除合同，减少经济损失。

（3）一旦出现欠费，要分清情况，及时果断地着手处理：

1）如果客户企业就是暂时困难，供电企业也不应坐视不救自己的客户，用电企业就是供电企业的衣食父母，一旦其轰然倒地，重新站起来将是十分艰难的，甚至会永远死去。这种情形，供电企业不该苦苦相逼，应该帮助该用电企业走出暂时的困境，如帮助技术改造，节能降耗，降低成本。

2）供电企业要经常与政府沟通，要积极争取政府对电费回收工作的支持和扶助，同时也要顾及客户的生产和经营困难，取得客户的信任和理解。子规夜半犹啼血，不信东风唤不回。只要供电公司打消顾虑，依法经营，像杜鹃啼血一般，努力宣贯电力法律法规和合同法关于供用电的规定，引导客户依法用电，依法缴费，会赢得政府和客户的理解和支持，减少电费纠纷。

3）作为供电企业，既然《电力法》已经将你界定为企业，就该堂堂正正，依法经营，敢在大风大浪中做商海的弄潮儿。真正遇到心怀不轨、恶意逃费的企业，不管它是哪家，都要对之断然采取相应措施。该停电就停电，该起诉就起诉，不能有丝毫犹豫，不可失之原则。即便是遇到政府的调解，也不该盲目服从，应当依据法律进行理性分析。在我国最低一级有法律效力的规范性文件是国务院确定的全国较大市政府制订的地方政府规章。因此，调解记录，会议纪要都没有法律效力，都不能阻挡供电公司采取法律措施追缴电费。总之，政府对关于电费的调解没有法律效力。

案例 7-12　某供电公司与客户约定电费的结算方式，供电公司送达缴费通知 7 日内客户缴清电费。2008 年 8 月，客户以资金紧张为由拖欠电费一个月余仍未结清。供电公司多次催缴，客户仍不缴费。供电部门给该客户下达了停电通知，并抄送该客户的上级主管部门。由于该客户是当地招商引资大户，政府遂出面要求供电公司不要采取停电措施，这样会破坏招商引资的环境，承诺给予调解。供电公司只好放弃停电催费措施。结果是，以牺牲供电部门利益为代价，电费拖欠又延续了半年才以供电公司放弃电费违约金为条件达成偿还电费协议。

启示

供电公司对客户的电费管理是根据客户的信用等级的不同施以不同的管理措施，而不是根据政府官员的意思来管理，遇到政府官员给恶意欠费客户或者是危及电费债权的客户说情，要坚持原则，跟政府讲清供电公司电费管理的制度和电费政策，坚决顶住无原则的说情和示意。本案公司在电费拖欠一月之后，即使不停电，也应该立马起诉，诉请偿还电费和违约金。

案例 7-13　某 GDP 大户企业，110 千伏，双电源供电，容量100 000千伏安，月电量 1000～2000 千瓦时，市政府重点扶持企业，主要生产电子芯片，对供电可靠率要求非常高，一旦停电，芯片报废，造成巨大损失。2004 年初夏，该企业因资金周转困难，欠费 600 余万元，几经催讨无果。供电公司经研究认为，企业大户非同一般，再者查询以往缴费信用记录还比较好，不可贸然停电催费，必须把工作做细做透，并取得政府的支持。于是，供电公司多次登门拜访讲解电费政策，诉收费之苦，同时向市政府做了专题汇报。在市政府的协调下，终于与客户达成一致意见，与该客户签订了分期还款协议，每月偿还百万元，年底还清。客户守约，不负众望，终于年底全部还清所欠电费。

评析

此客户不同于彼客户，内部经营与外部关系各不相同，该客户属于信守诺言、对政府的协调精神细心领会、尽量遵守、给政府争脸的企业，而不是言而无信、狐假虎威、耍赖不缴费的企业。因此，供电公司会如愿以偿地收到这笔电费。由此可见，供电公司不要轻易使用停电催费措施，要调查掌握客户的具体情况和社会关系而充分利用之。

对比以上两个案例，可见，任何事物都有其两面性，政府对电费回收可以起到负面作用也能起到正面作用，可谓成也萧何，败也萧何，关键是正确利用萧何，具体问题具体解决，针对不同案例采取不同方式。前者对企业的偿债能力估计不足，盲目轻信政府承诺，弄得大笔电费违约金付之东流；而后者根据企业的实际情况，供电公司主动、及时与政府沟通，陈明利害，获得政府支持，最后偿清电费，皆大欢喜。

名人名言

公平的计量需要准确的秤。

第八章

电能计量纠纷处理

电能计量纠纷大部分还是人为造成的，如计量装置安装接线错误，计量装置互感器变比误配错计，计量装置运行超差等原因。这些纠纷处理的法律依据就是《民法通则》和《合同法》等。《民法通则》第九十二条规定，“没有合法根据，取得不当利益，造成他人损失的，应当将取得的不当利益返还受损失的人，”也就是民间的交易习惯——账，可以重算。不过，电能交易不同于有形标的物的数量易于计量，在差错交易数量的取证方面比较困难。

第一节　电能计量差错纠纷

在发生计量差错纠纷后，诉讼当事人必须在举证期限届满之日以前提交证据材料，否则，应承担举证不能的责任。有些证据在签订和履行供用电合同过程时，供电企业就必须注重收集客户基本情况资料（如客户身份证、法定住址、营业执照复印件和用电设备名称、种类、数量、功率及用电单耗、客户履约能力、商业信誉及其变化情况、客户的经营及资产变化情况、业扩工程验收材料等）；对于与电量电费计算有关的数据和事实，一定要取得客户签字认可，如电能计量装置的型号、编号、变比、首次用电底度、换表拆表底度、铅封加封情况及计量装置更换时相关记录及客户变压器暂停、启运现场工作记录等。

一、计量接线、配置错误

《供电营业规则》第八十一条规定，“用电计量装置接线错误、保险熔断、倍率不符等原因，使电能计量或计算出现差错时，供电企业应按下列规定退补相应电量的电费：

“1. 计费计量装置接线错误的，以其实际记录的电量为基数，按正确与错误接线的差额率退补电量，退补时间从上次校验或换装投入之日起至接线错误更正之日止。

“2. 电压互感器保险熔断的，按规定计算方法计算值补收相应电量的电费；无法计算的，以用户正常月份用电量为基准，按正常月与故障月的差额补收相应电量的电费，补收时间按抄表记录或按失压自动记录仪记录确定。

“3. 计算电量的倍率或铭牌倍率与实际不符的，以实际倍率为基准，按正确与错误倍率的差值退补电量，退补时间以抄表记录为准确定。

“退补电量未正式确定前，用户应先按正常月用电量交付电费。”

案例 8-1 在案例 7-6 中，双方在供用电合同中约定：电量采用高压 6 千伏计量，电流互感器变比为 200 安/5 安，电压互感器变比为 6000 伏/100 伏，计量装置倍率为 2400 倍。由于电力公司未经客户同意擅自更换电压互感器、电流互感器和电能表，并擅自使用 4800 倍率，因此客户认为电力公司计量的用电量不准确，甚至是错误的，从而导致拖延缴费纠纷。电力公司解释，更换互感器和电能表的主要原因是由于此前太金公司的用电负荷与互感器等供电设备不匹配，经常造成供电开关跳闸，影响供用电安全，电力公司根据《电力法》及相关规定更换相关设备，并无不当，而且对电量计量的准确性没有影响。最后经法院查明，电力公司确实在未经太金公司认可的情况下更换过太金公司使用的相关供电设备，此举确有不当之处，但更换的原因是为了保证太金公司用电安全、正常。虽然太金公司认为其更换供电设备导致电量计量不准确，但其没有证据和技术理论证实或支持这一说法。对于电力公司根据抄表计费卡片记载核算的其 2004 年 8 月至 2005 年 6 月总用电量 6 015 648 度，其除了不认可，也没有反驳证据加以推翻。遂判决太金公司偿还电费。

评 析

尽管本案胜诉了，但供电公司的行为的确存在过错。《供电营业规则》第七十二条第三款规定，“供电企业在新装、换装及现场校验后应对用电计量装置加封，并请用户在工作凭证上签章。”以任何理由改装计量装置应该与客户协商并说明理由，取得客户的认可签字，作为证据保存。尤其是本案计量装置改装导致变比加倍，尽管不影响电度计量，也容易引起客户的疑虑，更应该与客户充分沟通。

案例 8-2 2002 年 1 月 10 日，某市城区供电公司对该市金属材料公司用电计量装置进行检查时，发现该户 30/5 的 TA 倍率未计入计费系统，根据表卡分析，在计费电量中未登记倍率，即少收5倍电量。经查该用户于1997年8月21日办理报停手续，8月28日原三相四线表计拆除，同年9月9日复电时，更换为三块单相电能表，底数均为零，TA倍率为30/5，但在计量数据落卡时未登记30/5倍率。至2001年12月28日抄表时，三块电能表计量实际少计电量32 345千瓦时，合计少收电费19 892.18元。

事发后，城区供电公司按有关规定通知金属材料厂补交少收的电费，金属材料厂对供电公司的处理措施表示无异议，同时，提供了该厂因近几年来经营不善，资不抵债，面临破产并已经上报了破产方案报告的情况，并说明该企业近几年来是靠出租场地的租金收入维持的，承租者都是临时性的，经常变动，如要收回原承租者少交的电费已根本不可能，故请求供电公司给予减免少收的电费。对金属材料厂有关减免电费的报告，供电公司在无法寻求到有关政策规定的支持下，仍然坚持要金属材料厂限期交清少收的电费，否则将采取停电措施。数日后，供电公司停止向金属材料厂供电。数日后，金属材料厂向法院提起诉讼，请求立即恢复送电；供电公司反诉金属材料厂偿还少交的电费；金属材料厂辩称该部分电费已经超过诉讼时效，请求法院不予支持。供电公司辩称，供电是连续的，收费也是连续的，不超过诉讼时效。最后法院判决，支持供电公司提出的诉求，并要求其立即给原告恢复送电。

评析

根据上述情况，可以看出造成少收电费的主要责任在供电公司，金属材料厂并无过错。根据最高人民法院《关于企业或个人欠国家银行贷款逾期两年未还应当选用民法规定的诉讼时效问题的批复》规定，对企业或者个人欠国家银行贷款超过两年未还的，在《民法通则》规定的诉讼时效期间未催讨的，即丧失了请求人民法院保护其民事权利的权利。因为，国家银行是实行独立核算的经济实体，他们与借款的企业或公民之间的借贷关系是平等主体之间的债权债务关系，自应受到有关民事法律规范的调整。同理，因供电企业自身的原因造成少收、漏收电费且超过《民法通则》规定的诉讼时效期限两年，供电企业将丧失请求人民法院保护其民事权利的权利。因此，法院支持供电公司要求原告补交1999年9月9日以后少收电费的主张不妥。

启示

（1）加强用电计量管理，建立健全必要的规章制度，坚持每年用电普查制度，企业有关部门要组织计量专业技术人员定期（一年或半年）对用户的计量装置和计量抄表卡作一次对照检查，及时发现问题和解决问题，从源头上杜绝漏计、少计电量现象发生。

(2) 克服传统的“欠国家的电费，用户迟早都得交”的错误认识，强化风险意识，树立追缴电费债务的时效观念；公司内部推行责任追究制度，对计量抄表工作差错的责任人员按规定实行责任追究，增强工作人员的责任心，防止此类情形的发生。

二、计量装置失准

计量装置失准大多是由于非人为原因造成的，但问题是这种失准的非正常状态往往存在很长时间，这就成为人为原因了。商贩的秤不准，要是坑了顾客，会遭到折断秤杆子的惩罚，哪还敢要货款？供电公司的抄收人员至少每月一次抄表，大容量客户需要每月数次；如果远程抄表更可以实时监控，还有用电检查人员定期不定期的监督检查，长时间让自己的秤杆子存在失准状态是不是太不应该？关于计量装置失准的处理，《供电营业规则》第八十条规定，“由于计费计量的互感器、电能表的误差及其连接线电压降超出允许范围或其他非人为原因致使计量记录不准时，供电企业应按下列规定退补相应电量的电费：1. 互感器或电能表误差超出允许范围时，以“0”误差为基准，按验证后的误差值退补电量。退补时间从上次校验或换装后投入之日起至误差更正之日止的二分之一时间计算。2. 连接线的电压降超出允许范围时，以允许电压降为基准，按验证后实际值与允许值之差补收电量。补收时间从连接线投入或负荷增加之日起至电压降更正之日止。3. 其他非人为原因致使计量记录不准时，以用户正常月份的用电量为基准，退补电量，退补时间按抄表记录确定。退补期间，用户先按抄见电量如期交纳电费，误差确定后，再行退补。”

新版本的《居民供用电合同（示范文本）》（电监会制定）规定，如发现用电计量装置记录失常，任何一方均有权向合法计量检定机构申请检定。如检定合格，校验费用由提出请求方负担；如不合格，该费用由供电人负担。在申请检定期间，用电人应按上月电量预先交纳电费，检定结果确定后，供电人应按有关规定，退补相应电量的电费，也就是多多少，退多少；少多少，补多少。

案例8-3　2006年，某供电公司抄收人员到某镇电灌站抄表发现，电能表计数器不走字。经过检查测试，系电表机械系统卡死所致。抄收人员根据客户提供的电动机运行日志，结合以往的用电量，估算出少收的电费，要求客户补交。客户强调计量装置由供电方管理，故障非己方所为，拒绝补交。供电方多次依据不当得利的法律原理给客户做工作无果，便向当地基层法院起诉。

法庭审理期间，供电公司提交了被告受电变压器的容量、运行电动机的功率和运行日志以及以往历次缴费数额，保守地估算出应当补交电费 2.6 万元。据此，法庭认定，由于电能表故障，被告的电量没有计入电能表，原告受到了损失。依据《民法通则》第九十二条“没有合法依据，取得不当得利，造成他人损失的，应当将取得的不当利益返还受损失的人”之规定，电能表少计电量使被告少交电费属于没有法律上的依据取得不当得利，收益方有返还其不当得利的义务。遂判决，被告补交电费 2.6 万元。

评 析

不当得利是指没有合法根据而取得利益，使得他人受损失的事实，由于该利益的取得没有法律依据，且建立在他人受损失的基础之上。根据民法规定，就在取得利益方和受损方中间产生了以不当得利返还为内容的债权债务关系，即所谓不当得利之债。不当得利是一种客观事件，并非主观追求的结果，受益人在主观上没有过错，也没有积极追求利益的行为。但是为了实现实质的公平正义，法律设置了返还不当得利的制度。

（1）法庭支持了供电公司的诉求，可是供电公司内部可不要支持失准计量装置的管理者。一只电能表的故障很少是突然发生的，都是日积月累的后果。很多工作就是因为那些寒号鸟一般的员工拖延处理造成的。供电部门的抄收、检查、电能表轮校验是否按照规定周期做到位，应该是形成本案的诉讼的主要原因。

（2）不当得利者在主观上是没有过错的，仅仅是取得利益没有法律规定而已，这是法。反过来，作为计量装置的主管部门应当说存在着管理工作失职的过错。那么由于你的过错给客户带来了麻烦或许还有些许声誉上的不良影响，应该向客户道歉，这是礼。

（3）既然过错在自身，就该低下头来认错、协商、妥协，让客户满意。供电企业在计量装置的管理上要勤奋不要怠慢。

案例 8-4 2001 年 7 月，某供电公司稽查人员对某大商场的电能计量装置检查校验时发现，该装置的 C 相有功电能表不计量，有明显的电回路故障。遂将该情况记录、摄像后，拆表封存交市计量检定部门进行检定。结果果然是 C 相有功不计量。由此，根据认定：某商场自 2000 年 8 月（上次检查时间）至2001年7月少计电量712 560千瓦时，折算人民币60万元。于是，供电企业协商要求商场补交少收的电费，而商场拒不承认少交电费。供电公司起诉后，被告辩称，原告拆表、送检等行为未征得被告的认可，其取得的证据系单方所为，被告不予承认，不能作为定案的证据；再者，《电力法》规定，原告应当按照国家核准的电价和记录装置的记录收费，不能单方随意收费。

法院审理认为，原告出示的电能表与送检的电能表出厂编号一致，电能表上的记录编号与抄表卡中的机器编号一致，且封印和标签完好无损，有市技术监督局出具的鉴定结果。少交电费的计算结果也得到了市技术监督局专家的确认，系公认的计算方法。据此认定，电能表正常运转，按照电能表记录收费；电能表故障时，就不能按电能表记录收费，应按实际所用电量收费。被告因电能表故障少交费，取得不当得利没有法律依据，是原告受到损失，依法应当返还原告。遂判决，被告补交电费60万元。

评 析

本案由于计量装置故障用户少交电费60万元，而使供电公司因此而受到60万元的电费损失，应属典型的不当得利，原告有权请求被告返还，被告也有义务返还。

（1）本案被告辩称，原告拆表、送检等行为未征得被告的认可，此事的处理步骤供电公司人员确实存在着不当之处。当发现计量装置有问题时，应当会同用电方管电领导和电工，做好询问笔录、摄影、摄像固定证据，封存故障计量装置交给有管理权限的计量检定部门。因为《计量法》规定，“县级以上人民政府计量行政主管部门依法设置的计量检定机构，是国家法定的计量检定机构，负责研究建立计量基准、社会公用计量标准，进行量值传递，执行强制检定和法律规定的其他检定、测试任务，起草技术规范，为实施计量监督提供技术保证。”这样就可以取得客户的信任。当然供电部门基于部门规章，1986年原国家计量局和原水利电力部联合发布了《关于水利电力部门电测、热工计量仪表和装置检定、管理的规定》（〔1986〕第59号），明确将电能计量检定工作授权电力部门负责。为此，电力部门制定了《计量管理工作规定》，供电部门取得了计量检定权。不过既然是双方纠纷就应当由权威且中立的第三方来检定。

（2）供电公司应当尽职尽责，避免自身过错造成计量装置失准，要按照规定，及时巡查设备，轮换校验设备，发现问题及时处理。本案长达一年时间才发现，供电部门营销人员应当承担责任。

（3）在避免这类案件出现的同时，也要对客户进行民法关于不当得利的宣贯，使之明白不当得利应当返还受损失的对方的道理（当然是双向的）。这样一旦发生该类案件，收费问题也会顺畅进行。

三、预付电费计量装置纠纷

现行的法律尚无明确条款确认“用电人先付费、供电人后供电”这一新型供用电方式，从法律原则及精神可以推导出供用电双方通过合同约定这一方式的合法性。就是说客户先用电后交钱是合法的，先交钱后用电也不是不合法的。因为不是不能找到预交电费可行的法律依据。一是《合同法》第一百七十七条规定，“供用电合同的内容包括供电的方式、质量、时间，用电容量、地址、性质，计量方式，电价、电费的结算方式，供用电设施的维护责任等条款”。供用电合同的内容包括电费结算方式并且没有规定具体的结算方式。《合同法》第一百八十二条规定，“用电人应当按照国家有关规定和当事人的约定及时交付电费”。而当前国家对电费的缴纳方式也没有明确规定。这就是说，只要双方在平等自愿、协商一致的原则下，在供用电合同中明确了电费结算方式，包括“先付费、后用电”这种方式，是受法律保护的。如果没有约定电费结算方式，默认为传统方式，也就是行业法律法规规定的方式，即先用电后付费。预付费购电系统的结算方式改变了传统的赊销方式，因此，一直备受社会各界关注。有的人认为这是供电企业的垄断行为，违反了《反垄断法》有关规定，有的用电人以供电人违法安装为由拒绝与供电人签订合同确认这一电费结算方式，甚至有的基层法院在审理涉及预付费购电系统用电纠纷时，也对于安装预付费购电系统的合法性提出质疑。因此，若双方未签订合同而供电人强行安装预付费购电系统结算电费，发生纠纷时供电方将非常被动。

由于安装预付费购电系统进行电费结算的方式有别于传统的赊销方式，无法适用传统的欠费通知方式，因此，在安装预付费购电系统进行电费结算的情况下，若用电人剩余电量余额不足时，供电人应否予以通知及通过什么方式予以通知等（如声光告警），法律法规都无具体规定，存在着诸多潜在的风险。

除以上主要风险外，预付费购电系统结算电费还存在遭破坏取证难、提供商售后服务以及供电人服务未跟上等情况，也使预付费购电系统结算电费风险增加。推广预付费装置还存在其他风险：

（1）告警方式。现今的预付费装置告警方式是声光电，客户很可能以没有收到电费即将用尽装置发出的告警来对抗缴费。这样在供用电合同中就应该约定“以装置发出告警为通知方式”只要经过试验告警功能正常，就认为客户收到告警通知。当然在此之前，需要客户方、供电方和提供装置的厂家一同参与试验，取得共识，认可签字。当然如果确系装置问题，应当由装置提供商承担责任。

(2) 电费结0，装置跳闸。国家经济贸易委员会《关于安装负控计量装置供用电有关问题的复函》(国经贸厅电力函〔2002〕478号)：现行相关法律、法规和规章对于用电人先付费、供电人后供电的供用电方式及有关问题没有作出具体规定，此种方式下供用电双方的权利和义务可由双方当事人在供用电合同中具体约定。依据合同约定，负控计量装置电费结零后停电的，不属于违约停电行为。此种方式供用电不存在欠费问题，因此不适用欠费停电的有关规定。

(3) 电费不结0，装置跳闸。供电公司或者计量装置提供商应当承担责任。

(4) 装置可以由客户自己购置或者以委托的方式让供电部门代为购置，装置误跳造成的后果由客户自己承担。这也可在委托协议中写明白。当然，作为代理人供电方应当尽职尽责，购置质量可靠、取得国家认证的厂家的设备。

(5) 对于AAA级信用客户，可以在给予一定用电裕度，就是让客户透支一定的电费额度而缓期跳闸，如果客户遗忘充值则要及时发出通知。

以上部分详细参见本书第一篇第二章第一节三、四部分论述。

案例8-5 2006年8月20日，某供电公司与某化工厂签订供用电合同，约定双方的电费结算方式：“安装预付费购电系统，实行先购电、后用电……”预付费购电系统投入使用后，化工厂按约定购电消费。2007年9月14日，因化工厂未能及时购电，预付费购电系统控制器自动拉闸停电，导致化工厂运行中的设备因停电坍塌，造成损失180多万元。化工厂认为供电公司未经通知停电，违反电力法有关规定，要求供电公司赔偿。供电公司认为损失是由于化工厂未及时充值造成的，应自行承担。双方几经交涉，无果。2008年8月，化工厂向当地人民法院提起诉讼，要求供电公司赔偿损失。

评 析

这是一起因使用预付费购电系统引起的法律纠纷。预付费购电系统指在用电人与供电人之间建立的以实现预付费方式进行电能结算的系统。作为一种实现电费预付的结算系统，由于尚处于初步推广阶段，技术上不完善，法规的修订也未及时跟上，因此，在推广使用中存在诸多法律风险。

启 示

(1) 重视《供用电合同》及相关协议签订工作。对将要安装预付费购电系统的用电人，供电人要与其在平等自愿、协商一致的前提下，签订《供用电合同》及其相关协议，明确电费结算方式为“安装预付费购电系统，实现先购电、后用电”；约定用电人及时充值的义务和不及时充值造成跳闸的责任归属，譬如约定“用电方应在已购电量用完之前充值，未及时充值，导致预付费购电系统自动跳闸而引起的一切后果，由用电人自行承担”。由于法律法规对预付费购电系统余额不足时的通知方式暂无明确规定，因此，双方可在补充协议中约定以声光报警为通知方式。该方式不违反法律禁止性规定，应该受到法律保护。

(2) 供用电双方未协商安装预付费购电系统，不应强行安装。供电人应避免粗暴的工作方式，减少不良社会影响，对未与用电人签订合同的，不应强行安装。若用电人发生欠费，或经查实有窃电行为的，可按《电力供应与使用条例》及《供电营业规则》规定程序，实施中止供电。用电人若申请恢复供电，要求重签《供用电合同》，变更电费结算方式为“安装预付费购电系统，实行先购电、后用电”。否则，供电人可根据《合同法》第六十六条规定行使不安抗辩权，除非用电人提供担保，或者按前述要求签订合同。

(3) 完善与预付费购电系统提供商的购货合同管理，明确设备故障产品责任。根据合同相对性的原则，一旦预付费购电系统由于本身质量问题造成故障拉闸或其他质量事故，供电人应承担违约责任。预付费购电系统作为一种新的电费结算手段，尚处于试用推广阶段，若因产品本身质量问题造成用电人损失而由供电人单独承担责任显然是不公平的。因此，为了规避供电人的法律风险，减轻责任，应建立预付费购电系统提供商的责任追究制度，完善与提供商的购货合同管理。譬如明确约定预付费购电系统的质量保修责任，寿命期内发生质量问题（非人为或不可抗力）而引起的误动作，造成用电用户损失，供应商需承担相应的经济和法律责任等。避免因提供商的责任而由供电人买单，合理分担法律风险。

(4) 实行精细化管理，服务工作及时跟上。一是要加强预付费购电系统使用培训。对用电人而言，预付费购电系统无疑是一新生事物，对新装的用电人，要对其工作人员进行系统培训，赠送操作指南，确保熟练操作。二是要做好预付费购电系统维修服务，及时解决使用中出现的问题。当系统日常使用中出现问题时，供电人要积极与系统提供商联系，要第一时间赶到现场予以解决，不能因系统原因影响用电人用电。三是要多设置充值网点，方便用电人及时充值。供电人应在镇级供电营业网点设置充值网点，减少用户充值时间成本。同时，实行无休日值班，用电人可随时购电充值。四是要合理设置报警剩余电量，确保用户有充足的时间完成充值。供电人应与用电人协商，依据实际确定剩余报警电量，原则上要保证系统报警后，用电人有充足的时间充值。另外，根据用电人的资信情况，对资信好的用电人，协议确定可透支一定电量。总之，供电服务要尽量做到以人为本、实现服务精细化，为用电人提供优质、高效、便捷的服务，不断提高服务水平。

第二节　电能计量装置维护、损毁与灭失责任纠纷

由于一个供电营业区的用户数量可谓成千上万，再加之计量装置安装在产权分界处或者说在用户处，供电部门除了抄表以及用电检查以外，要做到经常性检查管理力不从心。为此，需要准确无误地将计量交易电量的电能计量装置的维护、毁损与灭失责任在供电人和用户之间做明确的划分，以便据此来处理电能计量装置维护、损毁与灭失而引起的纠纷。

一、计量装置维护责任纠纷

根据《供电营业规则》第七十二条规定，“用电计量装置包括计费电能表（有功、无功电能表及最大需量表）和电压、电流互感器及二次连接线导线。计费电能表及附件的购置、安装、移动、更换、校验、拆除、加封、启封及表计接线等，均由供电企业负责办理，用户应提供工作上的方便。”由此看出，维护维修的主要责任在供电方。前已述及，供电部门对计量装置要做到经常性检查管理是力不从心的。因此，《供电营业规则》第七十七条规定，“计费电能表装设后，用户应妥为保护，不应在表前堆放影响抄表或计量准确及安全的物品。如发生计费电能表丢失、损坏或过负荷烧坏等情况，用户应及时告知供电企业，以便供电企业采取措施。如因供电企业责任或不可抗力致使计费电能表出现或发生故障的，供电企业应负责换表，不收费用；其他原因引起的，用户应负担赔偿费或修理费。”该条规定了用户有“应妥为保护”计量装置的责任。《电能计量装置技术管理规程》（DL/T 448—2000）根据安装地点，对维护责任作了更为明确的划分。其中，“7.2 运行维护及故障处理　a）安装在发、供电企业生产运行场所的电能计量装置，运行人员应负责监护，保证其封印完好，不受人为损坏。安装在用户处的电能计量装置，由用户负责保护封印完

好，装置本身不受损坏或丢失。b）当发现电能计量装置故障时，应及时通知电能计量技术机构进行处理。贸易结算用电能计量装置故障，应由供电企业的电能计量技术机构依照《中华人民共和国电力法》及其配套法规的有关规定进行处理。c）电能计量技术机构对发生的计量故障应及时处理，对造成的电量差错，应认真调查、认定，分清责任，提出防范措施。并根据有关规定进行差错电量的计算。"

综上所述，计量装置的看护责任，按照地点原则划分。安装在客户处由客户看护，安装在供电方处由供电方看护。但是，购置、安装、移动、更换、校验、拆除、加封、启封及表计接线等，均由供电企业负责办理。就是说供电企业对计量装置的运行维护担当主要责任。

案例8-6　1999年8月，牛某在某市维修大街开一电焊门市，向供电公司申请用电。供电公司电工将牛某的电能表安装在距离牛某门市大约200米的一根电杆上，距离地面8米，距离电表上面的380伏火线约0.5米。由于更换电工的原因，牛某自2004年5月至12月近8个月没交电费。2005年1月6日，新的抄收员通知牛某于9日下午来收取8个月的电费。牛某想亲自看看电能表走字，便于9日下午14时爬上电杆查看电能表度数时被电击坠地造成脑挫伤，医治无效死亡。牛某亲属遂将供电公司告上法庭要求赔偿各种费用。

法院审理认为，供电公司将牛某的电能表悬挂于8米之高的电杆上，距离380伏电线仅0.5米违反了计量装置安装规程。死者作为消费者享有消费的知情权，为了明明白白消费，爬上电杆查看电能表走字，被电击坠地死亡，供电公司应当承担责任。于是判决：赔偿牛某亲属各种经济损失12.6万元，被告承担60%，原告承担40%。

评　析

本案供电公司将计量装置悬挂于8米之高的电杆上，距离380伏电线仅0.5米的初衷也许是为了防止用户对电能表做手脚，影响计量。但这是单方考虑问题，忽视了客户的消费权利。

（1）供电企业作为公用企业，为全社会提供服务，应当对社会对客户负有公正、公开、诚信无欺的义务。

（2）《消费者权益保护法》第八条关于知情权的规定"消费者享有知悉其购买、使用的商品或者接受的服务的真实情况的权利。"

（3）电能表距离380伏电线仅0.5米不安全，因为电能表在线带电、连续运行，强调注意安装的安全距离，要求工作人员最大活动范围距离高压带电部分不小于10千伏及以下0.7米，35千伏1.0米；表计悬挂的高度也不符合规程要求。《农村低压电力技术规程》（DL/T 499—2001）9.2.3规定“农户电表箱底部距地面高度宜为1.8～2.0米，电表箱应满足坚固、防雨、防锈蚀的要求，应有便于抄表和用电检查的观察窗”。显然，高度不合乎规程，也不便于抄表和检查。

二、计量装置毁损、灭失责任纠纷

国家电监会制定并出台了《居民供用电合同（示范文本）》，其中关于用电计量装置损毁、灭失的双方责任分担，示范文本第三条第二款是这样界定的，“因用电人责任致使用电计量装置出现故障或灭失的，由用电人承担维修或更换费用；其他原因引起的，由供电人负责维修或更换，不收费用。”关于用电计量装置毁损、灭失由谁买单争议，应该从财产所有权来分析。我国的用电计量装置应由谁投资配置问题的法律规定不清晰，但是从电力法律法规和部门规章上来分析，应该由供电部门投资，就是民间所说的卖东西自己带着秤杆子。《电力法》第三十一条规定，“用户应当安装用电计量装置。”这看似用户投资；第三十三条规定，“供电企业应当按照国家核准的电价和用电计量装置的记录，向用户计收电费。”这里应理解为根据自己的用电计量装置。《电力供应与使用条例》第二十六条也有相似的规定，“用户应当安装用电计量装置。用户使用的电力、电量，以计量检定机构依法认可的用电计量装置的记录为准。用电计量装置，应当安装在供电设施与受电设施的产权分界处。安装在用户外的用电计量装置，由用户负责保护。”第二十七条规定，“供电企业应当按照国家核准的电价和用电计量装置的记录，向用户计收电费。”但在《供电营业规则》第七十二条确有较为明确的规定，“用电计量装置包括计费电能表（有功、无功电能表及最大需量表）和电压、电流互感器及二次连接线导线。计费电能表及附件的购置、安装、移动、更换、校验、拆除、加封、启封及表计接线等，均由供电企业负责办理，用户应提供工作上的方便。”明确了“计费电能表及附件的购置”由供电企业负责办理，购置应当理解为投资购买行为。DL/T 448—2000《电能计量装置技术管理规程》4.1.1技术管理机构中指出“供电企业应根据工作需要和管理方便设立电能计量技术机构。”4.1.2电能计量技术机构的职责中指出“d）负责电能计量器具的选用，编制电能计量器具的订货计划；负责新购入电能计量器具的验收。”

实践中，既有供电人出资配置的，也有一些地区县级供电企业至今尚普遍存在由用电人出资购置用电计量装置，安装调试后交给供电企业管理的情况。如果是用户投资的计量设备，依据财产所有权原理，财产所有权人有占有、使用、收益、处分的权利。对归属于己的财产有维护管理的法律义务，因不可抗力导致财产损毁灭失的，只能自担不利后果。因他人侵权导致损毁灭失的，可以通过法律途径要求他人承担返还财产或恢复原状或赔偿损失等民事责任。无法确定侵权人时也只能自担不利后果。

对于计量设备的所有权属于供电企业的情况，更适合《居民供用电合同（示范文本）》中关于用电计量装置损毁、灭失时供用电合同双方责任分担的界定，即示范文本第三条第二款“因用电人责任致使用电计量装置出现故障或灭失的，由用电人承担维修或更换费用；其他原因引起的，由供电人负责维修或更换，不收费用”的规定是合法的。因为计量设备的产权属于供电公司，只有证明是客户的责任导致计量装置故障或灭失，才由客户承担责任。其他情况当然应由供电企业自担责任。

回溯《供电营业规则》第七十七条“计费电能表装设后，用户应妥为保护……如因供电企业责任或不可抗力致使计费电能表出现或发生故障的，供电企业应负责换表，不收费用；其他原因引起的，用户应负担赔偿费或修理费”。规定的责任划分，从承担毁损、灭失责任上讲，就比较符合实践中计量装置产权归客户的情况。

表面上看《居民供用电合同（示范文本）》比之于《供电营业规则》第七十七条，只是对赔偿责任作了一个相反的变更，将赔偿责任对调了一下，但之间差别却是巨大的。因为“其他原因”有很多：有不可抗力因素，有外力破坏，有盗窃，有电能表及电网本身难以确定的因素等。新合同范本将其他原因引起的由用户负责赔偿改为由供电企业承担，更强化了供电企业的管理责任，也就是说赔偿责任对调以后，如果不是用电人的责任，那么其他任何原因引起的计费电能表的丢失和损坏，供电企业都必须承担责任。这一点充分体现了合同的人性化，更好地保护了消费者的权益，而且更符合财产所有权的法律规定。

总之，根据财产所有权原理，计量装置毁损、灭失的责任划分，产权归客户的，应遵守《供电营业规则》第七十七条规定；产权归供电企业的，应该遵守《居民供用电合同（示范文本）》中关于用电计量装置损毁、灭失时供用电合同双方责任界定的约定，即示范文本第三条第二款。

第九章

名人名言

电流是连续流进各行各业的血脉，
停电意味着停止用电客户的生命。

停电纠纷处理

当代工农业生产、科技研发、金融商贸、文教卫生各行各业乃至城乡居民生活都离不开电，这就决定供用电合同是连续交易合同，一旦停止交易——停电，就会引发纠纷。因为停电纠纷往往是在双方闹僵时才实施的，客户的对抗情绪亢奋，有时不仅涉及经济损失赔偿，还会影响社会稳定。因此，供电企业在实践中应谨慎停电，优质服务。

案例 9-1 某造纸厂年产值 2000 万元。2005 年底累计欠费 60 万元。2006 年 2 月初，供电公司通过与该厂协商一致，签订了还款协议，先交 20 万元，其后每月还款 10 万元，四个月结清。若违约，该厂接受停电处理。该厂交付 20 万元后，又过一月，不再偿还陈欠电费。多次催讨，该厂躲避或搪塞，甚至威胁。3 月 30 日 7 时，按照国家规定程序，供电公司对该厂实施了停电。当日 9 时，该厂副厂长带领 140 名职工，乘坐两辆大客车，冲进供电公司办公大楼，实施打砸行为，并扬言：踏平供电局，打死某局长。直到交警赶到，方才平息，对供电公司造成的直接损失达 3.8 万元。

启 示

本案系由于停电引起的突发性群体事件，虽然事后肇事者得到了应有的法律处罚，但是对电力公司公用事业性企业的形象损害却不可量化。因此，供电企业要审慎对待停电，既不能该停不停，也不能因停电造成上述案例的恶劣影响。

第一节 停电与分类

这里的停电，主要是指中断供电的行为而不是停电的状态。这种行为乃是中止履行供用电合同的行为。因此，实施停电行为有条件限制，有程序规定，非供电企业意志而为之。据此，停电可以划分为不同的类型，各种类型的停电如何为之，本节加以讨论。

一、停电

停电，即停止供电，可以生出如下几种理解：停电这个动作或行为；停止供电这个事件；暂时中断供电的状态等。

由于电力功能的发挥取决于其连续性，停电就势必造成客户的损失或不便。因此电力法律法规和合同法等都对停电作出了限制性规定。如，停电通知义务、可靠率、停电程序等。在业务实践中，供电企业除去对窃电之外的任何停电行为都要按照国家规定程序进行，并履行通知义务。但是在此建议，即使检查中发现客户确有窃电行为也不必当场停止供电。首先，不当场停电不违法，损失也不会增加很多；其次，匆忙停电拆表丧失了对客户窃电取证的物证现场和有利时机，致使接下来的窃电处理因证据不足或不充分，而陷于尴尬境地——真的被窃电，但证据不足，遇到客户倒打一耙，甚至还要赔偿因停电给用户造成的损失。发现窃电不要打草惊蛇，应当会同客户管电领导或电工一起，做询问笔录、照相、摄像、封存物证并让客户签字认可；情节严重，触犯刑法的，要有公安部门介入取证。详见本套丛书《违章用电、窃电防治与查处》第二篇第四章第四节第三部分内容。

二、停电分类

1. 因故停电（计划、临时检修、事故抢修）

《供电营业规则》第六十八条和六十九条对因故停电做了明确规定。第六十八条规定，“因故需要中止供电时，供电企业应按下列要求事先通知用户或进行公告：1. 因供电设施计划检修需要停电时，应提前七天通知用户或进行公告；2. 因供电设施临时检修需要停止供电时，应当提前24小时通知重要用户或进行公告；3. 发供电系统发生故障需要停电、限电或者计划限、停电时，供电企业应按确定的限电序位进行停电或限电。但限电序位应事前公告用户。”第六十九条规定，“引起停电或限电的原因消除后，供电企业应在三日内恢复供电。不能在三日内恢复供电的，供电企业应向用户说明原因。”

2010年1月1日实施的《供电监督办法》第十三条也有相应的规定，“电力监管机构对供电企业实施停电、限电或者中止供电的情况进行监管。在电力系统正常的情况下，供电企业应当连续向用户供电。需要停电或者限电的，应当符合下列规定：

“（一）因供电设施计划检修需要停电的，供电企业应当提前 7 日公告停电区域、停电线路、停电时间；

“（二）因供电设施临时检修需要停电的，供电企业应当提前 24 小时公告停电区域、停电线路、停电时间；

“（三）因电网发生故障或者电力供需紧张等原因需要停电、限电的，供电企业应当按照所在地人民政府批准的有序用电方案或者事故应急处置方案执行。

“引起停电或者限电的原因消除后，供电企业应当尽快恢复正常供电。供电企业对用户中止供电应当按照国家有关规定执行。

“供电企业对重要电力用户实施停电、限电、中止供电或者恢复供电，应当按照国家有关规定执行。”

由上可见，二者的规定基本是相同的，只是《供电监管办法》更加详尽一些，如，要公告停电区域、停电线路、停电时间，而不仅仅是公告。

案例 9-2　某县级市供电公司供电所计划于 6 月 23 日 9 时对一条 10 千伏线路进行临时检修，停电 10 小时。供电所电工王某于 22 日下午 14 时至 16 时对部分重要用户进行了电话通知。6 月 27 日某村两位养鱼户以供电公司和供电所停电未尽到通知义务，造成鱼塘大量死鱼为由诉至法院，要求赔偿损失 8 万元。法院审理查明，电工电话通知时，两养鱼户在地里干活没有接到通知，所以没有采取应急供氧措施而导致死鱼。据此法院判决供电公司赔偿两养鱼户各 6.5 万元的损失。

评　析

除了《电力法》和《供电营业规则》有通知义务规定外，《合同法》一百八十条也有相应规定，“供电人因供电设施计划检修、临时检修、依法限电或者用电人违法等原因，需要中止供电时，应当按照国家有关规定事先通知用电人中止供电。未事先通知供电人中断供电，造成损失的，应当承担赔偿责任。”通过对法律法规的分析可以看出，即使是因故中止供电甚至是客户违法用电中止供电，都不能忽略停电通知义务，否则，就要赔偿损失。本案通知的时间也明显存在问题，临时停电应该提前 24 小时通知，本案中只提前了 19 小时，不合乎规章的规定，也不符合《供电监管办法》的规定。

2. 按照电力法规规定和程序停电催费

《电力供应与使用条例》第三十九条规定，对于逾期未交付电费的，自逾期之日起计算超过30日，经催交仍未交付电费的，供电企业可以按照国家规定的程序停止供电；第四十条规定，对于违章用电，情节严重的，可以按照国家规定的程序停止供电。

对于“自逾期之日起计算超过30日，经催交仍未交付电费的”的两种理解，焦点是催缴行为的启动时间是在30日前，还是在30日后？通常理解是在30日前就开始催费，30日后就可以停电；但是有的客户紧紧盯住条文的语序理解为30日后开始催费，这样至少拖延3天时间停电。从结果上理解也该是前者，即只要满30日经催交仍未交付电费的，即可施以停电（并未明确催缴行为的启动时间）。

《供电营业规则》第六十六条规定，拖欠电费经通知催交仍不交者，经批准可中止供电。第六十七条规定了中止供电的办理程序，即，“除因故中止供电外，供电企业需对用户停止供电时，应按下列程序办理停电手续：

“1. 应将停电的用户、原因、时间报本单位负责人批准。批准权限和程序由省电网经营企业制定；

“2. 在停电前三至七天内，将停电通知书送达用户，对重要用户的停电，应将停电通知书报送同级电力管理部门（按：算准日期）；

“3. 在停电前30分钟，将停电时间再通知用户一次，方可在通知规定时间实施停电”（按：精确到分）。

该条提示供电公司，欠费要逾期30日，下达停电通知一定要计算好停电日期，并且要精确计算到分钟。送达日期一定要与停电日期吻合，否则，不要实施停电。

3. 按照合同法的规定约定停电

《合同法》第一百八十二条规定，“用电人应当按照国家有关规定和当事人的约定及时交付电费。用电人逾期不交付电费的，应当按照约定支付违约金。经催告用电人在合理期限内仍不交付电费和违约金的，供电人可以按照国家规定的程序中止供电。”

该条规定经催告用电人在合理期限内仍不交付电费和违约金的，供电人可以按照国家规定的程序中止供电。这里只是规定按照国家规定的程序停电，也就是按照《供电营业规则》第六十七条的程序停电，并没有《电力供应与使用条例》第三十九条逾期30日之后才停电的规定。因此供电企业可以基于此，与客户约定提前停电催费的时间。但是程序是不能忽略的，尤其是通知义务不可省略。

4. 行使不安抗辩权停电

详见本书第二篇第五章第三节“行使不安抗辩权”。

5. 依法解除合同的停电

《合同法》第九十四条规定，“有下列情形之一的，当事人可以解除合同：

“(一) 因不可抗力致使不能实现合同目的；

“(二) 在履行期限届满之前，当事人一方明确表示或者以自己的行为表明不履行主要债务；

“(三) 当事人一方迟延履行主要债务，经催告后在合理期限内仍未履行；

“(四) 当事人一方迟延履行债务或者有其他违约行为致使不能实现合同目的；

“(五) 法律规定的其他情形。”

其中第（二）项“在履行期限届满之前，当事人一方明确表示或者以自己的行为表明不履行主要债务”就是明确声明不交付电费，属于明示不履行合同的情形，可以解除合同。第（三）项“当事人一方迟延履行主要债务，经催告后在合理期限内仍未履行”属于经催告后在合理时期内仍不履行合同的，可以解除合同。供用电关系中，客户经过催缴电费后一段合理期限仍未缴纳电费的，供电企业可以解除合同，解除合同自然要停止供电。当然在实践中，供电企业一般不会行使该条权利，因为中止供电不同于解除合同，一旦解除合同后用户仍需用电就需要重新申请报装。

6. 对违章用电停电

《电力供应与使用条例》第四十条规定，“违反本条例第三十条规定，违章用电的，供电企业可以根据违章事实和造成的后果追缴电费，并按照国务院电力管理部门的规定加收电费和国家规定的其他费用；情节严重的，可以按照国家规定的程序停止供电。”

《供电营业规则》第六十六条规定，“在发供电系统正常情况下，供电企业应连续向用户供应电力。但是，有下列情形之一的，须经批准方可中止供电：

“1. 对危害供用电安全，扰乱供用电秩序，拒绝检查者；

“2. 拖欠电费经通知催交仍不交者；

“3. 受电装置经检验不合格，在指定期间未改善者；

“4. 用户注入电网的谐波电流超过标准，以及冲击负荷、非对称负荷等对电能质量产生干扰与妨碍，在规定限期内不采取措施者；

“5. 拒不在限期内拆除私增用电容量者；

“6. 拒不在限期内交付违约用电引起的费用者；

“7. 违反安全用电、计划用电有关规定，拒不改正者；

“8. 私自向外转供电力者。”

案例9-3 2006年10月，泗洪法院审结一起供用电合同纠纷案，原告某木材加工厂起诉被告泗洪县供电公司因停电行为给其造成3万余元损失要求赔偿，因原告行为属违法用电，其诉讼请求被法院判决驳回。

2006年6月，泗洪县供电公司在例行检查中发现某木材加工厂私自增加了木材加工设备，两台电动机的功率分别为11.1千瓦和1.1千瓦。其后，供电公司未书面通知原告单位，也未与原告法定代表人见面，于7月6日将原告私接的电源线拆除。为此，某木材加工厂法定代表人曾向有关部门投诉，在有关部门调查中，原告法定代表人承认被停设备是私自增加的，未办理增容手续，原有设备的供电并未停止。其后又向法院提起诉讼，要求赔偿损失。

泗洪法院经审理后认为，原告被停的供电设备属私自增加，未办理增容等有关手续，与供电公司之间不存在供用电合同关系，因此原告因停电造成的损失不属于合法的民事权益，不受法律保护。根据有关法律法规的规定判决驳回原告诉讼请求。

评　析

根据《供电营业规则》第一百条第二项规定，“私自超过合同约定的容量用电的，除应拆除私增容设备外，属于两部制电价的用户，应补交私增设备容量使用月数的基本电费，并承担三倍私增容量基本电费的违约使用电费；其他用户应承担私增容量每千瓦（千伏安）50元的违约使用电费。如用户要求继续使用者，按新装增容办理手续。”

本案中，供电部门首先应该让客户承担私增容量每千瓦（千伏安）50元的违约使用电费。其次，告知拆除私增容量或办理新装增容手续。最后，如果不接受处理再给予解除私增容量，并依法追缴违约使用电费。

本案供电部门的处理虽然不违法，但有失妥当，而且不利于扩大供电营销和供电优质服务。

7. 不可抗力、紧急避险和窃电停电

《供电营业规则》第六十六条规定，“在发供电系统正常情况下，供电企业应连续向用户供应电力……有下列情形之一的，不经批准即可中止供电，但事后应报告本单位负责人：1. 不可抗力和紧急避险；2. 确有窃电行为。”第一百零二条规定，“供电企业对查获的窃电者，应予制止并可当场中止供电。窃电者应按所窃电量补交电费，并承担补交电费三倍的违约使用电费。拒绝承担窃电责任的，供电企业应报请电力管理部门依法处理。”《电力供应与使用条例》第四十一条规定，“违反本条例第三十一条规定，盗窃电能的，由电力管理部门责令停止违法行为，追缴电费并处应交电费5倍以下的罚款；构成犯罪的，依法追究刑事责任。”

以上三种情形均系不经请示可以当场停止供电的情形。但是，值得提醒的是，在实践中除了在不可抗力和紧急避险的情况，如果不停电会给电网造成不可挽回的重大损失的情况下，当场中止供电应当少用、慎用或不用，因为是否会造成重大损失往往是难以判断的。突然给客户中止供电造成损失，如果供电企业不能提供免责的证据，是要承担赔偿责任的。再者，即使发现了客户确有窃电行为，也不要当场中止供电，拆表封存，而要找到客户管电的领导和电工，一同进行拍照、摄像、记录固定证据，并做好询问笔录认可签字。如果窃电数额较大涉嫌触犯刑法，应由公安部门一同介入取证。

案例9-4　被告某供电企业与原告魏某系供用电合同关系。原告系个体工商企业飞龙印刷厂业主。1999年7月6日，被告方工作人员陈某、郭某、曹某3人来到原告处进行营业普查，进入原告厂房后，检查人员发现其中一只照明电能表大、小铅封均已脱落，随即通知原告家人到场，告知其有窃电行为，并当场填发窃电通知书，原告之子魏某在该通知书用户签收一栏内签了名。因原告拒绝接受被告方的处理，被告方于1999年9月21日切断了原告厂的电源，原告停产。2000年2月28日，被告向原告补发了停电通知书。2000年5月原告诉至法院要求被告赔偿因断电给其造成的经济损失，并要求被告立即恢复供电。

原告魏某陈述的事实、理由及诉讼请求：1999年7月6日被告方工作人员陈某等在原告家中无人在场的情况下来到原告所开飞龙印刷厂车间内检查，没有任何证据就认定原告窃电，并要原告之子在其开出的窃电通知书上签名。1999年9月21日被告强行中断了对原告的供电，直至2000年2月28日才补发了停电通知。被告的行为给原告造成了极大的经济损失和精神伤害，为维护原告的合法权益，原告诉至法院要求被告立即恢复供电并赔偿原告的经济损失人民币27 292元。

被告供电企业陈述的事实及辩称理由：1999年7月6日被告方工作人员

在对原告进行用电普查时发现原告厂房内的照明电能表大、小盖均无铅封，遂向原告方发出窃电通知书，在原告拒不接受处理的情况下于1999年9月21日中断了与原告的供用电关系，被告的行为符合相关供用电法规的规定，请求法院依法驳回原告的诉讼请求。

经法院对证据质证、审查认为：被告方陈述1999年7月6日其工作人员陈某等3人在进入原告厂房发现原告的照明电能表上的铅封脱落后随即通知原告家人到场，指出其窃电行为，原告之子魏某在被告方开出的窃电通知书上签了名，庭审中原告对律师向陈某所作的调查笔录中有关这一事实的陈述予以认可，陈某、郭某当庭作证的主要内容也是一致的，且公安民警樊某在1999年9月21日到场后也发现原告照明电能表上的大、小铅封不存在，故关于原告照明电能表上的铅封脱落这一事实应予认定。抄表工陈某的工作范围是抄表，没有检查电能表铅封是否脱落的职责（按：该理由错误），故不能因其未注意到铅封是否存在而推定铅封存在。原告方向法庭提交的电费单据中所表现出的某一规律性不能证明其没有实施电力管理法规、规章中规定的窃电行为，因为相关法规、规章规定只要是擅自开启供电企业加封的用电计量装置用电，就可认定为窃电。证人魏某称被告方检查人员在告知其有窃电行为时没有跟他讲清具体违章行为，他也不知道当时电能表上有无铅封，在被告方检查人员劝说下上当受骗在窃电通知书签了名，这一说法不符合情理，且也与客观事实不符，对其证言不予采信。

法庭认为：原告对其室内的电能表负有保管责任，根据《供电营业规则》第一百零一条第三项的规定，原告使用电表的铅封脱落认定为窃电行为。对检查确认有窃电行为的，供电企业有权中止供电，故原告要求被告赔偿中止供电给其造成的经济损失及恢复供电没有依据，本庭不予支持。据此，本庭依据国务院《电力供应与使用条例》第三十一条的规定，判决如下：

驳回原告魏某要求恢复供电、赔偿损失的诉讼请求。案件诉讼费人民币1850元由魏某负担。

评 析

本案的关键是在检查电能表发现没有封印后，让客户在窃电通知单上签了字，取得了证据；其次是在停电时又请公安人员作证，电能表确无封印。至于是否出具停电通知，并不违反电力法律法规的规定，因为对确有窃电事实的客户可以当场中止供电，况且本案还给了客户接受处理的时间，在客户拒不接受处理后才予以停电并无不当。

第二节 停电纠纷处理

在供电营销过程中，所有停电的情形不下十几种，第一节中还没有列举营销业务中的停电。如用电变更中的减容、迁址、两改、三暂、四户中除了两改不必停电，其余业务需要停电；客户六个月不用电要停电；临时用电到期不申请长期用电要停电；客户的用电设备功率属于冲击负荷、不对称负荷、功率因数不达标，或者产生高次谐波限期整改不达标要停电等。各种停电操作都蕴涵着风险。本节将以不完全列举的方式分解各种停电纠纷处理。

一、停电通知纠纷

前面分析过，除去窃电、不可抗力和紧急避险之外，其他种类停电的通知义务是不能免除的。停电通知方式有很多种，如纸面通知、电话通知、短信通知、报刊公告、网上通知等。关键是要在供用电合同中约定便捷可行，并能够取得送达回执（签）凭据的通知方式，否则就会在营销中埋下风险。

案例9-5 某商户声称在没有接到停电催费通知的情况下，于2000年10月17日上午11时被断电，使其无法正常营业，导致损失6000元，诉求供电公司赔偿。

法庭上，供电公司提供了依法停电催费的证据：催费人员在2000年8月2日电话通知客户的房东朱某，明确提出欠费金额为42 731.79元，缴费期限至2000年8月31日的电话录音；房东朱某签收的2000年8月10日、20日、31日下达的交电费通知书和限期缴费通知书副联；2000年10月17日上午10时通知朱某做好停电准备。

法院认定，供电公司在缴费通知、停电催费通知和停电前通知都做得合法到位，因此驳回原告的赔偿诉求，判决生效10日内偿还供电公司电费42 731.79元，电费违约金1495元。

评 析

供电公司的停电通知义务必须履行到位，从缴费、催费到停电前再次通知不要逾越时限，更不能省略。本案8月2日通知缴费截止日为8月31日，根据《电力供应与使用条例》第三十九条规定，10月1日就可以给朱某停电，本案供电公司推迟了16天才停电；中间又下达了催费和限期缴费通知；10月8日就下达了停电通知，远远提前了9天时间，10月17日上午10时又一次提前1个小时通知朱某做停电准备。由上观之，整个缴费、催费和停电过程，供电公司时限上都做得超前，通知义务履行完美无缺。其次，每一次通知，都留下了扎实的证据，或录音或书面。在如此确凿的证据面前，原告只有认错服输的份儿。不过在实践中，完全可以将催费与停电通知合二为一为催费停电通知书，首先是催费，说明催费数额和违约金数额、限期缴费的截止日期、逾期缴费的后果——停止供电。当然要计算好提前通知日期和客户预期缴费一个月。

案例9-6 某不夜城欠费1800元，上门催费发现已经易主他人，且联系不上原产权人和新产权人。催费员将限期缴费通知留置看门人，不予签字。次月10日，催费人员将催费通知贴在门上，仍不见缴费。在随后贴停电通知时，发现催费通知没有了。再后来，采取了停电措施。果然，次日新产权人就到供电公司质问，未接到通知就被停电，电费又不是他欠的，要求赔偿损失。

供电公司和客户说明，我们之间没有供用电合同关系，供电公司向原产权人依法行使催费停电的权利并无不当，拒绝赔偿。后来，供电公司从优质服务角度出发，作出让步，和新客户达成协议：原户所欠电费和违约金当日缴清，免交复电费。

评 析

该案结果比较圆满，但在说明理由时应该引用《供电营业规则》第二十九条用户更名或过户（依法变更用户名称或居民用户房屋变更户主），应持有关证明向供电企业提出申请。供电企业应按下列规定办理：①在用电地址、用电容量、用电类别不变条件下，允许办理更名或过户；②原用户应与供电企业结清债务，才能解除原供用电关系；③不申请办理过户手续而私自过户者，新用户应承担原用户所负债务。经供电企业检查发现用户私自过户时，供电企业应通知该户补办手续，必要时可中止供电。

二、供电设施故障停电纠纷

《电力法》第二十八条规定，“供电企业应当保证供给用户的供电质量符合国家标准。对公用供电设施引起的供电质量问题，应当及时处理。”第六十条规定，“因电力运行事故给用户或者第三人造成损害的，电力企业应当依法承担赔偿责任。电力运行事故由下列原因之一造成的，电力企业不承担赔偿责任：（一）不可抗力；（二）用户自身的过错。因用户或者第三人的过错给电力企业或者其他用户造成损害的，该用户或者第三人应当依法承担赔偿责任。”

《电力供应与使用条例》第二十条规定，“供电方式应当按照安全、可靠、经济、合理和便于管理的原则，由电力供应与使用双方根据国家有关规定以及电网规划、用电需求和当地供电条件等因素协商确定。

在公用供电设施未到达的地区，供电企业可以委托有供电能力的单位就近供电。非经供电企业委托，任何单位不得擅自向外供电。”

《供电营业规则》第五十七条规定，“供电企业应不断改善供电可靠性，减少设备检修和电力系统事故对用户的停电次数及每次停电持续时间。供用电设备计划检修应做到统一安排。供用电设备计划检修时，对 35 千伏及以上电压供电的用户的停电次数，每年不应超过一次；对 10 千伏供电的用户，每年不应超过三次。”

《供电监督办法》第七条规定，“电力监管机构对供电企业的供电质量实施监管。

“在电力系统正常的情况下，供电企业的供电质量应当符合下列规定：

“（一）向用户提供的电能质量符合国家标准或者电力行业标准；

“（二）城市地区年供电可靠率不低于 99%，城市居民用户受电端电压合格率不低于 95%，10 千伏以上供电用户受电端电压合格率不低于 98%；

“（三）农村地区年供电可靠率和农村居民用户受电端电压合格率符合派出机构的规定。派出机构有关农村地区年供电可靠率和农村居民用户受电端电压合格率的规定，应当报电监会备案。

“供电企业应当审核用电设施产生谐波、冲击负荷的情况，按照国家有关规定拒绝不符合规定的用电设施接入电网。用电设施产生谐波、冲击负荷影响供电质量或者干扰电力系统安全运行的，供电企业应当及时告知用户采取有效措施予以消除；用户不采取措施或者采取措施不力，产生的谐波、冲击负荷仍超过国家标准的，供电企业可以按照国家有关规定拒绝其接入电网或者中止供电。”

比较国家电网公司供电服务“十项承诺”的第 1 项规定，“城市地区：供电可靠率不低于 99.90%，居民客户端电压合格率不低于 96%；农村地区：供电可靠率和居民客户端电压合格率，经国家电网公司核定后，由各省（自治区、直辖市）电力公司公布承诺指标。”计算供电可靠率全年时间为 8760 小时，供电可靠率 99%，意味着，每年停电累计停电时间不超过 87.6 小时（大约三天半）。

案例9-7 因高压线上存在鸟窝，导致北京密云县北庄村突然断电近6个小时，梁某、夏某承包的虹鳟鱼鱼池内的供氧设施也因断电不能正常运行，11 000斤虹鳟鱼大批死亡。为此，二人诉至法院请求北京市电力公司赔偿虹鳟鱼、水泵损失共计168 600元。北京市密云县人民法院判决北京市电力公司赔偿梁某、夏某经济损失20 400元。

梁某、夏某诉称，2005年，其二人合伙租赁密云县北庄镇北庄村经济合作社所建的北京市标准化清源渔业养殖小区，养殖虹鳟鱼。3月22日晚上11点，因村内高压线缺相，造成养殖小区断电，直至次日凌晨4时40分，才恢复供电。此次断电造成虹鳟鱼供氧的设备停止运转，11 000斤虹鳟鱼缺氧死亡，三台水泵烧毁，共计损失168 600元。其二人认为北京市电力公司没有尽到对其负责的电线保养维修义务，才使高压线上存在鸟窝，造成北庄村电线突然短相，遂起诉至法院要求电力公司赔偿经济损失。北京市电力公司辩称，其与梁某、夏某没有直接的供用电合同关系，且由于其二人的用电设备缺少缺相保护，导致水泵烧毁，才使鱼池断电，故应自行承担责任。其二人并没有对我公司提出特殊的供电质量要求，而且在事发后也没有第一时间向北庄供电所报修。虽然高压缺相事实发生，但是本案的高压缺相属于正常的无法避免的缺相运行，故公司不应承担任何法律责任。

法院经审理后认为，梁某、夏某在使用鱼池过程中，向供电人北京市电力公司交纳电费并使用电力，双方形成事实上的供用电合同关系。本案中，梁某、夏某使用的水泵没有安装缺相保护器，也没有向北京市电力公司提出明确的特殊用电质量要求，故其二人应当对自己的经济损失承担主要责任。北京市电力公司曾多次发现供电高压线路上存在鸟窝，但未能及时排除，故对于梁某、夏某的经济损失应当承担次要责任，在责任范围内赔偿原告的经济损失。故此，法院做出上述判决。

评 析

如果送配电线路缺相运行（一相断路，两相运行），星形接法的用电设备因为加在运行相的电压降低，而功率不变，导致电流增大；三角形接法的用电设备，由于线路两相运行，用电设备阻抗不平衡（一路单相，一路为两相串联），而致使一相电流增大，总之，都会因电流增大导致用电设备（如异步电机）烧毁。在供用电法规、安全和技术规章中没有强制性规定，用户一定要安装缺相保护设备。因此，由于线路运行故障而导致两相运行，给用户造成损失，供电部门应当承担责任。

启 示

除鸟窝会造成事故外，如果线下有高秆竹木，或导线弧垂过大在夏天会造成混连短路，而弧垂过小，会造成冬季覆冰拉断；电杆或拉线被人为破坏；线路与建筑物、构筑物不符合安全距离，在大风天都可能造成停电，这是运行事故，不是不可抗力，供电部门要承担责任。因此供电部门要勤于对供电设施巡视，发现隐患，及时清除，确保供电无事故，避免承担赔偿责任。

案例 9-8 被告供电公司与原告李某（养鸡专业户业主）是供用电合同关系。1999 年 7 月 1 日 14 时许，第三人某建安公司的吉 E20209 号吊车在原告养鸡场附近不慎将供原告用电的电杆撞断，第三人为防止损失扩大，于当天下午便自己准备了电杆将新电杆埋好，第二天经供电局同意对供电设施进行了抢修，并与 1999 年 7 月 2 日晚 20 时 30 分恢复了供电。另有原告提供的书证证实，在停电事故发生的当天下午，原告李某也曾向供电局拨打了报案电话，但电话没人接。就此事故的损失及有关专业性问题，法院委托了市兽医卫生监督检验所进行了鉴定，鉴定结论为：①由于停电时间过长，部分鸡患有热射病；②患病原因，因停电不能通风，但鸡仍可采食饮水；通风设计不合理，进风口与出风口不应在同一面墙上；采取紧急措施不利，如打开后窗通风即可避免损失；③原告饲养的鸡到 1999 年 7 月 1 日时，应为 43 周龄，按理推算，原告所购鸡总数为 1540 只，应存活 1502 只，成活率应为 97.5%，产蛋率应为 89.5%，蛋重应为 61.9 克，日产蛋数应为 1344 枚，日产蛋总重应为 165.8 斤。到原告饲养的蛋鸡可饲养 72 周时止，其鸡的成活率应为 94.6%，产蛋率应为 74%，蛋重应为 64.2 克，计算 43 周龄至 72 周龄的成活率、产蛋率，蛋重应取两者的平均值。此期间的耗料量应为 0.28 斤/日，饲料价格每斤在 0.60 元左右；④该鸡没有传染病，可以出售；⑤原告使用维利素是正确合理的，用抗菌消炎药业属合理，但用 1 公斤氯霉素原粉过量，该药连续使用不能超过 3 天；⑥在 1999 年 10 月 22 日，经现场调查，原告饲养鸡的存栏数为 1315 只，日产蛋量为 125 斤（含破蛋、软皮蛋），平均蛋重为 63.5 克。原告因停电造成的鸡的产蛋损失应为 7052 元，死亡鸡的损失为 1860 元，药费损失 795 元。原告要求供电公司赔偿其损失，遂起诉到法院。原告李某诉称，1999 年 7 月 1 日下午 14 时左右，第三人某建安公司的吉 E20209 号吊车将自己养鸡场附近的电杆撞断，造成养鸡场断电，原告于当日下午用电话向供电公司某供电局报案，但该报案电话没人接，直到7月2日上午10时左右，供电公司才到现场，且没有及时抢修。此项事故虽然是由第三人引起，但供电公司未按供用电合同中的义务及时抢修恢复供电，即使恢复供电也是由第三人抢修完成的，此次事故造成停电30余小时，直接导致原告鸡舍不能用电通风，鸡舍温度过高，鸡不能正常采食饮水，使鸡出现疾病、产蛋率下降等后果，损失达6万元，原告主张此损失主要应由被告供电公司承担，第三人应承担连带责任。被告供电公司辩称，此事故非供电局造成，是第三人即某建安公司造成。依照《电力法》第六十条第三款规定，因用户或者第三人的过错造成损害的，该用户或者第三人应当依法承担赔偿责任。本案应由第三人即某建安公司承担赔偿责任。第三人某建安公司辩称，此停电事故虽然由自己造成，但在停电后，原告应积极采取开窗通风的补救措施，原告就扩大的损失部分无权要求赔偿。原告要求赔偿的请求数额过高，不应予以支持。法院经审理认为，原告要求被告供电公司承担违反供用电合同义务的违约之请求，在事实上缺乏证据，在法律上没有依据，因为《电力法》第六十条第三款规定，因用户或者第三人的过错给电力企业或者其他用户造成损害的，该用户或者第三人应当依法承担赔偿责任。而原告的损失系由第三人撞断电杆造成的停电所致，故此责任应由第三人承担。根据本案鉴定结论，原告的损失系第三人撞断电杆和原告没有及时采取相应措施，加之原告鸡舍的通风口设计不合理，就此损失原告应承担主要责任，第三人应承担次要责任。依照《民法通则》第一百零六条第二款、一百三十一条、一百三十四条第一款第七项和《电力法》第六十条第三款之规定，判决如下：

（1）对原告李某要求被告供电公司赔偿损失的诉讼请求不予支持；

（2）第三人某建安公司赔偿原告李某经济损失3882.80元（于判决生效后10内给付）。诉讼费3125.10元，第三人某建安公司承担1250.04元，原告承担1875.06元。

评 析

本案最终由第三人某建安公司和原告承担了各自的责任并履行了各自的义务。在本案中采用的是单一的诉讼方式，开始原告只是状告供电公司，庭审中在供电公司提议下，法庭追加与本案有利害关系的某建安公司到庭参加了诉讼，为顺利解决这一纠纷打下了良好的基础。

启 示

虽然本案根据《电力法》第六十条第三款应由第三者责任人建安公司赔偿

损失，但是从优质服务的角度而言，供电公司的表现不及格。首先事故报告无人接听，其次是对事故处理作壁上观，没有积极协助责任人加速抢修事故，也是停电时间过长的原因之一。《供电监管办法》并没有规定，由第三人责任造成事故时，供电公司就不用给用户抢修。第十四条规定，"电力监管机构对供电企业处理供电故障的情况实施监管。供电企业应当建立完善的报修服务制度，公开报修电话，保持电话畅通，24小时受理供电故障报修。供电企业应当迅速组织人员处理供电故障，尽快恢复正常供电。供电企业工作人员到达现场抢修的时限，自接到报修之时起，城区范围不超过60分钟，农村地区不超过120分钟，边远、交通不便地区不超过240分钟。因天气、交通等特殊原因无法在规定时限内到达现场的，应当向用户做出解释。"因此，从专业与公益企业角度上讲，供电公司应当积极抢修并指导抢修。

三、停电催费纠纷

停电催费纠纷主要有履行停电通知义务不完全彻底，有送而不达的现象，被告以此起诉抗辩；其次是在没有特别约定的情况下，停电催费没有严格按照《电力供应与使用条例》第三十九条规定的逾期缴费时限和《供电营业规则》第六十七条规定的程序进行；再次是由于供电公司内部管理不规范，对停电催费的证据把握不准。从广义上讲，停电催费的法律途径不仅仅是上述规定的这两条，而是有多条。如，根据《合同法》第一百八十二条约定的停电催费；根据《合同法》第六十八条行使不安抗辩权停电催费；根据《合同法》第九十四条行使解除合同权停电催费、仲裁、支付令和诉讼催费。

案例9-9 1998年5月28日，角斜供电所派人员到制镜厂抄表计费，发现三相电能表读数与抄表底册记录数相差较大。电工遂将该电能表拆卸校验，并记下了当时的电能表读数，检测结果是电能表正常。6月9日，供电所根据抄表读数开出三相电能表电费发票，共计45 123.68元，制镜厂当即提出异议，认为两个月用不了6万千瓦时的电量。6月20日，供电所又开出927.33元的电费发票给制镜厂，并收回了45 123.68元的发票。此后，双方一直为电费的收取发生争执。7月4日，供电所经请示县供电公司后向制镜厂发出通知，要求立即缴纳三相电能表电费23 599.52元，否则将根据《供电营业规则》予以停电。7月6日，供电所以制镜厂拒绝缴纳电费为由实施了停电。制镜厂不服，向人民法院提起诉讼，要求判决被告立即恢复送电；判令被告赔偿制镜厂因停电205天所造成的经济损失并退还多收的电费6730.48元。

某县人民法院经过审理认为：某县供电公司所属角斜供电所未能查清制镜厂尚欠23 599.52元电费的证据，同时也未举出计量装置误差的证据，制镜厂举证证实不欠电费。所以制镜厂要求依法判决恢复供电的请求应予支持；判令某县供电公司赔偿因停电所造成的经济损失的部分请求应予采纳。遂根据《电力法》第二十九条、第三十三条第一款，第五十九条第一款；《电力供应与使用条例》第二十七条、四十二条，判决被告某县供电公司所属角斜供电所立即复电；被告某县供电公司赔偿原告制镜厂因停电造成的经济损失57 655.14元。

一审判决后，被告某县供电公司不服提起上诉。南通市中级人民法院经审理认为：制镜厂在1998年5月28日的三相电能表上的读数为8882，有多方面证据足以认定，其所拖欠的电费总额为23 599.52元应当缴纳。所以，制镜厂诉某县供电公司非法要求履行义务的请求没有根据。供电部门不如实抄表计费、积存大量电费的做法，不符合供用电管理规定。且在制镜厂对电量电费有异议的情况下强行停电，其行为违反法律法规规定。所以，上诉人对停电期间制镜厂所造成的损失应承担主要责任，制镜厂对自己所欠电费未能及时缴纳，也未提出缓缴申请，对停电造成的损失应承担次要责任。原审判决被告承担全部赔偿责任不当，应予撤销。该院根据电力法律法规，于2000年1月10日作出判决：

一、维持某县人民法院〔1999〕海民初字第5号判决第（一）项；

二、撤销某县人民法院〔1999〕海民初字第5号判决第（二）项；

三、角斜木器制镜厂应缴纳拖欠的电费23 599.52元，上诉人应赔偿制镜厂因停电而造成的损失中的21 464.54元。两项相抵，制镜厂还需缴纳电费2134.98元。

评 析

本案角斜供电所电费管理不规范。第一，拆表校验用电要由用户签字认可拆表底数；第二，电费计算混乱，当客户提出错误后自打耳光，收回成命；第三、通知停电仅仅提前了两天，不符合《供电营业规则》的规定，也不符合《供电监管办法》的规定，更不符合国家电网公司的优质服务承诺。

启 示

本案判决供电公司承担赔偿责任于法有据，供电公司在证据不充分、条件不成熟的情况下，违反供用电合同，随意停电，造成损失应当承担。本案停电催费时，与客户之间没有特别约定，无论在欠费逾期期限、停电通知还是停电程序等方面都严重违反法律法规规定。在优质服务呼声日益高涨的今天，除了应当严格依法营销，还要给予客户最基本的供电服务。

四、政府干预停电纠纷

《电力法》第二十九条规定，“供电企业在发电、供电系统正常的情况下，应当连续向用户供电，不得中断。因供电设施检修、依法限电或者用户违法用电等原因，需要中断供电时，供电企业应当按照国家有关规定事先通知用户。用户对供电企业中断供电有异议的，可以向电力管理部门投诉；受理投诉的电力管理部门应当依法处理。”由此看出，如果随意给客户停电是违法的，也是违反合同约定要承担违约责任的。令供电部门最头痛的是，个别政府部门圈地、征收土地、拆迁遇到“钉子户”时，往往会想到供电供水部门，不惜让这类公用企业采取违法手段停电停水，逼迫居民无法生活，自动搬走。作为依法经营的供电企业要坚持原则，依法停电，做堂堂正正的经济市场上的经营者。当然也有因环保降耗停电的，如浙江台州民营企业飞速发展，温家宝总理视察后，发现该地发展速度超乎寻常，GDP 增速达到了 24%以上。于是指示要刹车，要降低污染，要环保。怎么办？当地政府就让供电企业给用电企业轮流停电。被停电企业就以拒交电费表示对随意停电的愤懑和抵抗，供电公司的确很为难。实际上政府可根据总理指示精神制定文件，将高能耗企业分门别类，予以关停并转，按照序列限电，并制定出正式的文件。这样供电公司就不再为难了，因为供电公司停电是在实施政府的降耗节能、绿色环保的行政管理措施，就不再存在违约停电之嫌了。

还有一种情况是，因法院、仲裁机构法律文书或者政府的征收决定等，导致物权设立、变更、转让或者消灭的，自法律文书或者人民政府的征收决定等生效时发生效力。如，原用电地址的房产经法院委托拍卖并裁定至买受人名下，供电企业可以据此确认买受人的用户身份，受理其过户或者停电申请并执行停电，不违反国家法律法规规定，不承担违法或违约停电的赔偿责任。

但是，在办理有关执法机关要求配合停电事宜时，必须依据法律法规规定的程序进行。从法律的角度讲，政府机关的命令或停电要求不能替代国家法律法规关于停电条件和程序的规定以及供电公司与客户的合同约定，更不能取代供电企业依据法律法规承担安全、连续供电的义务。就是说政府机构要求供电公司给客户停电必须是行政管理行为。供电公司实施该类停电必须有法可依。否则，供电公司就要承担违反合同约定的责任。譬如，仅凭政府部门的一个电话或者某领导的一句话就给客户停电就是违反合同的行为。

案例 9-10 梁某系某房屋产权人，2005 年因不执行法院的生效判决，其房屋被某区法院拍卖。焦某参加拍卖并成交。胡某在该房拍卖前就租住该房，为该房租住人。

2006 年 8 月，某区法院作出〔2006〕天法民执字第 1980 号裁定书，裁定“被执行人梁某的房屋归买受人焦某所有。”

2006 年 9 月，焦某持身份证、法院拍卖房屋的民事裁定书等资料向供电企业申请对该房屋停电，供电企业受理其申请并对该房屋实施停电。后胡某向法院起诉因供电公司没有向其送达停电通知就实施停电，要求供电企业承担因停电而对其造成的损失。

法院判决，供电企业根据供电相对方房屋所有权人焦某的申请，停止对其房屋的用电符合法律规定，房屋实际使用人要求供电企业履行通知义务于法无据，因此，驳回了胡某的诉讼请求。

评 析

这种情形在供电营销实践中，只需办理过户手续即可，但在本案中，可能存在无法办理的正常过户的客观事实，但是根据实践中一地址一用户原则，只能认定依据生效的法律文书确认的新的产权人为新的用电人更符合供用电关系的实际情况，具有现实意义。

尽管本案焦某还没有与供电公司建立供用电关系，但由于物业产权的变更，他有权决定自己的房屋是否继续用电还是断电，供电企业应当受理并实施停电。

在程序上，由于胡某不是供用电合同主体或者权利人，供电企业对其不负有任何义务。法律法规也没有不许给房屋承租人或实际使用人停电的强制性规定。因此，供电企业在程序上和实体上均不违反法律法规的规定，不应承担赔偿责任。胡某的损失赔偿应该向梁某主张。

启 示

如果本案供电公司与原产权人梁某没有供用电合同，而是由胡某本人以其名义缴纳电费，那么供电公司与胡某就形成了实际的供用电关系，如果没有关于产权变更后供用电关系的处理约定，供电公司给胡某停电将是违法行为。如果梁某与焦某是买卖关系，胡某可以买卖不破租赁原则主张继续租居的权利。

此外，租房户作为实际用电人时，应当与房主签订供用电合同，并注意产权一旦变更后，与实际用电人及租房户的供用电关系的处理约定。供电企业办理各类用电申请和批准事宜，应当要求申请人提供房屋产权登记文件，法院、仲裁机构确权判决、裁定和裁决以及身份证明文件，以此来确定供电地址和用电人身份。特别是在房屋承租人为实际用电人，用电报装与供用电合同的用电人不一致的情况下，供电企业审查前述资料的同时，还要审查用户的报装资料和供用电合同等文件，细心比对验证。查明准确身份后，再受理相关业务，以免惹火烧身。

案例 9-11 2009 年 6 月，某省某县人民法院对关于王某诉某县供电有限公司违反供用电合同纠纷一案作出裁定，该案由原告王某主动向法院提出撤诉申请。

该案原告王某的土地及地上建筑物属政府征用地的范畴内，因多方原因王某拒不配合及时拆迁，是此次征地的“钉子户”。针对此类户主，该户所在地的某县靖城镇人民政府对该县供电有限公司镇供电所下达了《关于协助我镇对个别拒不配合征地农户采取断电措施的函》，决定对其采取强制性断电措施。

因该用电客户并无违反与该县供电公司签订的供用电合同，不在法定停电措施的范围，若采取强制性停电措施，法律风险较大。针对此次的棘手问题，该公司专门指派法律事务工作人员提前介入协助政府并收集相关资料。在得知某县靖城镇人民政府强制拆除属于原告王某产权的供电线路，使得该公司与原告王某存在的供用电合同关系不能履行的情况后，该公司才给予采取停电措施，做到停电有据可依，王某对供电公司提出的告诉无法可循，最终主动提出撤诉，成功化解了这起供用电合同纠纷。

评 析

该案的供电企业并没有盲目地听从政府命令违法停电，而是等待时机，当原告的线路被拆除，造成供用电合同履行不能的态势时，才采取停电措施。该起供用电合同纠纷的顺利解决，是某县供电公司坚持原则，顶住政府违法干预的压力，应用法律手段，规避风险的良好体现，维护了供电公司的企业形象。

名人名言

形形色色的客户，千变万化的纠纷。任尔错综复杂，我自依法处理。

第十章

其他供用电纠纷处理

在供电营销实践中，除了因故停电、停电催费和故障停电纠纷外，还有其他供用电纠纷，如供用电合同主体纠纷、电力供应与服务纠纷和电能质量纠纷等。本章主要通过案例来解析形形色色的供用电纠纷处理的法律依据和途径。

第一节　供用电合同主体纠纷

供用电合同的主体纠纷，除了主体资格无效，还有过户；原用电人的固定资产（包括受电设备）易主，发生产权变更；企业改制、破产企业的资产承继等情形。这类情形中的原用电人的欠费比较难以处理。

一、过户、销户与新装

1. 过户

《供电营业规则》第二十九条对电力用户依法变更用户名称或居民用户房屋变更户主的规定是，应持有关证明向供电企业提出申请。供电企业应按下列规定办理：①在用电地址、用电容量、用电类别不变的条件下，允许办理更名或过户；②原用户应与供电企业结清债务，才能解除原供用电关系；③不申请办理过户手续而私自过户者，新用户应承担原用户所负债务。经供电企业检查发现用户私自过户时，供电企业应通知该户补办手续，必要时可按程序中止供电。由此可见，过户主要是在用电地址、用电容量、用电类别不变的条件下，双方协商好，解决了电费问题就可以办理。

如果遇到上述第③项的情况，即客户未经供企业同意，将其供用电合同项下的权利义务一并转让给第三人，应当由新用户承担原用户所负债务。《合同法》也明确规定，用电人一并转让合同权利义务的，须经对方当事人同意。

但在实践中，未向供电企业申请，就私自过户的现象屡见不鲜。当供电企业发现客户私自过户时，会按照规定通知新客户补办手续。在找不到原客户时，通常会要求新客户承担原供用电合同项下所欠电费，这时双方就会发生纠纷。

私自进行用电过户实际涉及两方面的法律关系，一方面是原合同是否解除；另一方面是如何处理新客户与供电企业事实供用电合同关系。

合同解除分为约定解除及法定解除两种。《合同法》对约定解除规定如下：①当事人协商一致，可以解除合同；②当事人可以约定解除合同的条件。解除合同的条件成立时，解除权人可以解除合同。《合同法》对法定解除的规定如下：①因不可抗力致使不能实现合同目的；②在履行期限届满之前，当事人一方明确表示或者以自己的行为表明不履行主要债务；③当事人一方迟延履行主要债务，经催告后在合理期限内仍未履行；④当事人一方迟延履行债务或者有其他违约行为致使不能实现合同目的；⑤法律规定的其他情形。在存在上述五种情形下，当事人可以单方解除合同，不需和合同相对人协商。

在不具备法定解除的条件下，如果没有约定解除条款或者约定解除合同的情形没有出现，原供用电合同继续有效。因此，客户未经供电企业同意私自将原供用电合同项下权利义务转移给新客户，不发生权利义务转移的法律效力，一旦出现合同纠纷，原客户仍应对新客户给供电企业造成的损害负责。为避免法律纠纷，建议供电企业在与客户签订供用电合同时，在合同中明确“客户私自过户的，无论是私自过户前还是过户后，仍应当对合同项下的债务承担偿还责任”。

新客户在没有与供电企业签订合同的情况下就用电，是在原客户有合法用电权的基础上形成的，私自过户意味着新客户同意使用原客户的受电设施用电，就应该预料到使用原客户受电设施用电的风险。

私自进行用电过户，发生债务纠纷的，供电企业既可以向原客户主张债权，也可向新客户主张债权。供电公司可以通过如下途径解决原户电费问题。新户（或称实际用电人）就是为了及时用电，自愿以原用户（或称原用电人）名义，为原用电人先行交纳所欠电费，这属新户对自己民事权利的自行处置，是其意思自治的体现，市场经济是充分尊重主体的自由和权利的，因此，供电人收取此类电费并不违反合同法及其他相关法律规定。在此提醒，供电企业要追回私自过户拖欠电费，可以采取以下救济途径：

首先，可以同原用电人及实际用电人协商解决纠纷。在原用电人和实际用电人就电费负担问题达成一致意见，并向供电公司缴清拖欠电费，供电公司可按原用电人和实际用电人就供用电合同权利和义务转让的意愿，办理相关过户手续。

其次，可向人民法院提起民事诉讼，案由为供用电合同纠纷，以原用电人为被告，以实际用电人为第三人，这样有利于法院查清合同转让的相关法律事实，明确相关民事主体的法律责任。

再次，私自过户的用电人发生电费拖欠，供电公司可中止供电。在履行告知等相关法定程序的情况下，供电公司是可以采取中止供电措施催费的，私自过户的实际用电人并没有会同原用电人到供电公司办理用电过户手续，其用电仍是以原用电人的名义，实际用电人同供电公司无供用电合同关系，在存在拖欠电费的情况下，原用电人仍有按照国家有关规定和合同约定及时交纳电费的义务，经催告用电人在合理期限内仍不交付电费的，依据《合同法》一百八十二条和《电力供应与使用条例》第三十九条规定，供电公司可以按照国家规定的程序中止供电。供电公司完全有权依据同原用电人签订的供用电合同约定中止供电。

供电公司中止供电对实际用电人是否有提前通知的义务？因私自过户并不能导致实际用电人同供电人形成供用电合同关系，供电人对实际用电人也就无告知等合同义务，但对原供电人由于供用电合同未发生转让，仍负有合同义务，这是供电公司必须引起重视的。

供电企业应加大私自过户造成不利后果的宣传，可在各类供用电合同中进一步细化相关过户的条款，告知不办理过户手续，对私自过户双方当事人都有可能导致的不利法律后果；也可以通过依法用电进社区、进农村、进厂矿、进机关等活动，通过发放用电业务宣传单、张贴宣传画、播放宣传片及发送手机短信、电子邮件等形式进行宣传。

同时，应积极推行用电实名制，加大用电普查及用电检查力度，对一些长期以他人名义用电，可引导其同原用电人明确合同权利和义务转让关系，达成协议的及时到供电营业场所办理合法的过户手续。

2. 销户与重新申请报装

在实践中往往会遇到原户产权（包括受电设备）易主的情形，就不能够用上述第二十九条来处理。因为原户、新户没有或者不可能协商一致办理过户。这样供电企业想利用第二十九条第三项来解决原户欠费问题，就没有法律依据。因为新户既然取得了地上附着物和受电设备产权，他就应以自己的名义重新申请报装。从电力法强制缔约义务规定而言，没有法律依据拒绝申请用电。再退一步，新户可以重新安装受电设备，来对抗规定企业的“一地址一户号”原则，遇到这种情况原户所欠电费就很难解决。因为不是过户而是新装，新户没有义务为原户结清所欠电费。

案例 10 - 1 2001 年 2 月 10 日，某市某县的山川金属制品有限公司（以下简称“山川公司”）与某县供电公司签订了供用电合同。合同规定，山川公司替风华有限责任公司（电石厂）偿还欠缴电费247 174.17元。合同签订后，山川公司缴纳了上述约定的247 174.17元中的 19 万元，供电公司给供了电。在供电不久后，供电公司数次无故断电，造成了山川公司的电石产品凝固在电炉里，造成了巨额的经济损失。2002 年 5 月 18 日又签订了第二份供用电合同，合同中仍约定山川公司替风华公司缴纳欠缴电费，首先要补上第一份合同里247 174.17元中剩余的57 174.17元，然后，再交 3 万元，加上第一次缴纳的，共计缴纳了277 174.17元，开始供电。不过这次，供电公司提出要山川公司替风华公司补交的陈欠电费已经上升到了 80 多万元。该合同履行不久后，又被迫终止了。于是，在 2003 年 4 月 30 日，双方又签订了第三份供用电合同。在这份合同里，供电公司称，第二份合同作废了，但是，并没涉及退回代缴电费的问题。由于多次折腾，山川公司无法经营下去，山川公司多次主张权利，要求供电公司退回上述代缴款项，供电公司均以让山川公司应该跟风华公司去要这笔钱为由搪塞，拒不退还。2005 年 4 月 14 日，山川公司将供电公司告上了法庭，要求返还上述代缴款项本金及利息，并判令供电公司赔偿因其违约随意停电给山川公司造成的损失。后撤诉，法院于 2005 年 4 月 23 日下达准予撤诉的裁定书。山川公司撤诉后，继续向供电公司主张权利，但均被拒绝返还。后来，已无法经营的山川公司因未参加年检而被吊销了营业执照，因损失巨大，未了心愿的法定代表人韩某某也因病含恨抱憾去世。

2007 年 4 月 20 日，山川公司作为原告，将供电公司再次推上了被告席。庭审中，双方就此款是否属于不当得利，展开了激烈的辩论。原告称：①原告与被告之间不存在拖欠电费的债权债务关系，即原告不欠被告的电费。②原告与原风华公司二者均为独立的法人，两者之间没有任何法律关系，也不存在任何债权、债务关系。③原告替原风华公司缴电费，没有接受原风华公司的委托，原告与风华公司之间根本不存在委托代理交纳电费的关系。④原告与风华公司之间不存在代缴、代扣任何款项的法定义务关系。⑤原告替风华公司代缴电费，是被告同意为原告供电的前提条件，属于霸王条款，显失公平，该条规定没有法律效力。⑥原告分别于 2001 年 2 月 11 日、2002 年 5 月 14 日、2002 年 12 月 5 日分三次向被告共计缴纳了原风华公司欠被告的电费277 174.17元。⑦不存在原告以所垫付的电费来充抵原告自身电费的事实，原告用电费用均已另行结清。⑧原告曾于 2005 年 4 月 14 日，就返还代缴电费本息及对被告违约给原告造成的经济损失请求赔偿问题，起诉过被告，并于2005年4月23日申请撤诉，经法院审核同意，做出了准予撤诉的〔2005〕平民二初字第158号民事裁定书。⑨原告公司现已被工商局吊销营业执照，但未进行清算。基于以上事实，原告认为，法院应依法判令被告返还原告本案诉讼标的，理由如下：

(1) 原告主体适格。法庭调查已经查明，原告起诉时已经被工商局吊销了营业执照，且未进行清算。根据《最高人民法院经济审判庭关于人民法院不宜以一方当事人公司营业执照被吊销，已经丧失民事诉讼主体资格为由，裁定驳回起诉问题的复函（2000年1月23日）法经〔2000〕23号函》、最高院《关于企业法人营业执照被吊销后，其民事诉讼地位如何确定的复函（法经〔2000〕24号）》及最高法院副院长李国光于2001年11月13日在全国法院民商事审判工作会议上的讲话（摘要）《当前民商事审判工作应当注意的主要问题》的规定及精神，吊销营业执照只是工商局依职权对未按照法律规定参加年检的企业给予的一种行政处罚，但是，营业执照被吊销以后，原告的法人资格仍然存在，仍然有权以原告的身份起诉自己的债务人。因此，原告是本案的适格主体。至于法定代表人是否变更等程序，则属于工商管理行政法规调整的范畴，不影响法人资格存在；而法人资格的丧失，只能是在经过清算并依法注销后，法人作为民事主体的资格才最终消灭，因此，原告主体适格。

(2) 被告在签订供电合同时让原告代缴风华公司所欠电费的条款为无效条款。首先，根据《民法通则》及《合同法》的相关规定，供用电合同是普通的民事合同，是《合同法》中明确规定的一种列名合同，这类合同主要是规定供用电合同双方之间供用电时的权利与义务，其权利义务是作为平等的民事主体的合同双方，根据自己的真实的意思表示，协商一致，确定双方供用电的权利和义务。而本案中，就垫缴的电费款本身的内容，不是供用电双方的权利义务，该条款为无效条款。其次，在第二份合同的签订目的中，明确地写明了目的是为了“尽快解决原风华有限公司新欠电费及陈欠电费问题”，从这两点足以看出，双方签订合同的目的就在于单方面为被告解决经营中的欠费问题，即合同不是出于平等互利、等价有偿的目的，就双方在供用电中的权利义务进行协商而签订的，而是单方面为了追求被告的利益而签订的。关于这一点，庭审时，被告的代理律师公开承认，“组建、成立原告这个公司的目的，本来就是为了解决原风华公司陈欠被告电费而组建的”，被告代理人的陈述，与合同约定相互印证，确凿、充分的证实了这份合同是出于为谋取被告单方面利益而制定。因而，合同中约定的代缴电费条款没有法律效力。调查中也已经查明，原告是独立法人，不是被告投资成立的公司，与被告没有任何法律关系。因此，被告在合同中以牺牲原告的利益作为原告供电的前提，有悖于签订民事合同时必须遵守的平等自愿、等价有偿的基本原则，因而是无效条款。被告依此条款取得的款项，不是合法取得，明显属于不当得利，应依法返还。

（3）原告与原风华公司之间没有任何法律关系，原告没有替风华公司清偿债务的法定义务，因此，本案标的属于被告的不当得利，应依法判决返还。①庭审已经查明，原告与风华公司之间，各自为独立的法人，相互之间没有任何隶属关系，双方之间不存在任何债权、债务关系，原告也无任何法定的为风华公司代缴、代扣任何费用的义务，同时，也不存在风华公司曾经委托原告为其代缴欠缴电费的事实，被告对此也没有能举证出任何有效证据能够证实风华公司与原告之间有委托代缴电费关系。②被告所举证的原告与风华公司之间所谓的代还款意向，属于伪造的证据。被告举证的风华公司与原告签订的“原告向风华公司承诺代缴部分电费，风华公司同意以奥迪车一部抵顶代缴电费”的书面意见的证据，是伪造的证据。企图以此证明风华公司与原告之间有委托代缴电费关系的抗辩主张，是对事实的严重歪曲。事实上原告与风华公司之间根本不存在任何委托代缴电费的关系，也根本没有这份所谓的书面意见，该证据是被告伪造的。被告故意提交所谓的复印件，根据法律规定，原告对此所谓的复印件不予质证，对此复印件，依法不能作为认定事实的证据予以采信。被告信誓旦旦的称有原件，但是却没有提交“原件”，因为事实上根本没有这份所谓的“原件”，被告这种做法，其目的相当明显：即企图误导法庭、扰乱视听、干扰诉讼、歪曲事实，以达到其干扰法院公正判决的目的。原告坚决要求法庭责令被告提交这份所谓的证据原件，然后，依法申请法院进行委托鉴定，查明事实后，根据《民事诉讼法》关于追究妨害民事诉讼行为的规定，依法追究被告伪造证据，妨害民事诉讼的相关法律责任，以维护原告的合法权益，维护法律的尊严。③被告在答辩状中辩称，“由于风华公司拖欠电费事实客观存在，因此被告收取该部分电费不存在非法得利问题，只是挽回自己经济损失的合理举措”，还有，“原告基于租赁关系承诺代风华公司结清陈欠电费，其代缴电费完全可以通过减免租金或以租金同风华公司抵顶”云云，根本没有任何证据证明原告与风华公司之间存在任何债权债务关系，只是故意凭借猜测，企图误导法庭得出本案属于债务转移法律关系的错误观点，从而干扰法院公正判决。其次，按照被告的逻辑，风华公司欠电费，被告就有谁想在原址承接用电，就向谁收取欠费的权利，否则，别想供电。被告并把自己的这种霸王行为称之为“挽回自己经济损失的合理举措”，其霸气可见一斑。被告的上述答辩就充分证明了被告的这一霸王观点，充分证明了其与原告签订的合同中约定的原告代缴电费的条款，是被告利用手中的供电权利，违背公平自愿、平等互利、等价有偿的民事合同原则的不平等条款，该条款违反法律规定，因而，该条款为无效条款。被告依据无效条款取得本案标的款项，不符合法律规定，属于不当得利，应判令其返还。

(4) 本案没有超过诉讼时效。2007 年 4 月 20 日向法院提交起诉状、缴纳诉讼费时，即已中断了诉讼时效，案卷中，法院向原告出具的缴纳诉讼费的单据上日期为 2007 年 4 月 20 日，证明了原告的主张，因此，原告没有超出诉讼时效。

(5) 被告返还不当得利利息的计算标准。根据最高院执行《民法通则》若干意见第一百五十条第一款“返还的不当利益，应当包括原物和原物所生的孳息”的规定，应判决被告返还不当得利本金及利息。对于利息的起算时间，根据相关的司法解释，原告主张应当是自被告每次取得不当得利款项之日起计算，按照人民银行同期贷款利息计算。而原告于 2005 年的起诉，表明了原告对返还不当得利本息主张了权利，被告应当立即返还，但是被告仍未返还，应适用逾期付款的利息计算标准，即人民法院可以参照中国人民银行规定的金融机构计收逾期贷款利息的标准计算逾期付款违约金。因此，2005 年 4 月 14 日之后，应以中国人民银行规定的金融机构计收逾期贷款利息的标准计算逾期付款的利息。

综上所述，被告利用其掌握的供电权，在供用电合同中规定原告代缴他人欠缴电费的条款，并据此条款取得原告代缴的本案标的款项，不符合法律规定，根据《民法通则》第九十二条的规定，属于不当得利，应依法判决其返还本息，支持原告的诉讼请求，以维护原告的合法权益，维护法律的尊严。

评 析

本案是一起供电公司利用《供电营业规则》第二十九条，让新客户垫付原客户欠费案件。暂且不以判决结果如何论成败，借本案评论前、后客户承接用电，前客户欠费追缴问题。首先，本案原、新客户没有达成过户的协议，新客户是以自己的名义申请用电，不愿意垫付原户欠费；其次，原、新客户都是独立法人，没有债权债务关系；第三，《电力法》第二十六条第一款规定，供电营业区内的供电营业机构，对本营业区内的原户有按照国家规定供电的义务；

不得违反国家规定对其营业区内申请用电的单位和个人拒绝供电。这是针对目前我国的供电企业仍然处于垄断经营地位而规定的。因为一个供电营业区，只有一个营业机构，客户别无选择。如果容许供电企业拒绝供电，企业和居民的基本生活权利将受到侵犯。因此，本案追讨原户的陈欠电费，不宜用《供电营业规则》第二十九条，强制新客户垫交。

启 示

像本案的情形如何追讨原户的陈欠电费？

(1) 原户和新户协商，办过户的手续。

(2) 原户、新户和供电企业三家协商，达成新户自愿垫付原户陈欠电费的协议。供电企业可以"一地址，一户号"原则，说服新客户，让他对比重新上一套计量装置的成本与垫付原户电费的利弊。

(3) 如果新户私自用电，则依据《供电营业规则》第二十九条第三项，给新户中止供电后，以新户为被告、原户为第三人起诉追讨原户陈欠电费。

(4) 如果新户没有私自用电，供电企业只能通过协商或诉讼向原户追讨陈欠电费，不能连带新户。

(5) 在签订合同时，以受电装置做电费抵押。

总之，供电企业不要在日常营业中疏于电费管理，以致拖延到原户无力经营，产权易主他人，然后利用供电权利，期待新户来做替罪羊！这本身就是失败的管理。一个客户的电费拖延到这步田地，供电企业错过了多少追讨电费的机会？通知缴费、催费、停电催费（行使不安抗辩权，让客户提供抵押）、在其产权没有易主之前起诉等。顺便提及一下，居民在房屋交易中，二手房屋买卖的买受人也遇到房屋产权变更所产生的困惑。譬如，按电力公司规定，凡发现私自装拆电表箱、私自开启封印、擅自改变计量装置等行为属违章用电或窃电，应该依法给予处理。因此，在二手房屋交房时，建议买受人亲自查验电能表是否有移动改装的痕迹。否则，供电企业就会以二手房买受人窃电或违章用电为由，对其追缴三倍的违约使用电费。但是，新建商品房的电能表户名基本为业主本人或是开发商名字。在办理交房手续时除双方核对电能表读数外，还须双方携带本人身份证件、房产证、私章等前往所在地电力营业厅办理电能表过户更名手续，并结清该电能表的所有欠费。如要了解电费欠缴情况可拨打95598 热线查询。

二、供用电合同主体无效纠纷

《民法通则》第五十五条规定，“民事法律行为应当具备下列条件：（一）行为人具有相应的民事行为能力；（二）意思表示真实；（三）不违反法律或者社会公共利益。”本条说明，订立供用电合同的双方当事人首先要具备签订合同的主体资格，其次是双方的意思要表示真实。《电力供应与使用条例》第三十二条规定，“供电企业和用户应当在供电前根据用户需求和供电企业的供电能力签订供用电合同。”就是说供用电双方一方是供电企业，一方为用户，政府及其他机构不能代替供用电双方签订供用电合同，因为它们在本合同中不具备签约的主体资格。

三、物业管理欠费纠纷

1. 物业管理多角关系欠费纠纷

多角关系欠费多发生在房地产开发公司与物业管理公司，物业管理公司与承租户或业主之间。由于委托管理、转让权利、义务或概括转让而形成对缴纳电费互相推诿扯皮的事实。其原因是客户之间权利义务的委托与转让中，关于供用电部分大多没有达成协议，或者没有约定，也没有到供电公司办理相关手续。供电公司营销管理跟不上，发现拖欠缴费现象不及时解决，发现缴费单位户名更换也不予追究真相，这样拖得久了，就形成难以理清的一团乱麻。

2. 物业小区用电纠纷讨论

物业小区供电，历来为社会所诟病，为客户所讨厌，投诉颇多。如电价高；停电不按章法；设备损毁断电，物管与供电公司互相扯皮，无人维修；额外分担供电设施电损等。从转供电角度来说，被转供户（物业小区居民）应该与直供户享有同等服务和权利。《供电监管办法》第十条也规定，“电力监管机构对供电企业履行电力社会普遍服务义务的情况实施监管。供电企业应当按照国家规定履行电力社会普遍服务义务，依法保障任何人能够按照国家规定的价格获得最基本的供电服务。”即电力社会普遍服务应当具备普遍性、无歧视、公平性。《物业管理条例》第四十五条也规定，“物业管理区域内，供水、供电、供气、供热、通讯、有线电视等单位应当向最终用户收取有关费用。物业管理企业接受委托代收前款费用的，不得向业主收取手续费等额外费用。”第五十二条规定，“供水、供电、供气、供热、通讯、有线电视等单位，应当依法承担物业管理区域内相关管线和设施设备维修、养护的责任。”不过在这里还牵涉《物业管理条例》第二十七条，“业主依法享有的物业共用部位、共用电力设施设备的所有权或者使用权，建设单位不得擅自处分。”同样，供电企业也无权处分，而且牵涉以后的维修维护费用问题。

综上，解决问题的根本方法是对老区由供电、房地产开发商、物管三家统筹资金（包括后来的维护维修费的来源），进行一户一表改造，由供电部门接管供电设施。对新的地区应由政府出台相应政策，一步到位解决小区居民抄表收费到户问题。

四、承租人、出租人与供电公司的供用电关系纠纷

在房屋出租人、承租人与供电企业之间还存在一种特定的供用电合同关系。从法律关系上讲，应是供电企业与出租人，出租人与承租人之间分别签订供用电合同。供电企业一般不与承租人之间发生供用电合同关系。例如，如果承租人窃电，供电企业亦只能要求出租人承担违约责任。在这种情况下，当出租人蓄意欠费时，可能以承租人未交房租为由拒交电费。有些供用电营销人员因为考虑到承租人并非供电企业用户而只一味敦促出租人交纳电费，对恶意欠费的出租人束手无策。事实上，供电企业可根据《合同法》第七十三条之规定对出租人行使代位权。为保障代位权的行使，供电方可与出租人、承租人签订一个承租人直接向供电企业交付电费的合同（将房租直接抵电费，但不是供用电合同），在此情况下如果承租人不向供电企业交纳电费，供电企业可依法提起民事诉讼（一般承租人还款能力要强于出租人）。

五、企业改制欠费纠纷

自 2003 年 2 月 1 日起施行的《最高人民法院关于审理与企业改制相关民事纠纷案件若干问题的规定》（法释〔2003〕1 号），就不同的债权债务关系，对各种改制企业的债务承担做出了相应的规定。据此，可以解读出形形色色的电费债务的承担者。

1. 企业出售

（1）企业出售后，买受人将所购企业重新注册为新的企业法人，所购企业法人被注销的，所购企业出售前的电费债务，应当由新注册的企业法人承担。但买卖双方另有约定，并经供电公司认可的除外。

（2）企业出售后，买受人将所购企业资产作价入股与他人重新组建新公司，所购企业予以注销，对所购企业出售前的电费债务，买受人应当以其所有资产，包括在新组建公司股权承担民事责任。

（3）企业出售后，买受人将所购企业资产纳入本企业或者将本企业变成所属分支机构的，所购企业的电费债务由买受人承担。

2. 企业合并、分立

(1) 企业合并。企业新设合并后，被兼并企业的电费债务由新设合并后的企业法人承担；以收购方式对企业实现控股的，被控股企业的电费债务，仍由其自行承担；但因被控股企业抽逃资金、逃避债务，致使被控股企业无力偿还电费债务的，被控股企业的电费债务则由控股企业承担；企业吸收合并，被兼并企业的电费债务应由兼并方承担。

(2) 企业分立。企业分立对原企业所欠电费债务有约定，并经供电企业认可的，按照当事人的约定处理；企业分立时对原企业电费债务没有约定或者约定不明的，或者虽然有约定但供电公司不予认可的，分立后的企业应当承担连带责任。

3. 企业改造

(1) 企业股份合作制改造。企业股份合作制改造，由企业职工买断企业产权，将原企业改造为股份合作制的，原企业的电费债务，由改造后的股份制企业承担；企业向职工转让部分产权，由企业与职工共同组建股份合作制企业的，原企业的电费债务由改造后的合作制企业承担。

企业通过其职工投资扩股，将原企业改造为股份合作制企业，原企业的电费债务由改造后的股份合作制企业承担。

(2) 企业公司制改造。企业以其优质资产与他人组建新公司，而将电费债务留在原企业，新设公司以其所接受的财产范围为限和原企业承担连带责任。

案例 10-2 某镇水泥厂系镇属集体企业，1997 年 6 月停产，供电企业停止向其供电，此时该厂欠供电企业电费453 510.9元。1998 年初，镇政府准备对该厂进行改制，鹿某有意接管该厂，双方商定 3 月份进厂检修并具体磋商。1998 年 4 月 8 日，镇政府与鹿某签订“关于对水泥厂采取租、售、股份制的协议”。协议规定，对水泥厂采取不动产租赁、动产出售，然后由鹿某募股的形式改制。经对原企业评估并复估，并经鹿某确认，转移给鹿某用于生产和经营的总资产为6 140 300元，其中机器设备1 607 600元，房屋建筑物1 409 600元，土地评估值有偿使用2 790 000元，动产出售值332 800元。原企业的债权债务，镇政府将从现企业中剥离出来，由镇资产管理办公室负责管理和清偿，与鹿某无关。镇政府第一年收取鹿某租金468 000元，鹿某在协议签订后，必须一次性交清第一年的全部租金，对镇政府移交的动产部分332 800元，由鹿某以现款支付。考虑到鹿某的实际困难，可以用此款抵付原企业所欠债务（电费）。鹿某承租后，自主经营，自负盈亏。1998年4月20日，某水泥厂经工商部门核准成立，负责人为鹿某，经济性质为独资企业，不具备法人资格，注册资金为30万元。租赁协议签订后，经协商镇政府同意，鹿某暂不立即支付468 000元的租金和332 800元的可动产出售款，鹿某应上交的租金不再支付镇政府，应直接抵付原企业所欠电费，分期分批偿还。供电企业要求鹿某对原欠的45万元电费必须在用电前交15万元，送电一月再交10万元，正常生产后，每月20日交清当月电费，再还陈欠电费2万元。鹿某同意此还款计划。此后某水泥厂于1998年3月27日至4月20日先后5次计交电费10万元，尚欠老电费353 510.9元。供电企业于4月开始供电，7月3日下午，供电企业派员给某水泥厂送达停电通知书，决定7月10日停电，水泥厂未签收。7月10日供电企业执行停电措施时，某水泥厂请求先还4万元，7月15日再还6万元，如到期不还再采取停电措施，供电企业同意了水泥厂这一请求，并通知水泥厂如7月15日再不按时交费，则依法采取停电措施，不再另行通知。直到7月15日下午，某水泥厂仍未履行还款义务，供电企业电话通知水泥厂7月16日上午停电。7月16日上午9时，供电企业将停电决定再次通知某水泥厂，9时40分采取了停电措施。后双方发生争议，经镇政府协商未果，某水泥厂遂诉至法院。

另，某水泥厂1998年4月至7月应交供电企业电费483 397.43元，已交218 100元，尚欠265 297.43元。

某水泥厂诉称，1998年7月16日上午9时40分左右，供电企业以拖欠电费为由，未经通知即擅自停止向水泥厂供电，造成机器设备损失，应得利润减少。要求供电企业赔偿经济损失1 074 681元，并继续供电。

供电企业辩称，某水泥厂长期拖欠电费不交是对其停止供电的根本原因，供电企业对某水泥厂采取停电措施在事实上和程序上均合理合法，请求驳回水泥厂的诉讼请求。

供电企业反诉称，某水泥厂自1995年底至今长期拖欠电费，要求某水泥厂偿付电费618 808.33元并承担违约金845 575.86元。

某水泥厂反诉答辩称，原镇水泥厂所欠电费应由镇政府负责偿还，与该厂无关。水泥厂改制以后的新电费已交清，不存在拖欠问题，请求驳回供电企业的反诉请求。

法院认为，某水泥厂与供电企业之间的供用电合同关系成立并实际履行，某水泥厂未依约支付新、老企业的新、老电费应承担相应的民事责任。供电企业在水泥厂拖欠电费，经通知催要仍不交纳的情况下采取停电措施，依法应予支持。某水泥厂本诉请求于法无据，法院不予支持。供电企业部分反诉请求成立，法院予以采信，其反诉请求中违约金要求过高的部分，法院不予支持。依照《中华人民共和国电力法》第三十三条、《供电营业规则》第六十六条、第六十七条及第九十八条之规定，判决如下：

(1) 驳回某水泥厂的诉讼请求。

(2) 某水泥厂偿付供电局电费618 808.33元，并承担违约金139 985.82元，合计758 794.15元，于判决生效后五日内付清。

(3) 案件受理费44 268元（其中本诉费19 604元、反诉费24 664元），某水泥厂负担29 604元，供电局负担14 664元。

启 示

电费要及时结清，不要等待后来者代缴电费，没有法律依据，除非后来者自愿为之。此外，供电企业根据用户具体情况制定不同的对策方案。如对大用户，每月的抄表收费次数可以增加到三、四次。另外，供电企业要充实营销力量，对债权要早主张、早预防、勤主张、勤预防，搞好上门服务，不断加强债权管理，行使债权到位，可能欠费纠纷会少一点。

案例 10-3 1993 年 10 月 29 日，原告供电公司与被告铁合金厂签订了一份供用电协议。协议对供电方式、容量与最大需用量、计量方式、电价及收费作了约定。协议签订后，原告严格按照协议履行了供电义务。1997 年 5 月 12 日被告铁合金厂与某公司签订了一份租赁合同。合同约定，被告铁合金厂将厂内各 3000 千伏安的两台电热炉以及相应的配套系统、设备、办公地点等租赁给某公司使用，租赁期限从 1997 年 7 月 1 日起至 2002 年 6 月 30 日止，每年交租赁金为人民币 68 万元，租赁期间某公司实行独立核算、自主经营、自负盈亏。合同签订后，双方按约履行了合同，但 1999 年 5 月 21 日双方又签订了一份承包合同书，承包期限为 2 年（自 1999 年 4 月 1 日起至 2001 年 3 月 31 日止），每年交承包金 35 万元，并约定承包期间形成的债权债务由承包方某公司承担。以上事实说明了自 1997 年 7 月 1 日至今铁合金厂均由某公司经营管理，1998 年起至 1999 年 12 月底由于铁合金厂拖欠原告电费2 568 688元，经原告派员多次催收未果，发生纠纷，诉至法院。

原告主张及其理由：1993 年 10 月 29 日，原告方与某铁合金厂签订了供用电协议，协议对供电方式、协议容量与最大需量、计量方式、电价及收费作了约定。协议签订后，原告方严格按协议履行了供电义务，但自1998年至1999年12月被告累计拖欠电费2 568 688元，据调查，1999年4月1日至2001年3月31日止。此笔电费主要为某公司承包经营期间所欠。原告方多次要求二被告连带清偿拖欠电费及电费违约金，均无结果。原告方为实现债权，特提起诉讼，请法院依法判令二被告连带清偿拖欠原告方的电费2 568 688元预案及违约金，并承担本案诉讼及原告为实现债权发生的费用。

被告铁合金厂主张及其理由：原告诉状上所述的1993年10月29日原告与被告铁合金厂签订的供电协议及被告铁合金厂与某公司在1999年5月21日签订的承包协议书与事实相符，被告铁合金厂认可。但必须说明，被告铁合金厂与某公司订立的承包合同是名为承包、实为租赁，自被告铁合金厂与某公司签订“承包协议”后，某公司均以自己的名义开展合同期内的经营管理活动。根据法律的有关规定，租赁合同是以承租人的名义独立承担民事责任，且在被告铁合金厂与某公司签订的承包合同中明确规定某公司在承包经营期间债权债务均由其承担。原告认可其所诉电费的实际消费者是某公司，故被告铁合金厂不应负此笔电费的连带清偿责任。

被告某公司未作书面答辩。

在本案审理中，原告对此笔电费属某公司在承包经营期间所欠无异议。但认为供电协议是与被告铁合金厂订立的。因此，铁合金厂应负此笔电费的连带清偿责任。被告铁合金厂则认为，被告某公司与自己是租赁关系，又是此笔电费的实际消费者，故此笔电费只能由被告某公司自行承担。庭审中，被告某公司对此笔电费属其生产经营期间所欠无异议，欠费总额经与原告核实后已签名表示认可，并声明此笔欠费与被告铁合金厂无关。待其追收其他债后一定偿付此笔电费。

综合原、被告的诉辩观点和理由，本案的主要争议焦点是被告铁合金厂是否承担本案所欠电费的连带清偿责任。针对此问题，原告向法院提交了1993年10月29日与被告铁合金厂签订的供用电协议，在2000年4月24日发给被告铁合金厂的催交电费通知、2000年5月29日在原告方召开的关于铁合金厂供电问题的会议纪要，认为此笔电费虽为被告公司在承包铁合金厂期间所欠，但供用电协议是与铁合金厂签订，且在2000年5月29日的会议纪要上县政府承诺，对截止到1999年11月铁合金厂所欠原告电费250万元将积极协助原告追缴，故铁合金厂应承担连带清偿责任，以上证据经铁合金厂质证后认为，其与原告在1993年10月29日签订的供用电协议属实，对县政府在会议纪要上的承诺并不能表明被告某公司承包经营期间的电费由其承担，被告铁合金厂与被告某公司签订的租赁合同和承包合同中均明确规定了经营期间的债权债务由被告某公司自行承担，且在被告某公司承包期间原告在收取电费时也变更了收费主体，这有原告在1999年10月22日发给被告某公司的欠交电费停电通知及被告某公司的电费还款计划作证。故被告铁合金厂不应承担连带清偿责任。

经审理，法院认为，原告与被告铁合金厂在1993年10月29日签订的供用电协议及1997年5月12日、1999年5月21日被告铁合金厂与被告某公司签订的租赁合同是当事人在平等、自愿的基础上签订的协议，合同内容并不违反法律的规定，属有效协议。原告与被告铁合金厂在履行供用电协议过程中，用电主体已变更为被告某公司，原告对此也未提出过异议，并且在某公司租赁铁合金厂期间，原告催收电费及收取电费时也是对某公司。对此，应认定为对原供用电协议主体的变更，双方其余的权利和义务应按原供用电协议的内容执行。被告某公司在1998年8月至1999年12月期间所欠原告电费2 568 688元属实，应予支付。原告要求被告铁合金厂承担此笔电费的连带清偿责任的理由不充分，法院不予支持。被告铁合金厂的辩解观点成立，法院予以采信。依照《中华人民共和国合同法》第四十四条、第一百七十六条、第一百八十二条，《中华人民共和国民法通则》第一百零八条的规定，判决如下：

(1) 被告某公司在判决生效后30日内一次性付清所欠原告的电费2 568 688元。逾期不付，应支付迟延履行期间的债务利息（利息按同期银行贷款利率计算），利随本清。

(2) 被告铁合金厂不承担此笔电费的连带清偿责任。

(3) 驳回原告的其他诉讼请求。

诉讼费22 853元，由被告某公司承担。

评 析

本案最终结果是，被告铁合金厂不承担此笔电费的连带清偿责任，电费由被告某公司付清。供电企业是与被告铁合金厂签订了供用电合同，在被告铁合金厂与被告某公司签订租赁合同后，没有依法变更用电主体，也未与被告铁合金厂签订连带还款协议书，而在日常收取电费实际操作中，接受了被告某公司的缴费，意味着供电企业实际认可了新的用电方，但也没有否定铁合金厂的用电方法律地位。所以法院判决有待商榷。从该案可以汲取教训，铁合金厂将其有增值能力的资产租赁给新的用户，然后又以签订了租赁合同为由拒绝承担电费的连带责任。毋庸置疑，铁合金厂由于租赁和财产剥离降低了偿债能力，使得供电公司的电费债权受到损害。实际上铁合金厂与某公司之间的租赁合同是他们两方之间的法律关系，这两个协议的约定不影响铁合金与供电公司的供用电合同关系。本案只是供电公司在没有与铁合金厂和某公司签订电费缴纳协议的情况下，接受了某公司的电费。法院以此认定供电公司认可了用电主体的变更，有失偏颇，因为即使供电公司接受了新的用户也没有否认老用户的责任，实际上，铁合金厂收取某公司的租赁费，乃是铁合金厂自身财产的收益，作为协议的用电方自然应该与某公司承担连带责任。

启 示

本案没有透露铁合金厂与某公司之间合同的细节。至于法院，认定为二者之间的租赁关系是基于承包经营合同的承包方与发包方才有隶属关系，承包方以向发包方上缴利润的方式履行义务。而租赁经营合同是双务有偿合同，租赁经营的企业为独立核算、照章纳税、自主经营、自负盈亏、自我改造、自我发展的法人。本案中，即使是租赁经营关系，法院也不能简单地以原告接受了某公司电费为由，判定供用电合同主体的改变。因为原告作为第三人一直认为是承包经营关系。如果铁合金厂、某公司与原告按电力法规规定办了过户手续，铁合金厂则不承担连带清偿责任了。

遇到原用电户与新户签订租赁、承包合同的状况，应该想到，不管是哪一家来偿付电费，实际上都是原用电方将其财产一分为二了，降低了偿债能力。因此，要就电费缴纳签订三家协议，让出租与承租方对电费承担连带责任，或者让承租方以租赁费、发包费为电费做担保。

六、企业破产拖欠电费纠纷

新的破产法强化了破产企业董事、监事或者高级管理人员的责任。以前在破产法不完善的情况下，有的企业破产后，职工失业下岗、生活举步维艰，巨额债务无法清偿，而企业的负责人却无需承担任何法律责任。针对这种情况，新《破产法》对破产责任作出了规定，如新《破产法》第六条明确规定，“依法追究破产企业经营管理人员的法律责任。”第一百二十五条规定，“企业董事、监事或者高级管理人员违反忠实义务、勤勉义务，致使所在企业破产的，依法承担民事责任。此外，有前款规定情形的人员，自破产程序终结之日起三年内不得担任任何企业的董事、监事、高级管理人员。”

新《公司法》、新《证券法》和《刑法修正案》也规定了公司董事、监事、高管人员应尽的注意义务、勤勉尽责义务，如《公司法》第一百四十七条第

（三）项规定，担任破产清算的公司、企业的董事或者厂长、经理，对该公司、企业的破产负有个人责任的，自该公司、企业破产清算完结之日起未逾三年，不得担任公司的董事、监事、高级管理人员；第一百四十八条规定，董事、监事、高级管理人员应当遵守法律、行政法规和公司章程，对公司负有忠实义务和勤勉义务。《刑法》第一百六十二条还规定，“公司、企业通过隐匿财产、承担虚构的债务或者以其他方法转移、处分财产，实施虚假破产，严重损害债权人或者其他人利益的，对其直接负责的主管人员和其他直接责任人员，处五年以下有期徒刑或者拘役，并处或者单处二万元以上二十万元以下罚金。”第一百六十八条又规定，“国有公司、企业的工作人员，由于严重不负责任或者滥用职权，造成国有公司、企业破产或者严重损失，致使国家利益遭受重大损失的，处三年以下有期徒刑或者拘役；致使国家利益遭受特别重大损失的，处三年以上七年以下有期徒刑。”

《破产法》、《公司法》和《刑法》关于破产责任追究的规定，客观上减少了企业破产并且增加了破产操作的透明度，对保证供电企业的电费回收起到了一定的作用。但是如果供电企业前边诸多电费防范措施都没有做好，直至客户走到破产的田地，还是要死马当活马医，充分利用法律法规和政策，竭尽全力挽回损失。

当然，如果供电企业事先对电费采取了担保措施，新的《破产法》就会保护电费债权，因为对于担保债权和职工债权的清偿顺序问题，新破产法采取了“新老划断”的办法，规定在新法公布以前出现的破产，职工债权优先于担保债权，破产人无担保财产不足以清偿职工工资的，要从有担保的财产中清偿。在新《破产法》公布后，将优先清偿担保债权，职工工资和其他福利从未担保财产中清偿。根据新的《破产法》的规定，供电企业在追讨破产企业电费时应当充分利用如下新的规定。

1. 及时行使申请、监督权

当电费债务人不能清偿到期债务时，债权人供电企业可以向人民法院提出对债务人进行重整或者破产清算的申请。在债权人会议期间，债务人有义务列席债权人会议并如实回答债权人的询问，人民法院受理破产申请后，债务人对个别债权人的债务清偿无效。在选任和监督管理人方面，新《破产法》第二十二条第二款规定，“债权人会议认为管理人不能依法、公正执行职务或者有其他不能胜任职务情形的，可以申请人民法院予以更换。”

管理人依照规定执行职务，要接受债权人会议和债权人委员会的监督。另外，管理人还应当列席债权人会议，向债权人会议报告职务执行情况，并回答询问。关于债权人委员会，新《破产法》第六十八条第二款规定，“债权人委员会执行职务时，有权要求管理人、债务人的有关人员对其职权范围内的事务作出说明或者提供有关文件。”这就为保护债权人利益提供了重要保障。

2. 灵活行使自治权

在“促进债务人复兴”的立法目的指导下构建的重整制度，是一个国际化的潮流，它使得破产法不仅仅是一个市场退出法、死亡法、淘汰法，还是一个企业更生法、恢复生机法、拯救法。由于重整制度具有对象的特定化、原因的宽松化、程序启动的多元化、重整措施的多样化、重整程序的优先化、担保物权的非优先化和参与主体的广泛化等特点，这就给了债务人企业一个自我拯救、重新开始的机会，平衡了债权人与债务人之间的利益关系。

重整是指不对无偿付能力债务人的财产立即进行清算，而是在法院的主持下由债务人与债权人达成协议，制订重整计划，规定在一定的期限内，债务人按一定的方式全部或部分地清偿债务，同时债务人可以继续经营其业务的制度。

在重整程序中，债权人供电企业要灵活行使自治权。可以视破产企业是否有起死回生的可能性以及是否有利于偿还电费债务，依法直接向人民法院申请对债务人进行重整，并且债权人会议对重整计划草案享有表决权，充分行使债权人的自治权，对重整程序的进行发挥应有的作用，使得陷入困境的企业依然有可能通过有效的重整避免破产。新《破产法》第七十三条第一款规定，“在重整期间，经债务人申请，人民法院批准，债务人可以在管理人的监督下自行管理财产和营业事务。”

3. 供电企业要提防欠费用户假破产真逃债

破产欺诈是各国破产法严厉打击的对象，在中国，破产案件中的欺诈逃债行为尤为严重。一些债务人利用破产程序策划各种欺诈逃债行为，侵害债权人利益，损害职工利益，破坏经济秩序，有些还是在地方政府的支持、默许下进行的。为此，新《破产法》设置了较以前立法更为完善的撤销权与无效行为制度。新《破产法》第三十一条规定，“人民法院受理破产申请前一年内，债务人具有无偿转让财产、以明显不合理的价格进行交易、对没有财产担保的债务提供财产担保、对未到期的债务提前清偿的、放弃债权等行为的，管理人有权请求人民法院予以撤销。”另外，新《破产法》第三十三条还规定，为逃避债务而隐匿、转移财产、虚构债务或者承认不真实的债务等涉及债务人财产的行为是无效的，这就在一定程度上对实践中出现的“虚假破产”、“恶意破产”等行为进行了规制，从而更好地保护了债权人利益，维护了市场经济秩序，也为整个社会商业信用体制的建立和完善提供了重要的制度保证。

4. 破产及被注销企业的欠费回收

在欠费用户申请破产时，常常出现因欠费户提交的债务清册中没有列明电费债务，导致供电企业接不到法院的申报债权的通知，丧失了申报债权的机会，因此供电企业要紧紧跟踪法院受理欠费用户破产案件的信息，及时申报债权，积极参加债权人会议，依法积极全面行使债权人的权利。在破产清算阶段，供电企业对清算结果和财产分配方案应认真审查分析，维护自身的合法权益。监督破产财产的清偿顺序，在清算组对破产企业的财产清算分配之后，供电企业在接到领取财产通知时要如期办理，以免法院作提存处理。对破产企业的隐匿、私分财产等逃债行为，应请求法院确认其行为无效并追回财产。对企业破产后又在其基础上组建的新企业，实际上仍受原企业控制的，供电企业应根据新《破产法》第三十三条，请求法院宣告其破产行为无效，由新企业对原有债务承担连带责任，使供电企业的电费债权得以保证。如果欠费用户因违法或不参加年检等原因被吊销执照，但没有进行清偿的，却又在被吊销执照企业的情况下通过合并、分立等方式成立新企业的，可请求法院宣告其合并、分立无效，并由新企业负责偿还拖欠电费。

案例 10-4 2003 年 12 月 16 日，某商业有限责任公司与某供电公司签订了供用电合同，某商业有限责任公司下属的金店、海店、高店，一直由某供电公司供电，截至 2004 年 12 月某商业有限责任公司共计拖欠某供电公司电费 638 726.63元。在某商业有限责任公司出现经营危机后，某供电公司多次下发了电费催缴通知书，责成某商业有限责任公司于 2004 年 12 月 9 日、2004 年 12 月 10 日、2005 年 3 月 25 日三次做出《支付电费承诺书》，但均未兑现。

2005 年 4 月 15 日，某供电公司向法院提起诉讼，请求法院判决：①被告某商业有限责任公司支付所欠原告某供电公司电费638 726.63元。②由被告支付本案的全部诉讼费用。

2005 年 8 月 11 日，某区法院开庭审理本案，被告下落不明，经法院公告传唤逾期未到庭参加诉讼。某供电公司为支持其诉讼主张，提交下列证据加以证明：金店、海店、高店《电费结算单》、《发票》及《电费计算清单》，证明被告某商业有限责任公司尚欠电费638 726.63元；2004 年 12 月 9 日及 2004 年

12月10日《关于延缓支付电费的承诺书》，证明被告已承诺支付电费。

法院认为：在本案纠纷中，原告与被告建立的供用电法律关系，其意思表示真实，内容合法，在原告向被告履行了供电义务并确立了明确的债权债务后，被告应及时支付电费。故原告要求被告支持支付电费638 726.63元的请求，符合有关法律规定，法院予以支持。据此，依照《中华人民共和国民事诉讼法》第八十四条、第一百零七条、第一百三十条，《中华人民共和国合同法》第一百八十二条、第一百零九条之规定，缺席判决如下：

(1) 被告某商业有限责任公司于本判决生效后十日内支付原告某供电公司电费人民币638 726.63元。

(2) 案件受理费11 397元由被告某商业有限责任公司负担。

判决生效后，某供电公司依法向法院申请执行，因被告及被告的财产所在地无可供执行的财产而未能执行。

2006年4月23日，某供电公司向法院申领了债权凭证。

2007年5月18日，某省高级人民法院发布公告称：某商业有限责任公司（本案被告）拖欠款项的债权人，凡经过人民法院审理并取得执行依据的，请于18日起持生效法律文书和相关材料向原审人民法院申报债权并完善执行立案手续。某供电公司于2007年3月和5月期间，向某高级人民法院及某区人民法院提交了情况说明书、执行申请书、参与分配申请及债权凭证等，并于2007年5月11日参与了用地拍卖大会。2007年8月，某高级人民法院最终在拍卖款远低于该公司债务且原则上执行款与欠费之间分配比率不能超过20%的前提下，优先向某供电公司支付了该用电地址85%的欠费。

评 析

本案供电企业在履行合同过程中，当出现用户不履行供用电合同，不缴纳电费的情况时，应根据供用电合同的约定和法律规定及时采取通知、催收、提供担保、停电等必要措施，在上述措施仍无效的情况下，应及时通过诉讼手段依法向人民法院提起诉讼进行追缴，尽量减少和避免欠费的增加，防止损失扩大，维护自身的合法权益。

其次，在被告及被告的财产所在地无可供执行的财产而未能执行的情况下，2006年4月23日，某供电公司及时向法院申领了债权凭证。其后，紧盯事态发展，捕捉被告信息，及时申报了债权，故而最终在拍卖款远低于该公司债务且原则上执行款与欠费之间分配比率不能超过20%的前提下，优先向某供电公司支付了该用电地址85%的欠费的良好效果。

启示

（1）主动进行诉讼维权是本案的关键环节之一。因此，在电费催收过程中要把握好诉讼时机，及时起诉，将损失降低到最低。本案欠费回收不仅为企业挽回了经济损失，也为今后类似的电费执行案摸索出了一个行之有效的方法。

（2）执行难一直是困扰供电企业回收电费的难题，本案的被告从庭审到拍卖一直都未出现，致使原告供电公司合法债权仍然无法实现。对此，供电企业在用电管理方面对欠费用电地址进行了有效的管理和严格的控制，才促使本案得以顺利执行。因此在用电管理中通过合法手续实施通知、催收、停电等必要措施，并对停电用电地址进行严格控制管理，是保证电费最终顺利回收的关键所在。

（3）催费工作人员的责任心也是电费催收能否成功的一个重要因素。在电费催收中发生严重拖欠的往往存在催费人员怠于催费的原因，电力企业应加强对催费人员的法律知识和业务素质的培训，加强催费人员的责任心，提高催费人员依法催费的能力，当发生欠费情况时，催费人员能及时依法对欠费用户进行催收，做到催费有理有据。在出现欠费户拖欠电费情形时，根据合同约定和法律规定应及时、适时采取法律措施，维护企业合法权益。

第二节 电力供应与服务纠纷

供电企业牵涉千家万户，点多面广，而且在整个供用电过程中环节多，业务复杂，技术和服务技能要求高，因此导致供电服务纠纷的因素就很多。如，供电质量差带来纠纷与诉讼（电压、高次谐波、可靠率）；服务不良引来投诉与监管（维修、抢修服务）；宣传误导失信誉（过度承诺）；管理不善导致抱怨（管理不力，承担责任）；电力法制建设滞后无保障（先用电，后收费习惯）；电费计量收缴多争议（电价、预付费、计量差错）；电费回收不善造成供电企业经济损失……

一、违反强制缔约义务纠纷

强制缔约是指一方当事人无正当理由，负有应对方的请求与其订立合同的义务。强制缔约义务只存在于一些与国计民生有关的公用领域，诸如供水、供电、邮政服务等。强制缔约义务的作用在于救济契约自由在某些领域的缺陷。在需要以强制缔约义务约束的领域中，大多是公共产品。这些公共产品在供给上很容易形成自然垄断，对于消费者而言，欠缺真正的自由缔约基础，双方在缔约地位上不平等，消费者处于弱势地位。法律为了保护处于弱势地位的合同一方当事人并更合理地组织社会经济，有必要以强制缔约义务对契约自由的失衡进行矫正。在供用电合同中，由于电力输配的自然垄断性，造成供用电合同双方当事人实际地位的不平等。为避免供电人垄断优势的滥用，平衡供用电双方合法权益，有必要规定供电人的强制缔约义务。正是出于这样的考虑，我国《电力法》明确了供电人的强制缔约义务，该法第二十六条规定，供电营业区内的供电营业机构，对本营业区内的用户有按照国家规定供电的义务；不得违反国家规定对其营业区内申请用电的单位和个人拒绝供电。

由于一个县（区、市）只有一家供电企业，完全处于垄断地位。客户在申请用电时别无选择。一旦供电企业拒绝销售电能，客户将无法用电。《反垄断》第十七条规定了七种禁止经营者滥用市场支配地位的行为。对供电企业而言，其中的后五种行为是供电服务过程中要杜绝的行为。其中第（三）项规定“没有正当理由，拒绝与交易相对人进行交易”与电力法关于供用电强制缔约的规定是一致的。

《供电监管办法》第十条也规定，供电企业应当按照国家规定履行电力社会普遍服务义务，依法保障任何人能够按照国家规定的价格获得最基本的供电服务。”就是要求供电服务要做到普遍性、公平性和无歧视。第十八条还规定，供电企业无正当理由不得拒绝用户用电申请。

由此可见，供电企业不仅应当供电，还要做到依法保障任何人能够按照国家规定的价格获得最基本的供电服务。如果做不到，就会引起纠纷。

案例 10-5 某公司将其办公楼底层数百平方米的店面（用电单独计量）出租给百货商王某，王某以自己的名义与某供电公司签订了供用电合同，合同有效期为 3 年。实际上王某的店面租期为 2 年。店面租期届满，王某欠费 4000 多元不告而辞，下落不明。后来，该公司又将该店面租赁给李某经营文化用品。李某到供电公司办理申请用电手续遭到拒绝。供电方告知李某，李某要在王某的受电设施上继续用电，按照供电公司规定，必须缴清王某所欠电费和违约金，否则拒绝办理用电手续。李某无奈，将供电公司诉至法院，要求法院判令供电公司履行供电义务。

开庭审理后，法院依据《电力法》第二十六条“供电营业区内的供电营业机构，对本营业区内的用户有按照国家规定供电的义务；不得违反国家规定对其营业区内申请用电的单位和个人拒绝供电”的规定和《电力供应与使用条例》第二十三条“供电企业没有不予供电的合理理由的，应当供电”之规定，判令供电公司于本判决生效之日起三日内与原告签订供用电合同并承担本案的诉讼费用。

评 析

王、李之间没有代缴电费协议也没有任何债权债务关系，供电公司以缴清王某欠电费为由拒绝与李某签订供用电合同，侵犯了李某的合法用电权。客户合法的用电权包括申请新装用电、临时用电、变更用电和终止用电，都受到法律的保护。目前供电企业仍然是垄断经营，为了平衡双方的权利，保护用电人的合法权利和社会整体利益，防止滥用电力专营权，推动社会经济发展，满足人民群众的用电需求，《电力法》、《电力供应与使用条例》和《供电监管办法》等法律法规都针对供电企业的垄断属性做出了强制缔约义务的规定。即只要供电企业没有“不予供电的合理理由”，就应当给用户供电。《反垄断法》对经营者滥用市场支配地位的禁止性规定，也适用于供电企业。那么哪些理由是供电企业拒绝供电的合理理由呢？如，不按规定办理用电手续；供电设施不符合标准；客户未履行供用电合同约定的义务；申请的用电项目属于国家明令禁止的经营项目；申请的用电量超过供电企业的供电能力；供电企业无法满足特殊用电申请要求等。在该案例中，供电企业是以后一用电人不为前边欠费人缴费为由拒绝供电，这只能算作企业内部管理规定，对外无效，因此法院没有支持供电公司的做法。

其次，供电公司将《供电营业规则》的过户规定错误地套用在该案，显然违法。《供电营业规则》第二十九条规定，用户更名或者过户的条件之一就是，原用户与供电企业结清电费，才能解除原供用电关系。但是本案前后用户王和李之间不存在供用电合同的权利义务的承接关系，前者是结清电费销户业务，而后者是新用户申请用电业务。因此，供电企业只能依法追索老用户所欠的电费，而不能也不应该指望后者为前者买单。以此为由拒绝与新用户签订供用电合同于法无据。

最后需注意的是，供电企业不能拒绝为本供电营业区的客户供电，一般也不能跨越区域为其他供电营业区用户供电，除非经上级电力管理部门指定跨越营业区供电。

二、供电服务纠纷

由于客户申请用电的业扩工程是向当地供电企业申请的，且一个县（区、市）只有一家供电企业，电力承装（修试）业务也几乎处于垄断地位。所以在交易时，客户根本没有讨价还价的余地，只有接受。同时由于供电企业为独家经营，在业扩工程设备的选择上，客户为了讨好供电企业，往往选择供电企业提供或指定的设备，哪怕价格比别的企业高，以免以后受到不公平的待遇。有些供电企业还明确必须选择供电“多经”企业的产品和服务，否则不给予安装。不少电力用户认为，当用户选择非供电企业所属单位设计、施工时，会遇到重重困难，会出现许多意料不到的问题。有的供电企业则认为，电力行业是一个技术密集的企业，产、供、销同时完成，如果在接电方式、选择设备及设备安装、业扩报装上，供电企业不把关，将影响电网安全。国家电网公司承诺在提供供电服务过程中，不能强制用户购买指定供应商的产品，（如电能表、计量箱等）；对客户工程，不搞“三指定”（不准为客户指定设计、施工、供货单位），是贯彻执行《反垄断法》、维护电力消费者合法权益的具体体现。

在《供电监管办法》第十八条中也规定了供电企业不得对用户受电工程指定设计单位、施工单位和设备材料供应单位。《国家电网公司业扩报装工作管理规定（试行）》（国家电网营销〔2007〕49号）第三条规定，公司系统供电企业业扩报装工作坚持三不指定、办事公开的原则。通过集约化、精细化管理和技术进步，以营销技术支持系统对业扩报装实行全过程闭环管理，实现业扩报装工作程序标准化、业务流程规范化，简化用电手续，缩短业扩报装周期，提高服务质量和服务效率。该办法第四条严格要求从事业扩报装工作人员必须遵守国家电网公司《供电服务规范》和员工服务“十个不准”等规定。

案例 10-6 某商铺（餐厅）于今年6月20日因入户电缆损坏导致停电，餐厅老板刘老板一连20多天找不到愿为此事负责的部门，严重影响到餐厅经营。停电时，刘老板首先拨打供电热线95598报修。供电所来人检查线路后，告诉刘老板说问题出在小区的线路，说该由小区负责维修，然后就走了。之后，刘老板找到小区管理处，管理处告诉他，他们没有收电费，不承担维修责任。于是，刘老板再次找到供电所，供电所回复说：小区供电设备没有移交到供电所，根据供电所与开发商的协议，这种故障不归供电所修理。无奈，刘老板再次找到小区管理处，管理处派电工检查了一下路线，确认有两项保险烧坏。换上一项保险后，餐厅有电了，但电力不足，不能开空调，另一项换上就烧，电工说：这一项是入户的地下电缆线坏了，他们修不了，还得由供电所负责维修。刘老板又去了供电所，可是，供电所仍然坚持说，供电设备没有移交，他们不能修理。刘老板只好去找开发商，开发商也承认供电设备没有移交，但是说这种维修工作应由小区管理处承担。刘老板再次找到小区管理处，管理处负责人说：这条电缆的维修责任确实不在他们那里。如果是小问题，本着服务住户的原则可以帮忙，但这条电缆线太长，更换的费用达五六千元，无法承担，管理处只能帮刘老板协调。最后，刘老板只得无奈地叹气："我是用电客户，每月都有按时交电费，后来因用电容量不够还是通过供电所花了几千元钱才增容的。现在用电用不了，找谁谁不管！不管是谁的责任，都不应当让我们用户损失这么严重！"

评 析

该案例涉及的主要合同关系有：供用电合同关系、供用电设施施工合同关系、房屋买卖合同关系、物业管理合同关系。如果刘老板的商铺是向业主承租的，还涉及租赁合同关系。首先，如果刘老板不是商铺的业主，刘老板的餐厅是租赁经营，与商铺业主之间构成租赁合同关系。在租赁合同关系中，商铺的业主是出租人，刘老板是承租人。《合同法》明确规定了出租人的维修义务。《合同法》第二百二十条规定，"出租人应当履行租赁物的维修义务，但当事人另有约定的除外。"《合同法》第二百二十一条规定，"承租人在租赁物需要维修时可以要求出租人在合理的期限内维修，出租人未履行维修义务的，承租人可以自行维修，维修费用由出租人负担。因维修租赁物影响承租人使用的，应当相应减少租金或者延长租期。"根据《合同法》的这两条规定，租赁物的维修责任在出租人。而且，出租人的这种责任是法定的，除非刘老板在与商铺业主签订的租赁合同中有特别约定配电设施的维修责任由刘老板负责，否则，一出现停电，刘老板可要求出租人在合理期限内维修。如果出租人拒绝维修，刘老板可自行请人维修，然后要求出租人承担维修费用。这样，刘老板就不至于找不到维修责任人了。即使出租人延误维修造成刘老板停业损失，按《合同法》规定，刘老板也有权通过扣减租金或延长租期而使自己的损失得到一定的补偿。其次，如果刘老板本身就是商铺的业主，电缆的维修责任该由谁承担，就应详细分析物业管理合同关系、供用电合同关系、房屋买卖合同关系、供用电设施施工合同关系。

(1) 刘老板与小区管理处之间存在着物业管理合同关系。刘老板作为小区业主，通过小区业主委员会与小区管理处（物业管理公司）订立物业管理合同，将小区的保安、清洁卫生、绿化、电梯维修等物业管理服务工作交由小区管理处承担。刘老板与小区管理处之间的责权利在物业管理合同中应有明确约定。供用电设施也属于小区公共设施，其维修保养本应属于小区管理处负责。

但是，供用电设施是公共事业设施，其维护责任国家法律法规有专门规定，应遵从。如，《物业管理条例》第五十二条规定，"供水、供电、供气、供热、通信、有线电视等单位，应当依法承担物业管理区域内相关管线和设施设备维修、养护的责任。"

（2）刘老板在餐厅开业时已向供电所申报增容，供电所已向其正常供电，刘老板也按规定按时交纳费用。因此，刘老板与供电所之间存在着供用电合同关系。《供电监管办法》第十四条规定，"供电企业应当建立完善的报修服务制度，公开报修电话，保持电话畅通，24 小时受理供电故障报修。供电企业应当迅速组织人员处理供电故障，尽快恢复正常供电。供电企业工作人员到达现场抢修的时限，自接到报修之时起，城区范围不超过 60 分钟，农村地区不超过 120 分钟，边远、交通不便地区不超过 240 分钟。因天气、交通等特殊原因无法在规定时限内到达现场的，应当向用户做出解释。"由此，就供用电合同关系而言，供电所以小区供电设施未移交为由而拒绝维修是没有道理的，也于法无据，其行为已违反了国家的强制性规定。但在本案例中涉及有偿服务问题，因为电缆产权不属于供电公司，所以该案应为有偿服务。供电公司应当与客户刘老板说明白。因此说，供电设备的移交问题，不应成为电缆维修的障碍。

（3）供电设备的移交涉及另外两个合同关系：商铺业主与开发商之间的房屋买卖合同关系、开发商与供电设备施工企业之间的施工合同关系。对房屋买卖合同关系而言，提供合格的、符合国家规定的供电设施供业主使用，无疑是开发商的合同责任。商铺业主自然有权找开发商承担责任。对施工合同关系而言，开发商应将供电设施委托给有资质施工企业施工，施工企业按时、按质完成供电设施的建设施工任务并在规定的时限内完成供电企业的验收，是其对开发商应承担的合同责任。

案例 10-7 某市胶棍厂向某供电公司提出用电申请，供电公司批准用电申请，胶棍厂交纳所需费用45 750元。全部受电工程完工后，供电公司立即到胶棍厂验收送电，但由于胶棍厂邻居阻挠未能送电。后来供电公司又多次前去送电（其中一次由乡司法所协助），均由于胶棍厂邻居采取各种手段进行阻挠，在长达半年的时间里始终未能送电成功。

某市胶棍厂遂向该市某市区人民法院起诉，要求供电公司赔偿因未送电而造成的经济损失281 403.96元。

原告某市胶棍厂的主张及其理由：胶棍厂认为供电公司不积极采取措施，

排除妨碍，未按双方约定送电，造成经济损失应予以赔偿。

被告某供电公司的主张及其理由：供电公司不能按时送电是由于胶棍厂邻居强行阻挠所致，不能由供电公司承担责任，应追加胶棍厂邻居为第三人参加诉讼。

法院追加了胶棍厂邻居为诉讼第三人，法院经审理查明，在事件的发生过程中，供电公司先后多次前往送电，但终因胶棍厂邻居阻挠未能送成电，应当说供电公司在主观上不存在拒绝送电的故意，客观上也不存在拒绝供电的行为，显然供电公司已积极履行对用户供电的义务，没有过错。

《电力法》第六十条和《电力供应与使用条例》第四十三条规定，因用户或者第三人的过错给供电企业或者其他用户造成损害的，该用户或者第三人应当依法承担赔偿责任。

法院最终判决：本案为第三方责任，即由胶棍厂邻居对其阻挠供电公司送电的行为造成胶棍厂经济损失承担赔偿责任。

评 析

本案供电公司，仅仅以邻居阻挠而不能履行送电义务，也不能完全免除责任，毕竟客户是与供电公司签订的供用电合同，当供电公司不能履行合同时，应当积极主动依法排除妨害，穷尽自己的救济途径，履行供电合同义务，仅仅以邻居阻挠为由，没有穷尽己方的救济途径，不足以构成完全免责。《电力法》第七十条第（二）项规定，扰乱电力生产企业、变电所、电力调度机构和供电企业的秩序，致使生产、工作和营业不能正常进行的，应当给予治安管理处罚，由公安机关依照治安管理处罚法的有关规定予以处罚，构成犯罪的，依法追究刑事责任。对胶棍厂邻居的非法阻挠行为不但要追究民事赔偿责任，还应视情节轻重、后果及影响严重程度，给予治安处罚乃至追究刑事责任，以保证正常的供用电秩序。

三、抢修服务纠纷

抢修服务纠纷原因主要有到达事故现场不及时，到达现场后因为产权不属于供电企业拒绝抢修，由于供电企业的管理或技术原因使得抢修拖延等。关于到达现场的时限，电力监管委员会 2010 年 1 月 1 日实施的《供电监管办法》第十四条规定，“电力监管机构对供电企业处理供电故障的情况实施监管。供电企业应当建立完善的报修服务制度，公开报修电话，保持电话畅通，24 小时受理供电故障报修。供电企业应当迅速组织人员处理供电故障，尽快恢复正常供电。供电企业工作人员到达现场抢修的时限，自接到报修之时起，城区范围不超过60分钟，农村地区不超过120分钟，边远、交通不便地区不超过240分钟。因天气、交通等特殊原因无法在规定时限内到达现场的，应当向用户做出解释。”国家电网公司的《三个十条》承诺，“提供24小时电力故障报修服务。供电抢修人员到达现场的时间一般不超过：城区范围45分钟；农村地区90分钟；特殊边远地区2小时。”南方电网如广东、云南、海南等电网都做出了与国网相似的承诺：提供24小时电力故障报修服务，供电企业工作人员到达现场抢修的时限，自接到报修之时起，城区范围不超过45分钟，农村地区不超过90分钟，边远、交通不便地区不超过120分钟。因天气、交通等原因无法在规定时限内到达现场的，向客户进行解释。

电监会2010年1月1日实施的《供电监管办法》关于抢修服务时限的规定，全国各供电企业都应当严格遵守，不能因为内部管理原因贻误事故抢修，给客户带来不便和损失。在抢修队伍的技能素质要求上，要高于一般维修员工，效仿香港中华电力，培育锻炼一支或几支“万能泰斗”高效抢修铁军，具有较高的综合技术技能，呼之即去，去之能战，战之能胜；能够在最短的时间内排除故障，为客户复电。

案例10-8 被告县供电公司与原告某县化工公司是供用电合同关系。2008年7月25日下午15时，雷电交加的暴风骤雨过后，某县县城大面积停电。某县供电公司线路班工人全部下乡抢修事故，直至次日上午，受损的化工线路才恢复供电。此次停电造成某化工公司经济损失10.6万元。化工公司遂诉至县法院，要求县供电公司赔偿因停电造成的一切损失。

某化工公司认为，县供电公司供电线路防雷电装置不符合标准且未及时修复线路，造成经济损失应予赔偿。

县供电公司认为，线路损坏由雷击所致，属不可抗力，应予免责。全县大面积停电后，供电公司全力以赴及时抢修事故，尽快恢复供电，不存在“未及时修复线路”的事实。

经过审理，县法院以未及时修复线路为由，判决被告县供电公司赔偿原告某化工公司10.6万元。某县供电公司不服提起上诉，市中级人民法院审理后裁定：“驳回上诉，维持原判”。

评 析

该案县供电公司败诉，供电企业承担了全部赔偿责任。就此案而言，法院的判决有失偏颇。

(1) 防雷装置的作用是防护装置，而不是保险装置，不是具备本质安全的设备，并非万无一失。电力法律法规有关于临时抢修规定就应当包括雷击事故，所以，该案属于不可抗力。

(2) 关于化工厂经济损失责任承担问题

1) 如果化工厂出具证据证明，供电公司的防雷装置不合乎标准，供电公司应当承担部分责任，因其对设备选用安装和安全运行管理不力。

2) 至于因某县供电公司线路班工人全部下乡抢修事故，直至次日上午，受损的化工线路才恢复供电，给原告造成经济损失10.6万元，供电公司是否应承担赔偿责任，应具体情况具体分析。①如果供电公司抢修人员没有按照《供电服务监管办法》规定，按时赶赴化工线路事故现场进行抢修，拖延了事故抢修时间给化工厂造成了损失，供电公司应该承担责任。因为《合同法》第一百八十一条规定，因自然灾害等原因断电后，供电人应当按照国家有关规定及时抢修。未及时抢修，造成用电人损失的，应当承担损害赔偿责任。②如果供电公司抢修人员及时赶到事故现场，尽力抢修，但因事故复杂、难度高等原因，修复时间长，在修复期间，即使造成了原告实际的经济损失，供电公司也不应该承担赔偿责任，至少不应该像本案判决的承担全部责任。除非原、被告之间对于事故抢修时限有特别约定，按照约定承担责任。因为其一，供电公司履行了及时抢修的义务。其二，因为电力设施的受损程度不同，修复难度和复杂程度不同，抢修的时间难以确定。因此，对于电力设施抢修时限，电力法律法规及合同法均无法做出量化规定。如，《供电服务监管办法》第十四条，“供电企业应当迅速处理供电故障，尽快恢复正常供电。供电企业工作人员到达现场抢修的时限，自接到报修之时起，城区范围不超过60分钟，农村地区不超过120分钟，边远、交通不便地区不超过240分钟。”仅仅规定了到达抢修现场的时限，而没有规定也无法规定量化的事故抢修时限，因事故原因千变万化也不可量化。

第三节 电能质量纠纷

电能质量纠纷主要包括谐波污染、电压质量和供电可靠率等。对供电质量要求较高的客户多发生高次谐波纠纷，电压不合格纠纷比较少，供电可靠率纠纷则比较普遍。

一、谐波污染纠纷

近年来，我国企业大量地采用了硅整流及可控硅设备，这导致供电质量严重降低。最为严重的是，由这些设备所产生的高次谐波与供配电网络中的系统容抗与系统阻抗在一定参数条件下形成串联或并联谐振，而导致系统中某些设备的损毁事故。

供电系统谐波的定义是对周期性非正弦电量进行傅立叶级数分解，除了得到与电网基波频率相同的分量外，还得到一系列大于电网基波频率的分量，这部分电量称为谐波。谐波频率与基波频率的比值（$n=f_n/f_1$）称为谐波次数。

波形是电能质量的指标之一。常见的谐波源有炼钢电弧炉、晶闸管变流设备供电的轧机、电力机车，以及化工整流器等。在计划体制下，电力局有用电监察权，可以督促用户采取措施进行谐波治理。当电力局转制为供电企业后，必须在送电前签订供用电合同，并明确双方在谐波治理方面的权利和义务。否则，对于具有谐波源设备的较大用户，当其谐波超标时，往往对供电企业要求其整改的通知不予执行和配合，而供电企业对此类用户又不能轻易停电，使供电企业陷入被动境地。曾经就发生过此类事故，由于某用户治理谐波不力，注入电网谐波超标，使另一工业用户产生大量次品，造成较大的经济损失。

1. 谐波的危害

我国一直采用50赫兹交流供电制式，在稳压保护的过程中，很少考虑到谐波的危害。这样一来为谐波的产生和延续提供了条件，使得谐波相互作用，一方面损坏电器，另一方面消耗大量电能。表10-1所示为50赫兹交流供电下的正序、负序和零序谐波的分类。

表10-1　　50赫兹交流供电下的谐波分类

谐波次数	2	3	4	5	6	7	8	9	10
频率（赫兹）	10	15	20	25	30	35	40	45	50
相序	—	0	+	—	0	+	—	0	+

正是由于各种谐波的存在，使50赫兹的正弦交流电发生波形畸变，影响了正常的工作。谐波危害主要在于：①在三相四线变压器中，3次整数倍的谐波代数叠加，感应到变压器一侧，造成线圈过热，同时使中线电流过大，发热直至烧坏。②在电动机运行过程中，谐波使交流电压波形严重失真，烧毁电动机。③在无功补偿电路中，谐波会形成谐振，烧坏电容柜。④在日常生活中，日光灯灯管被烧坏，启辉器无法启动等情况都是由谐波造成的。除了对电路造

成危害之外，谐波的存在同时也影响到了继电保护和自动装置工作的可靠性。

2. 法律责任

任何电力用户，自报装接火开始，不管是否签订书面供用电协议，都与供电企业形成供用电合同关系，都要依法用电，不能违背法律法规所规定的内容。

我国1993年颁布的GB/T 14549《电能质量公用电网谐波》规定，“注入公共连接点的谐波电流超过允许值的用户，必须安装电力谐波滤波器，以限制注入公用电网的谐波。低压电气及电子设备产生的谐波电流也不能超过限值。购置用电设备，要经过试验证实，符合该标准限值才允许接入配电系统中。”《供电营业规则》第五十五条也明确规定，“电网公共连接点电压正弦波畸变率和用户注入电网的谐波电流不得超过国家标准GB/T 14549的规定。用户具有非线性阻抗特性的用电设备接入电网运行后所注入电网的谐波电流和引起公共连接点电压正弦波畸变超过标准时，用户必须采取措施予以消除。否则，供电企业可中止对其供电。”

3. 谐波治理

为了减少谐波的不良影响，供电企业必须把谐波管理纳入日常的生产管理中，建章立制，采取技术措施，强化谐波监督管理。

（1）必须建立谐波监督管理体系，明确职责，认真开展谐波的测试、研究、分析以及技术培训。认真分析产生谐波的原因，积极开展事故预想，制定切实可行的反事故措施，对发生的谐波事故及异常的原因坚持查不清不放过，防范措施不落实不放过。

（2）认真做好业扩报装接电及现有非线性负荷谐波的设计、审查、统计工作，建立完善的技术资料档案。采取行政手段，强化谐波检测仪器、仪表的检验和认证工作，积极推广治理谐波的新技术，切实抓好超标客户的谐波管理。

（3）整流设备是电网中主要的谐波源之一，通过改造换流装置，采取特殊的接线方式或将相数较少的换流变压器联结成等效的多相形式，增加换流器相数，或利用相互间有一定移相角的换流变压器，有效的消除较大的低次谐波。通过加大技术改造力度，既可节省大量资金，又能够达到抑制或降低谐波分量的理想效果。

（4）由于中频炼钢炉、电弧炉、电力机车、卷扬机、轧机等用电设备用电负荷不稳定，变动频率较高，不仅会产生较强的高次谐波，而且极易引起电网电压的波动和闪变，甚至造成系统三相严重的不平衡，严重影响电网的供电质量。应采取快速可变的电抗器或电容元件组合而成的动态无功补偿装置与谐波源并联，不仅可有效的减少谐波量，而且具有抑制电压波动、闪变，增加系统阻尼，提高系统功率因数，保证电网电压质量的功能。静补装置一次性投资较大，但是，经济和社会效益较好。

（5）交流滤波装置能够有效的吸收谐波源所产生的谐波电流，降低谐波电压，是抑制谐波“污染”的有效措施之一。其一般由电容器、电抗器、电阻器等根据一定技术要求组合而成，因其结构简单，运行可靠，维护方便，一次性投资较少等特点而得到广泛应用。

（6）采取技术措施加强电容器管理，通过改变电容器的串联电抗器或将电容器组的某支路改为滤波器，限制电容器的投入量，可有效防止或减少并联电容器对谐波的放大作用，从而保证电容器的安全运行。

（7）通过采用高性能的用电设备，改善其谐波的保护性能，提高设备的抗谐波干扰能力，增加系统的承受谐波能力，减少谐波事故的发生。

案例 10-9 某开发区一特钢企业，用电容量为4000千伏安，与毗邻的一电子厂共用一条10千伏线路供电。开始电子厂上白班；特钢企业用低谷电，双方相安无事。后来电子厂因业务多改成了三班制。电子厂改成三班制后发现晚班生产的产品成批不合格，客户纷纷退货，厂里又找不到原因。供电公司得知情况后，立即派出技术人员现场检查，发现电子厂供电和生产流程没有问题。接着又对特钢企业进行检查和数据测试，发现该企业私自将中频炉改为电弧炉，生产过程中产生了高次谐波，形成电压波动和闪变超标，直接造成了电子厂产品不合格。原因找到后，公司当即与开发区管理会联系，并向企业下达整改通知书，但特钢企业没有引起足够重视，继续生产。最后供电公司采取果断措施，对该企业实行停供电。电子厂也随即以管理不到位为由向法院起诉，要求供电公司给予巨额赔偿。

评 析

本案的电能污染的源头是第三者用户特钢企业擅自改变设备造成的，接到整改通知后仍继续生产更是错上加错，而供电企业接到报告后立即赴现场测试，并下达整改通知，乃至停止供电，处置及时，处理及时合法。但基于供用电合同关系，供电公司仍然是合格的被告。根据《电力法》第六十条规定，“因用户或者第三人的过错给电力企业或者其他用户造成损害的，该用户或者第三人应当依法承担赔偿责任。”最后承担责任的不是供电公司，但供电公司仍然是合格的被告。

由高次谐波引发巨额索赔，从省市电力公司到地方政府都非常重视此事。市中院开庭一审后地方政府出面协调，电子厂获得特钢企业200万元赔偿后撤诉。

启示

(1) 对重要及高危客户申请用电，要对客户的用电设备和受电工程严格审查，鼓励其自建变电站或实行专线供电，杜绝企业为减少投入小马拉大车或擅改设备行为，从源头治理谐波。

(2) 加强对重要及高危客户生产过程的电源质量监测，力争第一时间发现问题及时制止。

(3) 更重要的是取得对第三者客户产生高次谐波的技术检测数据作为诉讼证据，如果不能取得证据，就要由供电方承担赔偿责任。

二、电压质量纠纷

《供电营业规则》第五十四条规定，“在电力系统正常状况下，供电企业供到用户受电端的供电电压允许偏差为：1.35千伏及以上电压供电的，电压正、负偏差的绝对值之和不超过额定值的10%；2.10千伏及以下三相供电的，为额定值的±7%；3.220伏单相供电的，为额定值的+7%，−10%。在电力系统非正常状况下，用户受电端的电压最大允许偏差不应超过额定值的±10%。用户用电功率因数达不到本规则第四十一条规定的，其受电端的电压偏差不受此限制。”

《供电监管办法》第七条规定，“在电力系统正常的情况下，城市居民用户受电端电压合格率不低于95%，10千伏以上供电用户受电端电压合格率不低于98%。”

电压质量纠纷一般发生在终端客户，由于供电半径大、线径小、线路老化、接头多，变压器容量小过载运行、调压能力有限等原因造成的。电压低使照明设备达不到亮度，动力设备电流过载易烧坏。供电企业应该从上述原因着手加以整改。

案例10-10 1996年5月，某市医学院建立了微生物实验室。该实验室需要有稳定的电源。为此，医学院与本市电力公司签订了供用电合同。合同对电力公司供电的频率、电压、间断供电时限等方面都作了特殊规定。到1999年，由于与医学院共用同一条电路的某建材公司经常违法用电，电力公司多次警告无效。为了惩罚建材公司，电力公司几次采取改变电压等方式，造成供电不正常。3月的一天，电力公司决定对建材公司进行停电处罚，在停电前一小时通知医学院该线路停电。医学院微生物实验室在如此短的时间里无法找到稳定的电源，结果造成微生物大量死亡，十多年的医学研究从此中断。电力公司的行为给医学院带来了近百万元的直接经济损失及其他不可挽回的损失。医学院要求电力公司赔偿一切损失，但电力公司却以维修供电设施为由，拒绝医学院的赔偿要求。于是，医学院诉至当地人民法院。

评 析

首先，建材公司违法用电与医学院的损失没有法律上的因果关系，如果电力公司不停电，建材公司的违法用电不会给医学院造成直接经济损失，因此医学院直接要求建材公司赔偿没有法定理由。建材公司违法用电直接损害了电力公司的经济利益，是导致电力公司停电的原因，电力公司赔偿医学院损失后，可以追究建材公司的违法用电行为，这是另外的诉讼纠纷。因此，电力公司应当赔偿医学院的经济损失。《合同法》第一百七十九条规定，“供电人应当按照国家规定的供电质量标准和约定安全供电，造成用电人损失的，应当承担损害赔偿责任。”本案中，一是电力公司未按照国家规定的供电标准和约定安全供电，违反了与医学院签订的供用电合同，其违约行为存在主观故意；二是由电力公司的违约供电给医学院造成了损失，存在法律上的因果关系。

其次，电力公司的通知时间不符合法律规定。《合同法》一百八十条规定，“供电人因供电设施计划检修、临时检修、依法限电或者用电人违法用电等原因，需要中断供电时，应当按照国家有关规定事先通知用电人。未事先通知用电人中断供电，造成用电人损失的，应当承担赔偿责任。”关于供电人事先通知用电人义务，《电力供应与使用条例》第二十八规定，①因供电设施计划检修需要停电时，供电企业应当提前7天通知用户或者进行公告；②因供电设施临时检修需要停止供电时，供电企业应当提前24小时通知重要用户；《供电监管办法》第十三条规定，因供电设施临时检修需要停电的，供电企业应当提前24小时公告停电区域、停电线路、停电时间。本案中，电力公司为故意停电，仅仅提前了1小时通知医学院，而医学院用电有特殊要求，属于电力公司的重要用户，电力公司负有在停电前24小时通知的义务。因此，电力公司既没有按照合同约定安全供电，也没有按国家规定停止供电时提前24小时通知用户的规定执行，直接造成了医学院的损失，根据《合同法》第一百七十九、一百八十条规定，电力公司应当赔偿医学院因此所受到的一切损失。更值得注意的是，本案电力公司为了惩罚建材公司，几次采取改变电压等方式，造成供电不正常。《电力法》第二十八条规定，“供电企业应当保证给用户的供电质量符合国家标准。对公用设施引起的供电质量问题，应当及时处理。”《电力供应与使用条例》第十九条规定，“用户受电端的供电质量应当符合国家标准或者电力行业标准。”用户违章用电应该按照《电力供应与使用条例》和《供电营业规则》规定，对其进行相应的处理，不能不顾用户的利益随意改变电压送电，这是故意违法行为！本案虽然不是因电压质量引起的纠纷，也应该对此种行为给予高度重视，给直接责任人员以严厉的处分。

三、供电可靠率纠纷

《电力法》第二十九条规定，“供电企业在发、供电系统正常的情况下，应当连续向用户供电，不得中断。”在电网运行非正常的情况下，有诸多需要停电的情况。《供电营业规则》第五十七条规定，“供电企业应不断改善供电可靠性，减少设备检修和电力系统事故对用户的停电次数及每次停电持续时间。供用电设备计划检修应做到统一安排。供用电设备计划检修时，对35千伏及以上电压供电的用户的停电次数，每年不应超过一次；对10千伏供电的用户，每年不应超过三次。”供电企业实际生产经营中有几类停电，见表10-2。

表10-2　　停电分类

停电	故障停电	内部故障停电	内部电网、设备故障、责任停电
		外部故障停电	上级电网、设备故障或第三者责任停电
	预安排停电	计划停电	检修停电
			施工停电
			用户申请停电
		临时停电	临时检修停电
			临时施工停电
			用户临时申请停电
		限电	系统电源不足限电
			供电网限电

以上预安排停限电都是合理合法的停电，但是不能以此为由任意停电，这就对供电企业规定了供电可靠率的要求。通俗地说，供电可靠率，就是在统计

期间内对用户有效供电时间总小时数与统计期间小时数的比值。《供电监管办法》第七条规定，城市地区年供电可靠率不低于99%。

案例10-11 原告某州方圆制药有限公司系主要从事国家一类新药硫酸依替米星生产的制药企业。其于2001年2月向被告某州供电公司申请并选择近期正式用电容量为630千伏，主要用电设备为空调、生产设备等，但原告对其中供电要求一栏未填写内容，即未提出特殊要求。原告的申请经被告同意，原、被告双方于2001年9月3日签订了《高压单电源供电合同》，双方对电力运行事故造成损害的赔偿等相关内容作了约定。

2002年3月20日下午16时50分起至3月21日凌晨0时20分，本市出现较大降雨天气，雨量达11.7毫米，并伴有大风，至21时25分最大风速达12.9米/秒。20时03分，原告所使用的供电线路民营1号线133开关跳闸重合未成，引起断电。被告遂立即赶至现场进行察看和抢修，在抢修过程中被告临时在其他线路搭线调电，恢复民营1号线送电。3月21日上午7时48分线检员申请从8时30分至14时30分全线事故处理，经指挥中心同意后，上午9时04分进行民营1号线线路检修，中断了临时用电。中午12时许，经检修后被告恢复供电。在两次断电过程中因原告正组织药品生产，由于这二次断电，原告投入生产的原料报废，造成了一定的经济损失。当日原告即向某州新区管委会投诉，要求解决赔偿事宜，因未能解决，原告遂向某州市天宁区人民法院提起诉讼。

原告诉称，我公司是主要从事国家一类新药硫酸依替米星生产的制药企业。2002年3月20日下午16时起，公司投料P1等原料生产药品的中间体P2，时至同日晚20时，在完成硅烷化反应操作，进入乙基反应操作阶段后，供电突然中断，至24时恢复供电。次日早晨6时，我公司再次投入P1等原料，按上述生产操作程序进入乙基化反应操作阶段后，至上午9时10分，供电再次中断，至中午12时恢复供电。被告的第二次断电行为又导致原告的产品成为废品，原材料损失价值达380 000元。因被告未事先通知，突然中断供电，违反了电力供应应当持续、不得中断的原则，按照《电力法》第五十九条第二款的规定，被告应当承担赔偿责任，赔偿因第二次中断供电造成的损失380 000元。

被告某州供电公司辩称，①原告所述的断电事故系不可抗力。2002年3月20日傍晚因本市出现大风大雨的恶劣天气，致新区民营1号线断电。考虑到事故现场天黑雨大无法抢修，遂采取了临时应急措施，使民营1号线在当晚23时22分暂时恢复供电。次日采取措施排除了全部故障。原告虽承认3月20日的断电事故系不可抗力，但又认为3月21日的断电不存在不可抗力。我方认为不可抗力是一种客观情况，从发生到后果的消除是一个完整的过程，因此不可抗力的后果应延续到3月21日才完全排除。②被告采取的措施是紧急抢修。③即使是临时检修，被告也无需事先通知原告，因原告采用的是单电源，双方所签订的供用电合同中，确定原告的用电性质为3类负荷，属非重要用户，因此产生的后果与被告无关。④根据《电力法》规定，因不可抗力的原因造成的电力运行事故，电力企业不承担责任。即使是供电企业运行引起的事故也只能按用户停电时间内可能用电量的电量电费的五倍予以赔偿，且双方在合同中也已作了如此约定。综上所述，被告从不可抗力的发生到排除，是恪尽职守、规范操作的，被告在主、客观方面不存在过错，要求驳回原告的赔偿请求。

某州市天宁区人民法院经审理认为，因本次事故系自然灾害引起的不可抗力导致被告某州供电公司不能履行合同，根据不可抗力的影响，可以免除被告的责任，因此被告不负赔偿责任。原告作为连续生产的企业，应当根据其用电的不可间断性，对用电作特殊的要求，或自身应当设置必要的保护措施，但其既未与被告作特殊约定，又无一定的保护措施，因此造成的损失应由其自身承担，故被告不承担赔偿责任。依据《中华人民共和国合同法》第一百一十七条、《中华人民共和国电力法》第二十八条、第三十条、第六十条第二款第（一）项的规定，判决驳回某州方圆制药有限公司的诉讼请求。

一审判决后，某州方圆制药有限公司未提出上诉。

评 析

本案的关键是本起停电事故是否属于不可抗力，第二次的停电是否属不可抗力而引起的持续行为；被告第二次断电前是否应通知原告，根据本案的具体情况，从两个方面加以分析：

一方面，关于本起事故是否属于不可抗力，第二次的停电是否属不可抗力而引起的持续行为，根据被告某州供电公司提供的气象局的资料能够证明第一次的断电系自然灾害引起，属于不可抗力，同时由于第一次恢复供电系临时搭线，因此第二次的断电系被告履行的正常抢修行为，应属不可抗力引起的持续行为，因此被告在本起断电事故中并不存在过错。

关于被告第二次断电前是否应该通知原告。电力负荷是根据其重要性和中断供电在政治上、经济上所造成的损失或影响程度，分为三级，即一级负荷、二级负荷、三级负荷。同时，《电力供应与使用条例》规定，“供电企业和用户应当在正式供电前，根据用户用电需求和供电企业的供电能力以及办理用电申请时双方已认可或协商一致的文件，签订供用电合同。”据此本案原、被告签订了《高压单电源供用电合同》，合同约定了本案原告为3类用电单位，即其用电负荷为三级。作为三级负荷用电单位的原告，其在未与供电单位对用电作特殊约定的前提下，只能属于一般用户。一般客户数量巨大，在抢修过程中难以一一通知。另根据《电力供应与使用条例》规定，因故需要停止供电时，如属计划检修，则供电单位负有通知用户或进行公告的义务，如属临时检修，则应提前24小时通知重要用户。而本案中被告第二次停电是因不可抗力导致的继续抢修行为，既非计划检修，亦非临时检修，故本案被告对本次断电行为无通知的义务。即使是临时检修，作为一般用电用户的原告，《电力供应与使用条例》也并未强制规定供电方对其负有通知义务。况且被告作为供电方按照《电力供应与使用条例》规定，在本次事故发生后，采取了紧急抢修，及时进行了抢修，尽速恢复了供电，其已经履行了抢修义务。

因此，天宁区人民法院在认定被告无过错、且其已经全面履行职责的情况下，认为被告不应承担赔偿责任，原告的损失由其自身承担。判令驳回了原告的诉讼请求。

另一方面，本案从电力社会普遍服务角度分析，被告供电公司未予通知及中断临时供电行为在主观上是有过错的。尽管供用电合同约定，客户用电为三类负荷，作为供电方应当知道客户的生产过程和性质。作为客户会认为，临时送电就表明不可抗力事故已经处理完毕，故又投料生产。被告作为供电方，再次中止供电应当通知原告。否则，给原告造成损失应当承担一定的赔偿责任。这也符合《电力法》第二十九条之规定，因供电设施检修、依法限电或者用户违法用电等原因，需要中断供电时，供电企业应当按照国家有关规定事先通知用户。《合同法》第一百八十条也有相应规定，供电人因供电设施计划检修、临时检修、依法限电或者用电人违法用电等原因，需要中断供电时，应当按照国家有关规定事先通知用电人。未事先通知用电人中断供电，造成用电人损失的，应当承担损害赔偿责任。

启示

从安全用电角度讲，对于重要客户在申请用电报装时，应当主动提供咨询意见，说服客户投资建设双回路供电或采取其他备用电源措施。如果客户坚持单电源供电且不采取保安电源措施的，供电公司应在供用电合同中就停电责任承担问题作出特别约定。

供电公司要提高供电可靠率，减少停电故障，就要使用先进的供电设备，建设坚强可靠的智能电网，提高抵抗自然灾害的能力或者在故障发生时能够快速检测、定位和隔离故障，并指导作业人员快速确定停电原因，及时到位抢修，恢复供电，缩短停电时间。

本书结语

习惯与合意可以使法律无效。

参　考　文　献

1. 江苏电力公司编. 电费管理100案例汇编. 北京：中国电力出版社，2008.
2. 吕振勇主编. 供用电合同案例评析（第2版）. 北京：知识产权出版社，2007.
3. 天津市电力公司编. 供电员工常见法律风险与防范. 北京：中国电力出版社，2007.
4. 中国华北电力集团公司用电营业部编. 供用电合同必读. 北京：中国电力出版社，2001.
5. 万善明，董兰萍主编. 供电常见涉法问题研究及处理方法. 北京：中国电力出版社，2006.
6. 山西省电力公司组编. 电力企业常见法律纠纷处理. 北京：中国电力出版社，2004.
7. 广东电网公司广州供电局编著. 供电企业典型法律案例评析. 北京：中国电力出版社，2008.
8. 法律出版社法规中心编. 中华人民共和国合同法案例解读本. 北京：法律出版社，2009.
9. 王利明，崔建远. 合同法. 北京：北京大学出版社，1999.